착각에 빠진 리더들

『착각에 빠진 리더들』은 진정성 있고 인상적인 방식으로 영향력을 키우고 싶은 리더들을 위한 책이다. 팀 엘모어는 역동적인 조직을 구축해 본 경험과 뛰어난 리더들을 면밀히 관찰한 경험을 바탕으로 실용적이고 통찰력이 돋보이는 가이드를 제시한다. 이 책을 강력 추천한다.

— 팀 타소폴로스, 칙필레 회장

'우리는 변화의 시대가 아닌 시대의 변화를 경험하고 있다.' 이는 『착각에 빠진 리더들』에 언급된 가장 강렬한 문장이다. 이 책에서 말하는 복잡한 시대의 리더십을 소화하고 나면 당신의 리더십은 새로운 차원으로 날아오를 것이다. 신은 역설적 리더십을 용기 있게 실천할 각오가 되어 있는 리더가 필요하다는 것을 알고 있다.

— 앤 베일러, 앤티앤스 프레즐 창립자

실제로 리더십은 역설 혹은 역설의 집합으로 이루어져 있다. 팀 엘모어는 이 책에 매력적이면서 즐거움과 깨우침까지 주는 8가지 역설을 풀어냈다. 이는 분명 당신과 당신 팀원들의 의욕과 도전 의식을 북돋아 줄 것이다. 세계가 팬데믹으로 발생한 어려운 과업들을 떠맡기 시작하면서, 팀 엘모어가 설명하는 위대한 리더십이 우리에게 절실히 필요해졌다.

— 데이브 카츠, 코카콜라보틀링컴퍼니 회장

오늘날 리더십에 관한 책들은 수두룩하다. 하지만 대부분은 리더십의 복잡성을 설명하지 못한다. 직원들의 의욕을 고취하고 낡은 접근법을 변화시키며 개인과 집단을 모두 번영시키는 그런 복잡한 리더십 말이다. 『착각에 빠진 리더들』은 진정으로 훌륭한 리더가 되기 위한 요소 중 가장 필요한 역설적 태도들을 다룬다. 이 책은 완전히 새로운 시각을 고찰하며 리더들이 구현해야 하는 모순된 특징들의 균형을 맞추는 데 도움을 준다. 팀 엘모어는 젊은 성인에서 고위 경영진에 이르기까지 리더들을 성장시킨 수십 년의 실무 경험으로 역설의 균형을 이루는 법에 관한 설득력 있는 통찰을 내놓는다. 자신감과 겸손, 보이는 리더십과 보이지 않는 리더십, 개개인을 위한 리더십과 전체를 위한 리더십, 지도자 태도와 학습자 태도, 전통적 가치를 보전하는 태도와 시대에 맞는 발전을 추구하는 태도를 조화시키는 법을 효과적으로 제시한다. 긍정적인 유산을 남기고 싶은 리더라면 이 책을 놓쳐서는 안 된다.

— 캐시 카프리노, 『포브스』 기자, 작가

당신이 사람들의 미묘한 감정 차이를 구별할 수 있는 리더라면, 팀 엘모어는 역설적 리더십의 우수한 사례들과 확실한 적용법을 제시해 줄 것이다. 아직 그렇지 못하다면 『착각에 빠진 리더들』을 처음부터 읽기를 추천한다.

— 밥 테일러, 테일러기타 설립자

오늘날 리더십이 모순적인 태도들의 균형을 잡는 일이라고 누가 생각이나 했을까? 하지만 이것이 바로 팀 엘모어가 통찰력 넘치는 이 책에서 제안한 내용이다. 여기 나온 역설들을 적용한다면 당신의 리더십은 탈바꿈할 것이다.

— 진 스미스, 오하이오주립대학교 부총장, 운동감독

오늘날의 직장은 과거와 다르다. 팀원들의 교육 수준은 더 높아졌고 내가 처음 일을 시작했을 때보다 리더에게 더 많은 것을 기대한다. 『착각에 빠진 리더들』에 나오는 8가지 역설은 오늘 같은 시대의 리더십에 관련한 복잡성을 다루고 리더들에게 실행 가능한 해결책을 제공한다. 현실적이고 통찰력이 넘치는 이 책은 리더라면 누구나 흥미진진하게 읽을 수 있다.

— 헥터 파딜라, 홈디포 아웃사이드
세일즈&서비스 부문 부사장

『착각에 빠진 리더들』은 리더로서 첫 발을 떼거나 이미 조직을 이끌고 있는 모든 리더의 필독서이다. 직원들이 사회적 지능과 정서적 지능 모두 갖춘 리더를 간절히 바라는 지금, 이 책은 직장에서 영향력 있는 리더가 되는 것에 대한 관념을 바꿔 준다.

— 캠이 마키, 애틀랜타 호크스 최고인사책임자

수년 동안 우리 감독들과 코치들은 선수들에게서 일어나는 변화에 주목해 왔고, 때문에 리더라고 자칭하는 우리 모두에게도 더 나은 리더십이 필요해졌다. 우리는 꽤 오랫동안 팀 엘모어의 통찰력으로 다음 세대를 이끌어 왔다. 책에 언급된 8가지 역설은 성공을 위해 실천해야 할 최고의 본보기이다.

— 데이튼 무어, 텍사스 레인저스 수석 고문

THE EIGHT PARADOXES

착각에 빠진 리더들

딜레마에 갇힌 이들을 위한
8가지 리더십 전략

OF GREAT LEADERSHIP

팀 엘모어 지음 | 한다해 옮김

흐름출판

일러두기
− 도서, 잡지, 신문 등은 『』로, 노래, 영화 등은 「」로 표기했다.
− 한국어판의 각주는 모두 옮긴이의 주이다.

혼돈의 시대,
모순을 식별하여 확신의 리더로 거듭나라

존 C. 맥스웰John C. Maxwell

"흥미로운 시대에 살아가기를."

　전설에 의하면 이 말은 고대 중국의 저주였다. 지루하고 예측 가능한 시대를 살아갈 때 인생이 항상 더 쉽게 느껴지기 때문이다. 유사한 중국 표현으로는 "혼돈의 시기에 인간으로 사느니 평온의 시기에 개로 사는 편이 낫다."가 있다.

　개인적으로 나는 흥미로운 시대를 살아간다는 말이 악담은 아니라고 생각한다. 심지어 혼돈의 시대라 해도 그렇다.

　바로 이것이 이 책이 나오게 된 이유이다. 『착각에 빠진 리더들』은 팀원들을 관리하는 리더가 확신을 누리지 못하는 시대, 그래서 흥미롭고 기이하기까지 한 시대의 복잡한 리더십에 관해 이야기한다. 코로나19가 발생한 2020년, 나에게 "일 년 치 결정을 한 달 만에 내린 기분이다."라고 말한 리더가 많았다.

리더들이 매일같이 사용하기 시작한 단어는 피벗Pivot°이다. 조직들은 뉴노멀New normal°°에 적응해야 했다. 한동안 쇼핑이 대부분 온라인으로 전환된 탓에 소매업체는 피벗을 해야 했다. 갑자기 전 세계적으로 회의가 가상으로 바뀌기 시작했으므로 화상회의 플랫폼 줌도 피벗이 필요했다. 삶이 쉬워지는 동시에 어려워졌다. 우리는 삶을 다르게 살아갈 수도 있다는 사실을 배웠고, 이제 2020년 이전의 생활 방식으로 완전히 돌아가지는 못할 것이다.

나는 30년이 넘는 기간 동안 리더십과 팀워크에 관한 불변의 원칙을 가르쳐 왔지만 시대의 흐름에 맞는 리더십 원칙 또한 있다고 믿는다. 실은 지금 시대에 특히 더 그렇다. 이 책은 변덕스럽고 불확실한 시기를 직면했을 때 선택의 딜레마에 빠졌다고 오해하는 리더들이 실행해야 할 여덟 가지 역설적 리더십을 탐구한다.

역설의 중요성을 설명하기에 앞서 몇 가지 질문을 던져 보겠다. 자신감이 과한 리더를 보면서 그 리더가 조금 더 겸손해지면 좋겠다고 생각한 적이 있는가? 반대로 사람들에게 어떤 동기 부여도 하지 못하고 지나치게 겸손한 리더를 보면서 그 리더가 조금 더 자신감을 가지면 좋겠다고 여긴 적이 있는가? 이러한 리더에게 필요한 것이 바로 역설적 리더십이다. 사람들은 자신감과 겸손을 모두 갖춘 리더를 필

°   상황의 변화에 발맞춰 기존 계획을 변경하는 전략적 변화를 말한다.

°°   시대가 변함에 따라 새롭게 부상하는 표준을 말한다.

요로 한다.

자신의 권한을 절대 넘기지 않는 리더, 즉 팀원들이 한 단계 성장하고 팀에서 능력을 인정받을 기회를 주지 않는 리더를 본 적이 있는가? 그렇다면 분명 당신은 리더가 옆으로 비켜서서 자신의 모습을 감추어 주기를 바랄 것이다. 팀원들이 스스로 잠재력을 깨달을 수 있도록 말이다. 반면 팀원들에게 모범이라고는 눈곱만큼도 보이지 않는 리더를 알고 있는가? 그렇다면 당신은 팀원들이 원하는 바를 몸소 행동으로 실천하는 리더를 원할 것이다. 마찬가지로 이 리더에게도 역설적 리더십이 필요하다. 사람들은 보이는 리더와 보이지 않는 리더를 모두 원한다.

이쯤이면 역설적 리더십이 무엇인지 감을 잡았을 것이다.

뛰어난 리더에게는 모순된 특징들이 분명히 존재하며 그들은 이러한 특징을 구현함으로써 주변에 있는 최고의 사람들을 끌어당긴다. 하지만 수많은 리더들이 딜레마에 빠졌다고 착각하고 있다. 그 이유는 이 역설적 리더십이 앞뒤가 맞지 않는 것처럼 보이기 때문이다. 분명 역설적인 두 특징은 양립할 리가 없다. 그렇지 않은가? 하지만 둘은 양립한다.

오늘날 팀은 리더에게 높은 기대를 거는 팀원들로 구성되어 있으며, 이러한 팀원들을 관리한다는 것은 내가 커리어를 시작한 1969년 때보다 훨씬 복잡한 일이다. 팀원들은 리더가 자신을 개인적으로 대해 주기를 바라다가도, 어느 순간에는 전체 조직을 대상으로 리더십을 발휘해 주기를 원한다. 팀원들은 리더가 자신에 대한 기준을 높게 설정해 주었으면 싶다가도, 그 기준을 충족시키지 못했을 때는 리더의 너그러운 아량을 기대한다. 또 리더가 모범을 보여 주기를 바라다가도 나중에는 옆으로 비켜서기를 희망한다. 어느 순간 리더는 공감 능력이 있는 상담사이자 동기 부여를 해주는 코치가 된 기분을 느낄 것이다. 어느날은 응원 단장이자 목사가 된 기분이 들 수도 있다.

팀 엘모어가 이 책을 저술하고 있을 당시 나는 책 개요를 듣자마자 흥분을 감추지 못했다. 그가 수많은 리더가 사회생활을 하며 느끼는 아쉬운 지점을 정확히 꼬집었다고 생각했다. 『착각에 빠진 리더들』은 내가 그간 가르쳐 온 리더십 원칙의 방향과 일치하면서도 그것을 효과적으로 보완하는 책이었다.

팀 엘모어를 알고 지낸 지 40년이 되었다. 우리의 첫 만남은 그가 새파란 풋내기 대학생일 때였다. 어린 나이였지만 그에게서 양성하고 싶은 무언가를 발견했고 그래서 그가 졸업하자마자 우리 팀에 합류하기를 제안했다. 그 후 20년을 함께 일하면서 그가 리더로서 성장하고 발전하는 모습을 매년 지켜보았다.

『착각에 빠진 리더들』은 엘모어 자신의 리더십과 다른 사람들의 리더십을 통찰한 결과물이다. 이 책으로 당신은 사회적 지능과 정서적 지능을 향상시키기 위해 도전하고 보다 더 다차원적인 시각을 갖추며 역설적 리더십을 발휘할 수 있는 실질적 지침을 얻게 될 것이다.

우리는 흥미로운 시대에 살고 있으므로 차라리 그 여정을 즐기는 것이 어떤가?

목차

선택의 딜레마에
빠졌다는
리더들의 착각

최고 수준의 지성을 판단하는 기준은
상반된 생각들을 동시에 하면서도
흔들리지 않을 수 있는 능력이다.
- 프랜시스 스콧 피츠제럴드

코로나19로 격리하는 동안 아이작 뉴턴Isaac Newton 이야기를 여러 차례 떠올렸다. 스물두 살의 젊은 뉴턴은 1665년 런던 대역병이 창궐하는 동안 케임브리지대학교를 떠나 고향에서 지내야 했다. 그 시대의 "사회적 거리두기"였다.

그리고 그 무렵 굉장한 일이 일어났다.

뉴턴은 자신을 이끌어 주는 지도교수 없이도 성공을 거두었다. 그리고 고향에서 격리하던 그 기간을 우리는 훗날 아누스 미라빌리스 Annus mirabilis, 즉 "기적의 해"로 부르고 있다.

첫째 기적은 다음과 같았다. 뉴턴은 케임브리지대학교에서 풀기 시작했던 수학 문제를 고향에 돌아가서도 계속 고민했는데, 믿기 어렵겠지만 그가 쓴 답안지들이 미적분학의 기원이 되었다.

둘째, 그는 프리즘 몇 개를 구입한 뒤 방에서 프리즘으로 실험을 시작했다. 작은 광선이 통과될 수 있도록 덧문에 구멍까지 뚫었다. 이러한 탐구 과정에서 광학에 대한 뉴턴의 이론이 생겨났다.

셋째, 그의 방 창문 밖에는 사과나무가 있었다. 우리가 모두 들어본 그 사과나무, 맞다. 전해지는 이야기 중 일부는 신화화가 되었지만 그의 조수가 대부분 사실임을 확인해 주었다. 뉴턴이 사과나무 아래에 앉아 있을 때 사과 한 개가 떨어졌는데 이것은 그의 발견에 영감이 되었다. 떨어진 사과에 착안해 뉴턴은 중력법칙과 운동법칙 이론을 발전시켰다.

1665년부터 1666년까지 런던에서는 인구의 25%가 흑사병으로 사망했다. 이는 흑사병 대유행이 유럽을 파괴시킨 400년 동안의 많은 사례 중 하나였다. 하지만 지금 우리는 그때의 역병에서 비롯된 혜택을 누리고 있다. 흑사병이라는 커다란 장애물을 완전히 새롭고 위대한 수학과 과학 세계의 도입으로 전환하다니, 놀랍지 않은가? 그는 명문 고등교육 기관에서보다 그곳을 떠났을 때 더 많은 것을 배웠다. 뉴턴이 가장 큰 성장을 할 수 있었던 시기는 일상생활이 잠시 멈추었을 때였다. 유행병이 도는 동안 뉴턴이 혼자 지냈던 시간에 의해 세상은 바뀌었다.

정말 아이러니하다.

참으로 역설적이다.

오늘날 우리는 또 다른 팬데믹의 그림자 안에서 살아가고 있다. 이 세상은 이전에도 이미 복잡했지만 코로나19 여파는 문제를 더 심화시켰다. 21세기의 첫 20년 동안 경제는 그때그때 필요에 따라 계약직이나 프리랜서로 일하는 긱 이코노미Gig Economy에 의해 움직이고 사람들은 방송과 소셜미디어를 언제 어디서나 이용할 수 있게 되면서, 세계는 제품이나 서비스에 즉각적인 접근이 가능한 온디맨드On Demand 중심의 경제로 이동했다. 미육군대학원에서는 VUCA라는 약자로 우리가 살고 있는 시대를 가장 날카롭게 묘사한다.

- **Volatile**(변동성)
- **Uncertain**(불확실성)
- **Complex**(복잡성)
- **Ambiguous**(모호성)

"우리는 변화의 시대가 아닌 시대의 변화를 경험하고 있다."라고 프란치스코 교황은 말했다. 변동성이 크고 불확실하며 복잡하고 모호한 시대는 어려운 문제들을 야기한다.

이탈하는 리더들

21세기에 들어서고 20년이 흐른 지금, 수천 명의 리더가 자의로 혹은 이사회에서 내린 결정으로 직장을 떠났다. 다음의 내용을 살펴보자. 인사관리 컨설팅 회사인 챌린저그레이앤드크리스마스의 발표에 따르면 2019년 1분기에서 3분기까지 천 명 이상의 CEO가 자리에서 물러났다고 한다.[1]

2019년 1월부터 9월까지 발생한 CEO의 사직은 대침체의 절정이었던 2008년 동일 기간 때보다 많았다. 회사가 2002년 CEO 사직률을 추적하기 시작한 이래로 가장 높은 기록이었다.[2]

2019년 말까지 살펴보면 이베이에서 닛산, 위워크, 줄에 이르기까지 많은 유명 브랜드 CEO들이 자리에서 물러났다. 큰 기업을 이끌고 이해관계자들을 만족시키며 이사회 멤버들과의 분쟁을 조정하는 복잡한 문제들이 과중해진 탓이었다.

신종 코로나바이러스 팬데믹으로 혼란을 겪었던 2020년 1분기 무렵에는 디즈니, 훌루, IBM, 폭스바겐 등 수많은 기업의 CEO들이 사퇴했다. 『포춘』은 이 현상을 "2020년도 CEO들의 거대한 이탈"이라고 불렀다.[3] 이 모든 이탈이 코로나19에서 촉발된 것은 아니지만, 이러한 시대에 사람들을 이끄는 무게는 리더에게 회사에 남아 있는 것이 과연 맞을까, 하는 의문을 품게 만들었다. 사람들이 발견한 패턴이나 음모론이 무엇이든 한 가지만은 확실하다. 오늘날 리더십을 발휘하는 일이 내가 사회초년생이었을 때와는 다르다는 것. 우리의 문화는 속도가 빠른 것을 넘어서 근본적으로 변하고 있으며 언제 어디서나 모든 결점을 잡아내 포스팅할 준비가 된 대중들과 살아간다. 시장은 다수의 이해관계자가 얽혀 복잡다단하고 일상을 마비시키는 유행병에서도 자유롭지 못하다. 이 속에서 리더는 더 높은 수준의 교육을 받고 정보의 힘을 누리는 팀원들과 함께해야 한다. 와중에 조직들은 아무것도 하지 않는 리더에 안주하면서 최소한 리더가 일을 그르치지만 않도록 한다. 말썽을 일으키는 리더보다 차라리 존재감 없는 리더가 낫다고 생각하는 것이다.

최근 평판 좋은 로스쿨 학과장의 일화를 읽었다. "인정받는 선임교

수 두 명이 학장을 찾아가 학과장이 어떠한 일도 하지 않으려 한다며 불평을 늘어놓았다. 그러자 학장은, 주정뱅이에다 성희롱 사건으로 비난받고 자금횡령 혐의가 있던 학과장이 과거에 있었다고 이야기하면서 지금 그 학과장은 어떤 문제도 일으킨 적이 없지 않느냐고 말했다. 따라서 교수진이 그 학과장과 지금처럼만 별 탈 없이 지내 주면 될 것이라고 말했다."⁴

학장의 주장에 숨은 생각을 발견했는가? 수동적이고 무능력하기까지 한 로스쿨 리더는 차악, 그러니까 두 가지 해악 중 그나마 덜 나쁜 쪽이었다. 비행을 일삼는 다른 학과장들보다는 확실히 낫다.

이처럼 우리는 너무나 자주 방어적 태도를 취한다. 복잡한 세상을 살아가고 있다고 스스로 말하면서도 손실을 피하는 선에서 만족하거나 과거에 통했던 특정 리더십 스타일이나 프로토콜에 안주한다. 이 상태에서 우리는 무엇을 더 기대할 수 있을까? 2020년 미국 대통령 선거에 출마한 상위 세 명의 후보는 70세가 넘은 백인 남성 버니 샌더스Bernie Sanders, 조 바이든Joe Biden, 도널드 트럼프Donald Trump였는데, 더 젊고 활기찬 후보는 당선 가능성이 없다는 이유로 탈락했거나 경선 시작도 전에 기세에 눌렸다. 오늘날 어디에서든 종종 볼 수 있는 일이다.

익숙하다는 이유만으로 평범한 리더십, 심지어는 부재한 리더십에 지나치게 안주해 온 것은 아닐까.

어려운 시대에서 복잡한 시대로

해리 트루먼Harry Truman 대통령은 말했다. "인간이 역사를 만드는 것이지 그 반대가 아니다. 리더십이 없을 때 사회는 제자리걸음을 할 뿐이다. 용감하고 능숙한 리더가 더 긍정적인 방향으로 변화시키는 기회를 꽉 붙잡을 때에야 비로소 발전이 이루어진다."

수년 동안 해리 트루먼 대통령의 이 발언에 대해 생각해 보았다. 근본적으로는 트루먼의 견해에 동의하지만 그렇다고 그의 주장들이 상호 배타적이지는 않다고 본다. 리더는 역사를 만들지만 반대로 역사가 리더를 만들기도 한다. 리더에게서 감탄할 만한 재능을 끌어내 팀원들과 함께 새로운 수준으로 너끈히 도약할 수밖에 없도록 만드는 환경들이 존재한다. 이러한 현실은 리더의 잠재된 능력을 손짓해 부르는 듯하다. 위대한 리더가 도전에 부응해 스스로를 증명해 보일 때 비로소 우리는 그들이 만든 역사를 발견하게 된다. 우리는 또다시 이와 같은 시대에 놓일 수 있다.

21세기의 첫 20년이 어땠는지 돌이켜보자. 뉴밀레니엄 세계로 넘어오면서 역사는 그 흐름에 맞게 변했다. 2000년 이전에 세상이 복잡해졌다고 느꼈던 사람들은, 1990년대의 마지막 장이 끝나고 2000년에 접어들면서 세상이 그보다 훨씬 복잡다단해졌다는 사실을 깨달았다. 미국이 걸어온 추억의 길을 함께 보자.

- 첫 시작은 Y2K 버그였다. 사람들이 지구 종말의 공포에 얼마나 취약한지 드러낸 컴퓨터 결함이었다.

- 그 다음으로 닷컴 시대의 버블이 붕괴했다. 경기침체로 기업들이 도산하면서 수천 명의 일자리와 돈이 사라지고 기업 생태계가 망가졌다.
- 그러다가 2001년 9.11 테러를 겪으면서 경제가 악순환 고리에 빠졌고 기업들과 비영리조직들이 문을 닫았다.
- 얼마 지나지 않아 엄청난 스캔들을 목격했다. 엔론, 타이코, 월드컴 같은 대기업 사이에서 점점 늘어나는 비리를 두 눈으로 보았으며, 이것은 기업 부패에 대한 전 국민적 의혹을 야기했다.
- 세월이 흘러 스마트폰이 도입되었다. 점차 스마트기기들이 중독성 있고 불안을 조장한다는 사실이 알려졌다(이런 말이 있다. "휴대전화가 속박되던 시기에 우리는 자유로웠다. 지금은 자유로워진 스마트폰 때문에 우리가 속박당한다").
- 스마트폰을 이용해 소셜미디어를 언제 어디서나 즐길 수 있었다. 이러한 플랫폼에서 우리의 활동을 추적하는 스토커, 약탈자 그리고 조직들이 생겨났다.
- 2008~2009년 대침체를 계기로 재정 위기에 대비한 사람이 얼마나 적은지 드러났다. 이 위기는 세계적인 모기지 연체로 인한 주택 압류로 이어졌고 수많은 사람이 평생 저축한 돈과 일자리, 집을 잃었다.
- 지난 10년에 걸쳐 인종 평등, 경찰의 만행, 성소수자 결혼권, 총기 규제, 여성권, 성폭력을 쟁점으로 삼은 시위가 주목받았다.

- 미국에서 대학등록금 빚이 신용카드 빚보다 늘어나면서 학자금대출 정상화가 헤드라인 뉴스에 올랐다. 미국인 4200만 명이 학자금대출의 짐을 지고 있다.

- 그 후 총기난사 사건이 대폭 증가했다. 2019년 미국에서 419건의 총기난사 사건이 발생했다. 날마다 평균 한 건 이상의 총기사고가 발생한 셈이다.

- 얼마 후에 중독 문제가 부상했다. 액상형 전자담배에서 비디오 게임, 음란물, 소셜미디어, 마약성 진통제, 기타 처방약에 이르기까지 우리는 사람들이 이러한 방법으로 고통과 불안, 우울을 견디려 한다는 사실을 알게 되었다.

- 최초의 흑인 대통령 버락 오바마Barack Obama와 최초의 비주류 대통령 도널드 트럼프를 둘러싸고 유권자들 사이에서 정치적 분열이 일어났다.

- 코로나19 탓에 어쩔 수 없이 재택근무와 재택수업을 하게 되었다. 2020년 말 무렵 전 세계적으로 거의 8300만 명에 달하는 이들이 코로나에 감염되었고 180만 명이 사망했다. 미국에서는 일주일 만에 660만 명이 실업수당을 신청했다. 세계적인 유행병에서 벗어나려고 분투하는 뼈아픈 상실과 곤궁의 시간이었다.

- 결국 정신건강 문제가 미국인들, 특히 젊은층 사이에서 심각하게 번졌다. 불안은 미국에서 가장 흔한 정신건강 장애가 되었다.

정신건강 악화는 21세기가 몰고 온 폐해다. 미국 국립정신건강연구소에 따르면 청소년과 성인의 3분의 1 가까이가 영향을 받고 있다고 한다. 미국 질병통제예방센터가 2020년 8월에 발표한 바에 의하면 18~24세 청년 4명 중 1명이 팬데믹 때문에 자살을 생각해 본 적이 있다고 한다.[5]

2020년이 끝나 갈 무렵, 코로나19 팬데믹을 과연 여러 세대에 걸쳐 이야기하게 될지에 의문을 제기하는 사람은 아무도 없었다. 주요 쟁점은 이 상황을 무엇에 비교하느냐는 것이었다. 대공황? 스페인 독감? 2008년 금융위기? 2001년 9.11 테러? 제2차 세계대전?

건강한 리더십, 이것이 사람들이 그토록 원하는 능력으로 자리 잡은 것은 놀라운 현상이다.

내가 살아오는 동안 리더십 기술은 복잡해졌다. 세상이 유행병, 세계대전, 기근 등 과거의 힘겨운 시대를 견뎌 오는 동안 우리는 "어려운 시대"에서 "복잡한 시대"로 이동했다. 릭 네이슨Rick Nason은 자신의 저서 『어려운 것이 아니다: 비즈니스 복잡성의 예술과 과학(It's Not Complicated: The Art and Science of Complexity in Business)』에서 시대의 전환을 설명했다.[6]

"어렵다."라는 건 난해한 상황이 눈앞에 있음을 의미한다. 수업시간에 칠판에 적힌 수학 문제를 풀기 위해 고민하는 학생은 문제가 어렵다는 사실을 깨닫게 될 것이다. 깜박 졸다가 30분간 낮잠을 자기로 했다고 치자. 잠에서 깨어나도 문제는 변하지 않은 채 그대로 있을 것이다. 30분이 지났어도 문제와 수학 규칙은 동일하다. 문제를 푸는 일이 더 어렵지도 더 쉽지도 않다.

"복잡하다."라는 건 난해한 상황이 눈앞에 있고 그 상황이 계속 진전되는 것을 뜻한다. 공항에서 상업용 비행기의 이착륙을 돕는 항공 교통관제사는 일관되지 않은 난관에 맞닥뜨린다. 만약 관제탑 내 어떤 문제가 발생한 상태에서 관제사가 30분간 낮잠을 자고 일어난다면 그 문제는 악화되어 있을 것이다. 30분 전에는 어려웠던 문제가 지금은 복잡해졌다. 역학 관계가 바뀌고 미묘한 차이가 생기면서 문제를 해결하기에 더욱 곤란한 상태가 되었다.

오늘날의 리더는 '복잡성'에 기초해 사람들을 이끌어야 한다.

경찰학교 시험 마지막 날에 있었던 에피소드를 듣게 되었다. 나는 어느 훈련생의 대답을 듣고는 픽 웃음이 나왔다. 시험을 감독하는 경찰관은 은행 강도, 사방으로 물이 뿌려지는 소화전, 강도를 당하는 사람, 거친 자동차 추격전, 여기저기로 달려가며 비명 지르는 사람들 등 대응하기 힘든 시나리오를 훈련생들에게 설명했다. 그야말로 위기 사태였다. 훈련생들은 이 끔찍한 상황에서 어떻게 대응할 것인지 각자 의견을 말해야 했다.

가장 정직한 답변은 강의실 뒤편에서 나왔다. 젊은 훈련생은 일어서서 "유니폼을 풀어 헤치고 사람들 속으로 냅다 뛰어들어야 합니다."라고 답했다. 애초에 정답이 없는 질문이다.

동상이몽의 조직

21세기의 리더십은 20세기 때보다 실로 더 복잡하다. 본래 리더십을 행사한다는 것 자체가 좀처럼 쉬운 일은 아니다. 하지만 오늘날 리더들은 기성세대 직원들보다 만족과 보상에 대한 기대치가 크고 대체로 교육 수준이 높으며 자격의식이 더 강하고 더 영악한 직원들과 협력해야 하는 도전에 맞닥뜨린다.

비상한 리더들이 돋보이는 이유는, 이러한 직원들을 이끄는 과정에서 모순되어 보이는 리더십 특징들을 모두 실천하기 때문이다. 따를 가치가 있다고 느끼는 역설적 리더십을 균형 있게 행하는 것이다. 역설적인 행동 특성은 단지 지능뿐 아니라 정서적 지능, 사회적 지능, 도덕적 지능에서의 차별적 자질을 요구하기 때문에 두드러져 보인다. 심리학자 아담 센즈Adam Saenz의 말에 따르면 이 같은 리더는 실전의 지혜가 있고(street smart) 지식이 있으며(book smart) 감성지능이 높다(heart smart).[7] 다음의 현실을 짚고 넘어가자.

오늘날 팀에 새롭게 합류하는 직원들은 아래와 같은 특징이 있다.

교육

새로운 세대가 이전 세대보다 정규교육을 더 많이 받는다는 것은 누구나 알고 있다. 1968년 이래로 학사 또는 그 이상의 학위를 취득한 청년 비율이 꾸준히 증가하고 있는 까닭에, 오늘날 청년들의 교육 수준이 그들의 조부모 세대 때보다 훨씬 높다. 같은 나이대에 학사 또는 그 이상 학위를 소지하고 있는 사람의 비율을 세대별로 살펴보면, 밀레니얼세대(1981~1996년생)는 약 39%, 침묵세대(1928~1945년생)는 고작 15%, 베이비부머(1946~1964년생)는 약 25%, 그리고 X세대(1965~1980년생)는 29% 정도다.[8]

정규 교육을 많이 받는다고 해서 더 똑똑하다는 의미는 아니지만 리더에 대한 기대치가 높고 진실한 리더를 기대한다는 것만은 확실하다. 1950년대의 리더 스타일이 보다 "하향식"일 수밖에 없었던 건 교육받은 사람들이 소수였기 때문이다. 사람들은 해야 하는 일을 단순히 지시받기를 더 좋아했다. 하지만 오늘날 단순 명령을 선호하는 사람은 그다지 많지 않다.

자격의식

"다른 사람에게서 유리한 조건을 제공받고 호의적인 대우를 받고 싶어 하는 비현실적이거나 부당하거나 부적절한 기대"로 정의내릴 수 있다. 오늘날 심리학계에서는 규칙을 무시하고 무임승차를 하고 타인에게 불편을 초래하는 행위 등이 자격의식 사례에 포함된다고 말한다.

자격의식은 자신이 다른 사람보다 우월하다고 믿는 나르시시즘의 한 형태다. 자격의식이 있는 사람은 쉽게 실망하고 스스로 모종의 특전을 누릴 권리가 있다고 믿는다. 한 연구에 의하면 점점 더 많은 사람들, 특히 젊은층 사이에서 자격의식 콤플렉스가 발생하고 있다고 한다.[9] 햄프셔대학교에서 실행된 자격의식 연구에서는 젊은층의 자격의식 정도가 40~60대보다 25% 더, 60대 이상보다 50% 더 높다는 사실이 밝혀졌다.

현실노출도

팀에 들어오는 젊은 직원들은 언론과 소셜미디어의 영향을 받아 기성세대 직원들보다 더 많은 콘텐츠와 현실에 노출되어 있다. 게시물, 광고, TV 프로그램, 이메일, 영상, 직접적인 대화 등을 고려해 보면, 10대를 포함한 스마트폰 사용자들은 하루에 10,000건에 달하는 메시지에 노출된다.[10] 그리고 이는 팀원들의 마음속에 많은 요구사항을 불러일으킨다. 팀원들은 자신이 더 많은 것을 보았으므로 더 많이 알고 있다고 생각하는 경향이 있다. 실제로 종종 그렇기도 하다.

한편 현실에 밝은 사람들은 너그러움이 부족한 경향이 있다. 최근에 조지 워싱턴George Washington의 영웅적 지위가 추락한 것을 생각해 보자. 이는 우리가 조지 워싱턴의 개인적인 삶에서 영웅적이지 않은 모습들을 발견했기 때문이다. 이처럼 현실에 대한 정통함은 오히려 냉소주의와 회의주의를 조장한다. 당연한 말을 한마디 하자면 팀원들이 냉소적일수록, 리더로서 그들을 이끄는 일은 더 어려워진다.

감정표출도

이성과 논리성을 중시한다고도 볼 수 있는 높은 교육 수준의 문화에서 격한 감정표출을 경험하다니, 아이러니한 일이 아닐 수 없다. 우리는 감정적 폭발과 소셜미디어상에서 터뜨리는 분노, 정치적 양극화, 타협하지 않는 태도, 감정 조절에 어려움을 겪는 사람들을 본다. 더 많은 사람이 객관적인 연구 대신 확증편향에 빠진다. 우리는 어떤 것을 숙고하는 것보다, 즉각적으로 반응하는 것을 더 잘한다. 어쩌면 소셜미디어가 우리를 이렇게 만든 것일 수도 있다.

오늘날 사람들이 인지적으로는 발달했을지 몰라도 사회적, 정서적으로는 뒤처져 있다. TV 드라마 수는 감소하기는커녕 도리어 증가했고 사람들은 드라마에 열광하도록 길들여져 왔다. 일부 저급한 프로그램은 억지로 감성을 끌어내기 위해 제작되기도 한다. 불안을 조절할 수 없고 직장 내 갈등을 다룰 수 없으며 질투심을 제어하는 데 실패하는 것은 모두 새로운 형태의 리더가 필요하다는 사실을 암시한다.

기대

일반적으로 요즘 직장인들은 회사에서 경험할 일들에 큰 기대를 안고 입사한다. 자격의식과 기대는 "비슷한" 맥락에 있지만 "같지는" 않다. 자격의식은 자신이 특권 또는 보통보다 더 좋은 대우를 받을 자격이 있다고 느끼는 것이고, 기대는 단순히 일어나리라고 추정하는 것과 관련이 있다. 자격의식은 감정, 기대는 생각에 관한 개념이다. 두 가지 모두 리더가 다루어야 할 직원들의 특성일 것이다. 직원들이 리더와 자신들이 맡을 직무에 큰 기대를 안고 입사하지만 기대와 현실 사이의 간극 때문에 갈등을 겪는다는 사실을 오늘날 리더는 반드시 이해해야 한다.

비상한 리더가 스스로를 차별화할 수 있는 이유는 이와 같은 도전적인 현실에 잘 대처하기 때문이다. 비상한 리더는 팀원들의 언어와 뉘앙스를 읽고 이에 능숙하게 반응함으로써 팀원들이 소속감과 업무에 기여하고 있다는 것을 느낄 수 있게끔 한다. 그리고 두 가지 상반된 관점의 긴장 속에서도 모든 가능성을 저울질하며 검토한다. 심지어 어떤 무자비한 이들이 한쪽 편에 서거나 극단적인 관점을 취하라고 요구할 때도 마찬가지다. 비상한 리더들은 대부분 인생을 그러한 긴장 속에서 살아가게 된다고 생각한다. 하지만 안타깝게도 긴장과 함께 어우러져 살아갈 만큼 자신의 감정을 잘 관리하지 못하는 사람이 많다. 그래서 비상한 리더가 필요한 것이며 사람들은 이들과 함께 일하기를 갈망한다.

애석하게도 우리가 살고 있는 시대가 복잡한 탓에 비상한 리더는 보기 드물다. 작가 데이비드 락David Rock은 이렇게 썼다. "관리직에 오르기 시작한 차세대 직원들은 그들의 전임자와는 다른 욕구를 지니고 있다. 그들은 조직으로부터 더 많은 것을 기대한다. 개인적으로 발전하기를 원하고 자유와 독립을 중요하게 여기며 다양성과 변화를 즐긴다. 이들에게는 명령과 통제 문화가 잇따라 양산하고 있는 유형과는 다른 리더가 필요하다. 자신을 빛나게 해주고 직장에서 잠재력을 발휘할 수 있게 도와주는 리더를 원한다. 사고능력을 증진시켜 주는 그런 리더 말이다."[11]

당신의 영향력이 확장될 수 있느냐는 가장 귀중한 자원을 제공할 수 있는지의 여부에 달려 있다. 정보는 어디서나 검색이 가능한 유용한 상품일 뿐이기에 박식한 리더는 흔해졌다. 이제 흔하지 않은 리더는 사회적으로 그리고 정서적으로 똑똑한 리더, 즉 우리가 이 책에서 논의할 역설들을 팀원들에게 실천하는 사람이다. 이들은 복잡한 상황에서 탁월한 방식으로 통찰을 제시하고 목표를 성취하는 방법을 찾는다. 즉 과거 세대가 "현명한 리더"라 부르는 인물이다. 사람들은 정보의 바다에 살고 있으면서도 지혜에 굶주려 있으므로 오늘날 이러한 리더는 반드시 필요하다.

세상은 더 이상 똑똑한 리더를 원하지 않는다

책에서 제시하는 역설은 대부분 인지적 지능이 아닌 정서적 지능에 관한 내용이다. IQ(지능지수)가 아닌 EQ(감성지수)의 문제인 것이다. 유능한 리더의 모습을 규정하는 일은 연구자들에게 수년 동안 미스터리였다. 대다수는 단지 강인한 성격과 높은 지능의 문제라 여겼다. 그러나 시간이 흐르면서 문제가 이보다 훨씬 복잡하다는 사실을 알아챘다. 회의실에서 가장 똑똑한 사람이라고 해서 항상 최고의 리더는 아니지 않은가.

다음과 같은 말을 몇 번이나 했었는지 스스로 돌이켜 보자.

그렇게 똑똑한 사람이 어떻게 그런 _____ 행동을 했을까?

빈칸은 '비합리적인, 비논리적인, 멍청한, 어리석은' 등으로 채울 수 있다. 정서적 결핍은 사회생활을 하는 데 방해가 될 가능성이 다분하다. 그래서 미국에서는 다음과 같은 상투적인 말을 한다. "전 과목 성적이 A인 학생이 언젠가는 C를 받는 친구들을 위해 일하게 될 것이다." 어째서 이것이 가능할까? C 학생들은 사회적·정서적 신호를 읽는 법을 배움으로써 낮은 지능의 틈을 메워야 하는 한편, 성적이 좋은 아이들은 지적 능력에만 의존하기 때문이다.

감성지능 분야의 전문가 트래비스 브래드베리Travis Bradberry와 조직 심리학 전문가 진 그리브스Jean Greaves는 이렇게 설명한다. "정서적 지능이 처음 대두되었을 당시 그것은 기이한 발견의 비밀을 설명해 줄 수 있는 마지막 퍼즐 조각과도 같았다. 최상위 수준의 IQ를 가진 사람들은 평균 수준의 IQ를 가진 사람보다 업무 수행능력에서 겨우 20% 더 앞서는 한편, 평균적인 IQ를 가진 사람은 상위 수준의 IQ를 가진 사람보다 업무 수행능력에서 70%나 앞선다. 이런 놀랄 만한 결과로 인해 많은 사람이 성공의 중요 요소로 간주해 온 IQ에 대해 일대 생각의 변화가 일어났다. 과학자들은 성공 요소에는 IQ 외에 중요한 다른 변수가 분명히 존재한다고 인식했으며, 수년에 걸친 끝없는 연구 끝에 그 해답을 바로 감성지수, 즉 EQ에서 찾았다."[12]

사회적·정서적 지능은 "자신과 타인의 감정을 인식하고 이해하는 능력, 그리고 이러한 인식을 활용해 자신의 행동과 관계를 조절하는 능력"을 의미한다.[13] 다행히 IQ는 살면서 그렇게 많이 높일 수 없지만 EQ는 발전시킬 수 있다. 우리는 학교에서 정보를 얻고 암기하는 법은 배워도 사회적 신호와 정서적 신호를 관리하는 법은 거의 교육받지 않는다. 사회생활을 시작할 때 지금껏 소비해 온 지식을 읽고 이해하고 전달하는 법은 알고 있지만, 정작 난해한 문제의 한복판에서 감정을 관리하는 기술은 부족할 때가 많다. 나는 대학생들에게 종종 이렇게 말한다. "학교생활의 성공을 결정짓는 75%는 IQ, 25%는 EQ입니다. 하지만 일을 할 때는 그 반대가 될 것입니다."

감성지능평가는 세계에서 가장 큰 EQ 평가 시스템이다. 감성지능 교육 제공 업체인 탤런트스마트가 개발한 이 검사는 지금까지 50만 명 이상이 받았는데, 그 결과는 놀라울 따름이다. 높은 성과자들의 90% 이상이 감성지수도 높았다.[14] 우연의 일치일까? 그렇게 생각하지 않는다.

리더의 두뇌에서는 날마다 무슨 일이 일어날까?

뇌가 받는 모든 메시지, 즉 듣고 보고 냄새 맡고 맛보고 만지는 모든 것은 척수를 통해 들어온다. 전기신호는 척수에서 전달되어 전두엽(사고력을 주관하는 곳)으로 가는 도중에 변연계(감정을 관장하는 곳)를 통과해야 한다. 다음 그림에서 볼 수 있듯 감정을 느끼는 뇌 부위는 메시지가 이성적 사고를 담당하는 부위로 이동하는 경로 중에 있다.

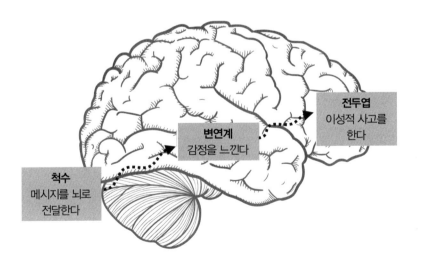

전두엽
이성적 사고를 한다

변연계
감정을 느낀다

척수
메시지를 뇌로 전달한다

전전두엽 피질(전두엽)은 뇌가 성숙하는 단계에서 가장 마지막으로 발전한다.

예를 들어 일반적으로 10대 청소년의 전전두엽 피질은 미성숙한 상태이기 때문에 이 시기에 지나치게 극단적이고 감정적이며 비합리적이기까지 한 행동이 나타날 수 있다. 행동에 대한 결과를 예측하는 영역이 완전히 발달되지 않은 것이다.

우리는 인류 역사상 가장 많은 교육을 받은 세대이지만 교육 과정에서 놓친 것이 있다. 그건 바로 스스로 감정을 다룰 수 있도록 훈련하는 법이다. 우리는 감성지능을 희생시키면서까지 학업 또는 인지발달에 집중했다. 전두엽이 저장할 수 있는 합리적인 내용들로 뇌를 채웠지만 우리의 상호작용 중 상당 부분이 변연계를 통과하지 못한다. 모두 알고는 있지만 외면하는 문제인지도 모른다.

미국 심리학자 조너선 하이트Jonathan Haidt는 이 현상을 "기수와 코끼리"로 비유했다.[15] 그의 말에 따르면 인간의 마음속에는 코끼리(직관과 감정)의 등 위에 올라탄 기수(합리적인 지각과 이성)가 있다. 기수는 코끼리보다 훨씬 작으며 마치 코끼리를 몰고 있는 척하지만 코끼리가 원하는 곳으로 따라가는 경우가 많다. 어떤 감정을 강하게 느끼고 그 감정을 표현할 때, 그러니까 감정적 반응을 합리화할 때 우리는 코끼리에게 고삐를 넘긴 것이나 다름없다. 불쑥 내뱉은 말이 상대방에게 비논리적으로 들리더라도 우리는 그 말을 아주 뛰어나게 정당화하는 사람이 된다. 논쟁 중인 문제는 진짜 문제가 아니게 된다.

제너럴일렉트릭 전 회장인 잭 웰치Jack Welch는 인터뷰에서 자신의 커리어에서 저질렀던 가장 큰 실수가 무엇인지 묻는 질문에 "투자은

행을 사들인 것."이라고 단번에 대답했다. 그 이유를 묻는 질문에 그는 "문화를 이해하지 않았기 때문"이라고 말했다. 기업이 인수될 때 CEO는 단순히 "어려운" 거래가 될 것이라고 짐작할 때가 너무 많다. 하지만 내막을 들여다보면 관리자들 간 충돌하는 자존심과 소통에서의 뉘앙스, 서로 다른 성격적 특성, 문화 혼합 등의 문제들이 범람하기 때문에 상황은 매우 "복잡"하다. 인간은 유동적이고 예측할 수 없지 않은가. 이러한 사실은 약이 될 수도 독이 될 수도 있다.

1968년 뉴욕센트럴철도와 펜실베이니아철도가 합병되어 미국의 운수 회사인 펜센트럴이 탄생했고, 이 기업은 미국에서 여섯 번째로 큰 기업으로 우뚝 섰다. 그러나 불과 2년 만에 파산보호 신청을 하면서 월스트리트에 충격을 주었다. 당시 미국 역사상 가장 심각한 기업 파산이었다. 무슨 일이 일어났던 걸까? 기업 경영진이 단지 상황이 어려울 것이라 예상하고 마련한 절차와 교섭으로는 문제가 해결되지 않았기 때문이다.

사람을 관리하는 일은 많은 변수를 고려해야 하는 복잡한 문제이다. 두 회사를 합병한다거나 신제품 혹은 새로운 전략에 대한 시장의 반응을 파악할 때도 그렇다. 만일 운이 좋으면 해결책을 한 번에 알아낼 수도 있지만 아마 다음번에 무엇을 하든 동일한 결과를 창출하지 못할지도 모른다. 이렇듯 우리가 직면한 복잡한 난제들에 역설적 리더십은 하나의 해답이 된다.

역설적 리더십은 무엇인가?

최근 이야기를 나눈 한 CEO는 자신이 전략가이자 지지자, 스토리텔러, 치료사, 미래학자, 동기 부여 연설가가 되어야 한다는 중압감에 짓눌려 있었다. 실제로 그의 말이 맞을지도 모른다. 나는 이러한 유형의 역설을 받아들이는 태도가 복잡한 시대에 살아가는 우리를 구원하는 유일한 방법이라고 믿는다. 간단히 정의하면, 역설적 리더십은 누가 봐도 앞뒤가 맞지 않거나 터무니없는 명제 같아 보여도 자세히 뜯어 보면 충분한 근거가 있으며 옳다고 판명되는 것이다. 하지만 역설적인 두 가지 특징이 서로 상충되어 보이는 탓에 우리는 종종 그 안에 숨겨진 진실을 바라보지 못한다. 상반되는 두 모습이 어떻게 공존할 수 있을까? 주의 깊게 들여다본 후에야 역설을 이해할 수 있다. 지금부터 설명해 보겠다.

샌프란시스코 연방준비은행 총재인 메리 C. 데일리Mary C. Daly가 주관한 연구에 따르면, 행복지수가 더 높은 국가들과 미국의 연방주들은 자살률도 높은 경향이 있다고 한다. 이 연구 결과는 역설적으로 보인다. 자살을 생각하고 있는 사람이 주변에 엄청나게 행복해 보이는 사람들을 본다면 자살할 위험이 더 커질 수 있다는 점을 고려할 때까지는 말이다.

역설적이지만 사실이다.

코로나19 팬데믹으로 인한 격리 기간 동안 애틀랜타에서는 도로 교통량이 눈에 띄게 줄었지만 오히려 교통사고는 증가했다. 도로 위의 자동차 수는 더 적어졌는데 어떻게 사고는 더 늘어났을까? 아이러니한 일이 아닐 수 없다. 도로에 차가 적어졌기 때문에 사람들이 더 빠르고 무모하게 운전하려고 했고 이것이 더 많은 충돌 사고로 이어졌다는 것을 떠올리기 전까지는 말이다.

이 또한 역설적이지만 사실이다.

역설은 의아하게 느껴지지만 유능한 리더의 형용할 수 없는 특징을 설명해 준다. 오늘날 세계는 너무나 다양하고 복잡한 각도로 바라볼 수 있으므로, 다차원적인 방식으로 접근할 수 있는 리더만이 불안정한 시대에 성공할 수 있는 희망을 지닌다. 역설을 구현하는 능력은 특출난 사람과 평범한 사람을 구분해 왔다. F. 스콧 피츠제럴드F. Scott Fitzgerald는 "최고 수준의 지성을 판단하는 기준은 상반된 생각들을 동시에 하면서도 흔들리지 않을 수 있는 능력이다."라고 말했다.

나는 불확실성이 난무하는 오늘날 훌륭한 리더십을 발휘하는 데 필수적인 역설을 고찰할 수 있도록 할 것이다. 이 책은 유능한 리더가 직원들의 높아진 기대치에 부응하면서 리더십을 발휘할 때 반드시 실천해야 하는 여덟 가지 놀라운 역설을 탐구하고 실증한다.

첫째, 위대한 리더는 자신감과 겸손의 균형을 맞춘다.
둘째, 위대한 리더는 비전과 블라인드 스팟을 이용한다.
셋째, 위대한 리더는 보이는 리더십과 보이지 않는 리더십을 받아들인다.
넷째, 위대한 리더는 뚝심 있으면서도 수용적이다.
다섯째, 위대한 리더는 기본적으로 전체를 위하면서도 개개인을 위한 리더십을 발휘하기도 한다.

여섯째, 위대한 리더는 지도자이자 학습자이다.

일곱째, 위대한 리더는 높은 기준을 갖추면서도 관대함을 베
푼다.

여덟째, 위대한 리더는 시대를 초월하는 원칙과 시대에 발맞춘
발전을 모두 추구한다.

각 장의 주제를 음미해 보면 비상한 리더를 차별화하는 가장 큰 요
인이 상황을 주도하기 전에 상황을 읽는 능력이라는 것을 단번에 알
수 있다. 비상한 리더는 자신의 감정을 조절하고 사람들을 관찰하며
목표에 도달하기 위한 가장 현명한 대응책을 택한다. 그들은 단지 권
력자 입장에서 역경을 받아들이는 것이 아니라, 역경에 적응하고 계
속해서 목표를 좇으면서 이 과정에서 생겨나는 필연적인 역설들을
적극적으로 수용한다.

이 장은 전염병의 해를 "기적의 해"로 전환한 대학생 아이작 뉴턴
의 이야기로 문을 열었다. 그는 미적분학에 기여하고 광학 이론을 발
전시켰으며 중력법칙과 운동법칙을 발견했다. 그가 교수들의 학업
지도를 받으며 바쁘고 평범하게 지내던 대학 생활에 들이닥친 장애
물을 견디고 여기에 적응하지 않았더라면, 그의 발견은 애당초 일어
나지도 않았을 것이다. 당시 청년이었던 뉴턴 자신을 포함해 모든 사
람이 그의 발견에서 이로움을 얻었다. 1667년 뉴턴은 자신의 이론을
손에 들고 케임브리지대학교로 돌아왔다. 그리고 6개월 만에 특별 연
구원이 되었고 2년 후에는 교수가 되었다. 20대의 경력 치고 나쁘지
않았다.

그 개념은 매우 단순하지만 쉽게 발견될 수는 없는 것이다. 아이작 뉴턴이 자신의 일생일대 중요한 발견들을 그 시기에 이룩할 수 있었던 것은 일상을 바쁘게 지내지 않아서였다. 휴식이 돌파구가 된 셈이다. 전에 언급했듯 유행병이라는 방해물은 새로운 발견의 시작으로 이어졌다. 그는 방해물을 기회로, 문제를 가능성으로 바꾸었다. 그가 시간을 흘려보내지 않고 투자하기로 마음먹자, 대학 공부의 걸림돌이 오히려 성장의 발판이 되었다.

그렇다면 이러한 역설은 어떻게 나올 수 있었을까?

뉴턴은 변화를 기꺼이 받아들이고 새로운 방식으로 학습하기 위해서 캠퍼스에 가지 못하는 상황을 도리어 활용했다. 고독을 뮤즈와 창작에 이용했던 것이다. 나는 요즘 많은 사람이 고독에서 도망친다고 생각한다. 우리는 귀마개를 꽂고 머릿속을 소음으로 채우는 것에 익숙하다. 또는 라디오를 켜서 지루함을 흘려보내곤 한다. 이것이 잘못된 것은 아니지만 종종 독창적인 사고를 방해한다. 신경과학자들은 지루함을 느낄 때 우리 뇌가 공감 능력과 창의력을 발달시킨다고 말한다. 다행히도 아이작 뉴턴에게는 시간을 낭비할 비디오 게임이나 텔레비전이 없었다. 뉴턴의 시간이 어떤 것에 의해서도, 어떤 이에 의해서도 낭비되지 않았을 때 그는 세상을 돌아보고 상상하고 변화시킬 시간을 보낼 수 있었다.

오늘날과 같이 복잡한 세상에서는 이것이 최선의 선택이다.

역설적 리더십 1.

자신감과 겸손

동등한 사람 가운데 첫 번째가 되라

자신감을 갖되 과신하지 않고
겸손하되 지나치게 겸손하지 않아야 한다.

- 하워드 막스

마이클 다만 아이스너Michael Dammann Eisner는 1984년부터 2005년까지 20년이 넘는 기간 동안 월트디즈니사에서 최고경영자CEO 겸 회장을 지냈다. 그의 리더십 아래 디즈니 브랜드는 다시 부활했다. 그는 「인어공주」(1989) 같은 만화 영화의 흥행에서 영화사 미라맥스, 미국 지상파 방송사 ABC, 미국 스포츠케이블 방송사 ESPN 인수에 이르기까지 이 모든 일을 자신 있게 주도했다.

　그러나 이 시기에 디즈니는 협상하기에 힘든 상대이며 협력하기에는 더더욱 버거운 파트너라는 평판을 얻기도 했다. 디즈니의 기세는 점점 확장되었는데 내부에서도 이 사실을 알고 있었다. 아이스너는 느닷없이 직원을 해고하거나 고용하는, 예측할 수 없는 행동을 일삼았는가 하면 자존심만 조금 꺾으면 쉽게 해결될 일을 두고 법정까지 드나든다는 평을 받았다. 시간이 흐르면서 그는 회사에서 고립되어

갔고 그럴수록 더 횡포를 부렸다. 이는 결국 주주들의 반발을 야기했고 해임으로 이어졌다. 임기 마지막 해에 그는 파괴적인 행동과 거만한 태도를 보이며 사적 감정을 불필요하게 공적 싸움으로 불거지게 했다고 한다.

지금부터 등장할 로버트Robert는 "밥Bob"이라고 부르겠다. 밥 아이거Bob Iger는 아이스너와 사뭇 다른 스타일의 CEO였다. 아이스너는 아이거가 절대 CEO가 될 수 없으리라 장담했었다. 하지만 아이거는 30년 동안 ABC 방송사와 디즈니의 여러 브랜드를 거치며 자신의 책무를 차근차근 그리고 효과적으로 수행한 인물이 아니었던가. 새로운 CEO를 외부에서 찾던 디즈니 이사회 멤버들은 얼마 지나지 않아 적임자가 바로 근처에 있을 수도 있다는 사실을 인지했다.

2005년 아이거는 아이스너의 뒤를 이어 CEO로 취임했다. 지난 30년 동안 스포츠와 뉴스, 연예 등 방송 산업의 여러 방면에서 실무를 수행했었던 그는 하루아침에 프로그램 인수와 저작권 협상 등 중대한 사업 이슈에 둘러싸였고 여기에 뛰어들어야 했다. 이 과정에서 종종 그는 마치 빅 리그에 콜업된 신인이 된 기분을 느꼈다. 아이거의 자서전 『디즈니만이 하는 것(The Ride of a Lifetime)』에서는 그가 어떻게 커리어의 각 단계에서 이전에 한 번도 해보지 않은 일을 제안받을 수 있었는지, 그리고 어떻게 더 많은 이해관계자가 지켜보는 위치로 점차 올라설 수 있었는지를 자세히 기술한다. 이를테면 ABC엔터테인먼트가 캐피털시티스커뮤니케이션에 인수되면서 ABC 직원들을 당혹스럽게 한 일이 있었는데, 이때 아이거는 바로 ABC 사장으로 취임했다. 이와 관련하여 자서전에 이렇게 남겼다.

낙하산 없이 뛰어내리는 건 아니었지만 처음에는 꼭 자유 낙하하는 기분이었다. 나는 스스로 다짐했다. '새 임무가 주어졌다. 사람들은 내가 사업을 회복시킬 수 있으리라 기대한다. 처음 해보는 일이라 해서 이것이 실패의 변명이 될 수는 없다.'[1]

아이거는 회사를 이끌어 나갈 때 무엇이든 배우려는 겸손한 자세를 잃지 않으면서 경험 많은 리더였던 아이스너와 자신을 차별화했다. 진정성 있는 태도를 변함없이 유지했던 것이다. 그의 첫 번째 행동 원칙은 꾸밈없이 행동하는 것이었다. 그는 이렇게 말하곤 했다.

겸손해야 합니다. 다른 사람인 척 꾸미거나 모르는 것을 아는 체해서는 안 됩니다. 이와 동시에 리더의 위치에 있으므로 겸손이 리더십에 방해되게 해서는 안 되겠지요. 사실 리더십과 겸손은 달라 보이지만 유사합니다. 바로 이것이 오늘 전하려는 주제입니다. 필요한 질문은 꼭 하고 이해하지 못한 부분에 대해서는 변명하지 않고 인정해야 합니다. 학습이 필요하다고 생각하면 가능한 한 빠르게 배워야 합니다.[2]

리더의 진정한 권위는 어디서 나오는가

앞서 제시된 아이거의 말은 비상한 리더들이 보이는 역설적인 행동 양식을 담고 있다. 자만하여 쉽게 무너지고, 유능한 리더들이 특정 현실을 직시하지 못하게 하는 구식의 리더십과는 다르다.

　오늘날 리더십을 발휘하려면 겸손과 자신감 두 가지 자질을 모두 겸비해야 한다. 현실은 매우 빠르게 변화하므로 리더는 오만함에 빠지지 않고 배움의 자세를 유지해야 한다. 동시에 부하직원들은 리더가 자신감 있는 모습으로 자신들을 격려하기를 바란다. 따라서 아이거는 이렇게 결론지었다. "모르는 지식을 아는 척한다고 해서 자신감이 생기지 않는다. 진정한 권위와 리더십은 자신이 어떤 사람인지 알고 다른 사람인 양 행세하지 않는 것에서 출발한다."[3]

　캐피털시티스가 ABC를 인수할 무렵 아이거는 합병된 두 방송사를 이끌어야 하는 직위에 오르게 되었다. 이 시기를 아이거는 다음과 같이 회상했다.

　당시 미국의 3대 방송국 사장은 방송 산업에서 거대한 영향력을 지닌 인물 중 하나로 여겨졌다(개인적으로는 동의하지 않는다). 하지만 업계 종사자들 눈에 비친 나는 의문의 인물이었다. 할리우드가 어떻게 돌아가는지에 대한 감이 전혀 없었을 뿐 아니라 창작가들과 관계를 이어 가거나 그들의 소속사와 일을 해본 경험도 없었다. 그 세계의 언어도 문화도 몰랐다. 그들에게 나는, 황당한 이유들로 느닷없이 뉴욕에서 날아와 자신들의 창작 활동에 막강한 영향력을 행사하는 양복쟁이일 뿐이었다. 그래서 나는 매일같이 함께 일한 임원진 스튜와 테드를 통해 매니저와 소속사 관계자, 작가, 감독, 배우 등을 만났다. 대부분 미팅 자리에서 상대방은 내가 어떤 사람이고 사장 자리에 앉아 대체 무슨 일

을 하고 있는지 파악하기 위해 나를 이리저리 찔러 보며 살피는 듯했다.[4]

아이거가 사장이 된 기분을 느끼는 것은 상상 속에서만 가능한 일이었다. 실제로 부하 직원들은 과연 아이거라는 사장이 회사의 방향성을 제시할 수 있는 자격과 올바른 결정을 내릴 수 있는 능력을 갖추고 있을까를 끊임없이 의심했다. 사실 이러한 행동은 상대방의 자존심에 불을 지르는 지름길이다. 만일 이때 아이거가 자존심을 부렸다면, 완장을 찬 사람이 누구이며 마음만 먹으면 어떤 직원이든 해고할 수 있는 사람이 바로 CEO 본인이라는 사실을 전 직원에게 상기시키려 들었을 것이다. 일반적으로 임원과 팀원들 사이에서는 매년 이런 일이 일어난다.

하지만 아이거는 자존심과의 싸움에서 이겼다. 그는 잘 알고 있었다. 미팅 테이블 맞은편에 앉은 상대가 누구든, 업무에 대해 아는 척하고 싶은 충동을 억제해야 한다는 사실을 말이다. 그래서 상대에게 업무에 대한 설명들을 들었으면 하는 마음을 내비치며 여러 가지 질문을 던졌다. 보통 이런 식의 대화법은 상대의 의심을 누그러뜨리기 마련이다. 아이거는 할리우드에 합류했을 때 자신이 외향적이고 폼 잡는 성격이 아님을 알고 있었다. 그는 업계에 아는 인맥이 거의 없었다. 이 점으로 미루어 볼 때 처음 보는 수많은 소속사와 배우에 위축되어 불안감을 드러내거나 혹은 할리우드 출신이 아님을 내세워 자신에게 유리하게 이용할 수도 있었다.

월트디즈니사의 CEO와 회장으로 취임했을 무렵 아이거는 과거 자신에게 큰 도움이 됐었던 태도를 다시 취했다. 마이클 아이스너처럼 행동하지 않았고(이 점이 유리하게 작용했다.) CEO라고 우쭐거리지도 않았다. 본인만의 모습을 겸손하게 보여 줄 뿐이었다. 그는 말을 하기보다는 들을 때가 많았고 무언가를 가르치기보다는 배울 때가 많았다. 또 상대의 가치를 얻어 가기보다는 높여 주기를 추구했다. 이렇게 아이거는 상대방을 단번에 자기 사람으로 만들었다.

이러한 리더십을 보인 덕에, 아이거가 자신감 있게 결정을 내렸을 때 사람들은 그를 믿음직스럽다고 느낄 수 있었다. 자신감과 겸손이 균형 잡힌 태도는 다른 견해를 주장하는 사람들까지도 그의 편으로 끌어들이는 강력한 유인으로 작용했다. 그에게 자신감이 있었던 것은 맞지만, 그는 겸손한 경청의 자세로 자신감을 조금씩 조금씩 내비쳤다. 사실 이 과정에서 사람들은 아이거가 새 직책의 적임자가 아닌 것 같다고도 생각했다. 이 얘기를 들은 아이거는 그런 것 같다고 웃으며 넘기고는, 그렇게 말하는 사람들에게 배우는 자세를 취했다. 이런 그의 모습을 지켜본 사람들은 마침내 함께 회사를 번영시키자는데 뜻을 모았다.

아이거는 복종 관계가 아닌 협력 관계를 구축했다. 사람들은 그와 "경쟁해야" 한다고 생각하지 않았고 그가 임무를 완전하게 수행할 수 있도록 "도와주어야" 한다고 생각했다.

아이거의 리더십이 가장 명확히 드러났던 것은 그가 디즈니와 픽사의 관계 회복을 위해 당시 픽사의 초대 회장이었던 스티브 잡스 Steve Jobs를 만났을 때였다. 아이스너가 디즈니 리더였을 당시, 아이스너와 잡스는 미팅 자리에서 협상의 우위를 차지하기 위해 팽팽한 자존심 대결을 펼쳤다. 마치 수컷 공작 두 마리가 서로 경쟁에서 승리하려고 날개를 활짝 펴며 자존심을 부리는 장면 같았다. 대개 과시의 결과는 이기거나 지거나 둘 중 하나이다.

아이스너의 CEO 자리를 이어받은 아이거는 잡스에게 만나지 않겠느냐고 연락을 했다. 두 남자는 서로 잘 몰랐기 때문에 상대에게 정확히 무엇을 기대해야 하는지도 몰랐다. 그러나 비교적 단시간에 아이거는 잡스를 자기편으로 만들었다. 이쯤에서 예상했겠지만, 아이거는 잡스를 만났을 때 아이스너와 완전히 다른 접근법을 취했다.

먼저 그는 새로운 세계에 합류했음을 인정했다. 스스로 디즈니라는 엄청난 브랜드를 이끌기에는 부족한 사람이라고 표현했다. 하지만 픽사의 가치를 향상시키고 싶다고 밝히며 디즈니와 픽사가 협력한다면 더 나아질 것이라는 생각을 전했다.

이 예시는 리더들에게 도움이 될 법한 실질적인 내용을 보여 주고 있다. 만약 정서적으로 불안정한 리더라면, 더 넓거나 더 깊은 관계를 형성할 수 있는 능력을 스스로 망칠 것이고 특히 경쟁 구도에 있는 사람과는 자연스레 담을 쌓게 될 것이다. 게다가 미래의 파트너가 될 수 있는 상대일지라도 기대가 아닌 의심의 눈초리로 상대를 바라볼 것이다. 이러한 리더는 강력한 상대가 다음 중 하나라고 인식한다.

- **위협:** 상대는 나의 권력, 지위, 명성에 위협이 된다.
- **눈엣가시:** 상대는 제거되어야 할 눈엣가시이다.
- **번영:** 상대는 나의 발전과 번영을 가능하게 할 수도 있는 도구이다.

마이클 아이스너는 스티브 잡스를 툭하면 위협의 상대로 보았다. 대조적으로 밥 아이거는 스티브 잡스와 함께 번영할 수 있는 방법을 모색했다. 아이거는 아이스너와 잡스의 고장 난 관계로 꼬인 매듭을 차근차근 풀어 나가기 시작했다. 어느 날 저녁, 아이거는 잡스의 의중을 떠보기 위해 터무니없는 아이디어를 슬쩍 흘렸다. 말도 안 되는 생각이라는 것을 먼저 인정하면서 디즈니가 픽사를 인수할 수도 있지 않겠느냐는 이야기를 펼쳤다. 잡스는 잠시 침묵하고는 "그렇게 말이 안 되는 건 아니지요."라고 답했다. 그러더니 잠시 후, 그 의견에 열린 마음이기는 하지만 픽사 애니메이션 경영진인 존 래시터John Lasseter와 에드윈 캣멀Edwin Catmull의 논의 없이는 어떤 것도 독단적으로 결정할 수 없다고 덧붙였다. 인수는 정신 나간 발상이 아니라 대단한 아이디어였다. 아이거는 존 래시터와 에드윈 캣멀을 만났고 두 사람의 마음을 사로잡았다. 마침내 인수 거래가 성사되었고 스티브 잡스를 비롯한 픽사 직원들은 디즈니 제국에 합류하게 되었다.

이 거래에서 개인적으로 가장 인상 깊은 대목은 아이거가 그들의 마음을 사로잡은 방식이었다. 아이거는 픽사를 디즈니에 넘긴다면 디즈니 애니메이션의 총괄고문 자리를 주겠다고 제안했다. 어쨌든 컴퓨터 애니메이션 장르를 선도하고 있던 것은 픽사였기에 결국 그와 관련한 모든 일의 지휘권은 픽사에게 있었다. 말하자면 인수 기업인 디즈니가 도리어 배우는 입장이 된 것이었다. 자신감과 겸손이 균형 잡힌 그림이었다.

시간이 지나면서 아이거와 잡스는 친구가 되었다. 2011년 10월 잡스가 사망했을 때 아이거와 그의 와이프 윌로우willow는 잡스의 추도식에 초대받은 몇 안 되는 사람 중 한 명이었다. 아이거와 잡스는 이전에 아이스너가 상상하지 못했고 반기까지 들었던 파트너십을 구축해 냈다. 어떻게 가능했을까? 자신감과 겸손을 가지지 않은 사

—
타인의 눈에 당신은
겸손함을 갖춘 리더,
자신감 있는 리더 중
어느 쪽에 더 가까운가?

람에게는 이 둘의 조화가 도무지 이해하기 어렵고, 설명하기도 난해하다.

하지만 한번 설명해 보겠다. 영 앞뒤가 맞지 않는 말이 여기에 있다. "비상한 리더는 고무적인 자신감을 갖춘 동시에 누구나 느낄 수 있는 겸손한 태도로 자신감을 표현한다."

오늘날처럼 복잡한 세상에서 사람들은 확실한 자신감을 보이는 인물을 찾는다. 팀원들은 리더에게서 자신감을 보지 않고는 좀처럼 앞으로 나아가지 않으면서도, 리더의 자신감 때문에 자신의 인간성이 무시당해서는 안 된다고 생각한다. 비상한 리더는 자기 자신을 믿지만 혼자 힘으로 모든 일을 이루었다고 여기지는 않는다. 캘리포니아 대학교의 심리학 교수 대커 켈트너Dacher Keltner는 말했다. "권력의 유혹에 빠지면 처음에 권력을 얻게 해준 그 능력을 잃게 된다."[5]

자신감과 겸손은 각각 "확신의 에너지"와 "유연한 배움의 자세"를 가져다주어 파트너십에서 시너지 효과를 창출한다. 밥 아이거가 이 사실을 발견하게 된 것은 루카스필름과 마블, 픽사를 인수하는 과정에서 각각 조지 루카스George Lucas, 아이크 펄머터Ike Perlmutter, 스티브 잡스와 소통할 때였다. 당시 아이거는 배우는 입장이었음에도 상대 기업 CEO를 설득하면서 자신감을 넘어선 대담함을 드러냈다. 자신

감만이, 더 정확히 말하면 리더 스스로를 향한 자신감만이 리더를 평범함에서 비상함으로 끌어올릴 수 있다.

자신감 있는 리더가 된다는 것

21세기 들어 점점 불확실해지는 사회 그리고 복잡하고 예측 불가능해지는 글로벌 경제 탓에 팀원들은 자신감이라는 덕목을 갈구한다. 팀에 자신감을 불어넣는 것은 리더가 할 일 중 하나이다. 이것은 리더가 모든 답을 미리 안다는 것도 아니고 일이 계획대로 잘 풀릴 것이라고 굳게 확신한다는 뜻도 아니다. 그저 우리가 불확실성을 경험할수록 자신감을 원하는 사람이 많아진다는 뜻이다. 비상한 리더는 이런 욕구를 이해하고 이것을 이용해 자신의 영향력을 강화한다.

리더가 자신감을 보일 때 그 모습은 전염된다. 리더의 열정과 에너지는 퍼지기 마련이고 강단 있는 태도는 팀원들의 행동에도 동기 부여가 된다. 해내야만 한다는 리더의 확고한 의지는 전파되며 팀원들은 든든함을 느끼기도 한다.

자신감은 나이가 들수록, 경험치가 쌓일수록, 세상을 바라보는 시각이 냉소적으로 변할수록 약해질 수 있다. 개인의 세계관은 수십 년의 세월을 거치며 변하기 마련이다. 맹목적으로 다른 사람을 신뢰하지 않고 자기 방어적 태도를 취하는가 하면, 심지어 어른도 얼마나 이기적이고 미성숙할 수 있는지를 알게 된다. 개인의 자신감이 시들해질 수 있다. 겁도 없이 스케이트보드를 타고 언덕을 내려오는 아이에게 부모가 조심하라고 당부하는 것도 다 그런 이유에서다. 어린 학생을 노리는 괴한이 있을지 모른다는 것을 까맣게 모른 채 소셜미디어에서 자유로움을 보란 듯이 당당히 표현하는 어린 딸에게 하는 부모의 잔소리도 마찬가지 맥락이다. 한때 젊은 사람의 행동을 지배하던 자신감도 시간이 지나면 점차 줄어든다.

역사 속 개혁운동 중 상당수가 활동적이고 이상주의적이며 순진하기까지 한 젊은 사람에 의해 주도되었다는 사실을 기억하는가? 자신감은 이상주의에서 시작되고 종종 결실을 거둔다. 잔 다르크Joan of Arc와 윌리엄 윌버포스William Wilberforce, 마틴 루서 킹 주니어Martin Luther King Jr.와 같은 위인을 생각해 보라. 폐지론자 운동과 여성인권 운동, 투표권 운동, 시민권 운동, 평등권 운동을 떠올려 보라. 운동을 지지한 수천 만 명의 사람이 요구한 것은 어떤 일을 행할 수 있는 권리였는데, 이들에게 그 권리를 찾아 준 사람은 자신감 있는 리더 혹은 리더들이었다.

여기서 핵심은 사람들이 자신감 넘치는 리더를 따른다는 사실이다. 대다수는 자신감이 부족하기 때문에 특정 방향으로 나아가야 한다는 확신과 신념을 가진 사람을 선망한다. 올바른 리더라고 해서 다 따르는 것이 아니라 소신 있고 당찬 리더를 원한다. 사이비종교 교주가 추종자들을 둘 수 있는 이유도 바로 이 때문이다. 교주는 자신감을 열망하고 자신을 의심하지 않는 이들을 포섭한다.

이제부터는 사람들이 왜 당당한 리더를 원하는지 집중적으로 파헤쳐 보자. 삶이 더욱 복잡하고 감당하기 어려워지면서 우리는 스스로 내려야 하는 모든 결정을 숙고할 시간이 없다고 생각한다. 따라서 가치를 공유하고 있으며, 올바른 결정을 내릴 수 있게끔 도와주는 일명 "게이트키퍼"°를 찾기 시작한다. 홍보에 등장하는 유명인, 총명한 작가, 소셜미디어 인플루언서, 각 분야 전문가, 정치계 인사, 아티스트들의 존경을 받는 엉클 찰리가 그 예다. 이 게이트키퍼는 우리의 리더가 되어 준다. 숙제 같은 일들을 대신 처리해 주고 깊게 생각해 봐야 할 문제를 대신 고민한다. 우리는 그들의 의견을 신뢰하고 그들이 당차고 똑 부러지게 의견을 밝힐 때 마음 놓고 그 방향을 따라 간다. 불확실성으로 가득 찬 혼란스러운 세상 속에서 그들은 뚜렷한 방향성을 제시하고 다음 단계를 안내한다. 원래 사람은 앞으로 가야 할 길이 어디인지 명확히 알기를 원하는 법이다. 그렇기 때문에 자신감 있는 리더가 높이 평가받는다.

20년 동안 나는 존 맥스웰의 리더십 팀에서 일했다. 존은 믿기 어려울 만큼 훌륭한 작가이자 매사에 자신감을 잃지 않는 리더이다. 동시에 위대한 사상가이자 소통가이며 자신의 길에 확신이 있는 사람이다. 항상 정확한 결정을 내리는 것은 아니지만 태도만큼은 분명하고 결연하다. 이러한 면모 덕에 그는 수십 년 동안 직원들과 수백만 명의 독자 그리고 팔로워들의 마음을 사로잡을 수 있었다. 사람들은 그의 자신감을 높이 산다. 존과 함께 일할 당시 관찰할 수 있었던 그의 특징은 세 가지로 정리할 수 있다.

° 언론에서 내보낼 뉴스를 취사선택하는 뉴스 결정권자를 일컫는다.

첫째, 그의 자신감은 매력적이었다.

자신감이 조금 부족한 직원은 존 맥스웰의 자신감을 빌려 더 만족스러운 삶을 살았을 수도 있다. 언젠가 혼란스럽고 논란의 여지가 있는 문제가 표면 위로 떠올랐을 무렵 이사회에 참석한 적이 있었다. 어떤 결정이든 내려야 하는 상황이었다. 존 맥스웰은 자신과 다른 주장을 내세우는 사람들의 의견을 경청했다. 그런 다음 회사가 특정 방향으로 나아가야 하는 이유를 자신 있게 밝혔다. 결정을 해야 할 순간에 모든 참석자는 존의 자신감에 이끌려 그의 의견에 표를 던졌다.

둘째, 그의 자신감은 활기를 몰고 왔다.

우리 팀은 목표를 달성할 수 있을 것이라는 존 맥스웰의 자신감에서 뿜어져 나오는 에너지를 이용했다. 다시 말해 그의 에너지를 흡수해 공동의 목표를 달성하는 데 썼던 것이다. 이런 일은 꽤 흔했다. 어느 날 존 맥스웰은 패스트푸드 가게의 드라이브스루 차선에서 차례를 기다리고 있었다. 자신의 차례가 오자 얼음만 들어 있는 컵 하나를 살 수 있는지 물었다. 10대 점원은 "그렇게는 드릴 수 없어요. 죄송합니다."라고 답했다. 그러자 그는 씩 웃더니 "할 수 있어요!"라고 말했다. 점원은 다시 웃어 보이며 알겠다고 했다. 잠시 후 그는 얼음 컵을 받아 들고 떠났다.

셋째, 그의 자신감은 아이디어를 불러일으켰다.

존 맥스웰의 자신감 있는 모습 덕에 팀원들은 저마다 아이디어를 목표에 적용해 보는 일에 가치를 느꼈다. 결국 목표는 달성할 것이 확실한데 아이디어를 떠올리고 추가하지 않을 이유가 없지 않았겠는가? 그의 자신감은 정서적 안정의 결과였다. 그는 전 세계 불우이웃돕기 기금 마련에 대한 구상을 팀에 몇 번 공유한 적이 있는데, 그때마다 팀원들은 그의 믿음을 실현시키는 데 기여하고자 아이디어를 짜냈고 실제로 그것을 성공시켰다. 이처럼 나는 자신감이 창의성을 낳는 것을 몇 번이나 목격했다.

요점은 자신감이 리더를 믿음직하게 만든다는 것이다. 사람들 눈에 당신이 자신감 없어 보이면 당신을 따라야겠다는 확신이 들지 않을지도 모른다. 스스로를 믿지 않으면 사람들도 당신을 믿기 어려울 것이다. 만약 앞으로 나아가야 할 방향에 확신이 없다면 사람들도 분명 그럴 것이다. (물론 둘 다 필수이지만) 자신감은 능력보다 앞서는 우선순위이다.

어쨌든 리더에게는 자신감이 필요하다. 그리고 스스로 자신감 수준을 파악하는 일은 중요하다. 내 친구 댄 레일랜드Dan Reiland의 저서 『자신감 있는 리더! 하나가 되어 하나로 지속하라(Confident Leader! Become One, Stay One)』에 따르면 자신감이라는 주제를 생각하거나 이야기하는 사람은 많지 않다고 한다. 대체로 평소에는 자신감에 차 있다가도 자녀의 학교를 고르거나 주택을 구매하거나 직장에서 대규모 프로젝트를 수행하는 것과 같이 중대한 결정을 내리는 순간에 놓이면 자신감은 흔들린다. 갑자기 다른 사람으로 변하는 것이다. 실패하거나 헛발질하거나 넘어질 때 바보 같아 보이고 싶지 않은 탓에, 자기 확신에 차 있던 그 모습은 중요한 순간에 위축되고 만다. 나는 댄이 인터뷰한 리더 중 자신감이 과하거나 부족한 사람들의 비중이 각각 어느 정도 되었는지 물어봤다. 대략 열 명 중 세 명이 과한 자신감으로 고생하며 일곱 명은 보통 수준의 자신감을 유지하다가도 난관에 부딪치면 자신감 부족으로 힘들어한다고 한다. 그러니 결국 우리 내면에서 그리고 팀 내부에서 자신감에 대한 담론은 필요할 수밖에 없다.[6]

자신감과 자존심의 경계선

안타깝게도 시간이 흘러가는 대로 방치해 두었던 자신감은 자칫 리더에게 독이 될 수 있다. 이것을 자존심이라 부른다. 자존심은 객관성을 흐리게 하고 논리성을 약화시킨다. 리더는 성공을 거듭할수록 자신이 계속 잘될 것이라 확신한다. 심지어는 일이 잘못될 리가 없다고 맹목적으로 믿기도 한다.

성공을 하면 할수록 자존심은 더 세진다. 점점 활발해지는 둘의 상호작용으로 인해 겉으로 비춰지는 모습이 진짜 모습보다 더 나아 보일지도 모른다. 시간이 지나면서 자신감은 자존심에 의해, 자존심은 자신감에 의해 자라난다. 자신감과 자존심 사이에는 미세한 경계선이 있다. 오늘날 떠오르는 젊은 세대의 직장인들은 자신감 넘치는 리더가 자신감과 자만심의 경계를 넘나들며 오만하게 변해 가는 모습을 발견한다. 이러한 리더는 질문받는 일을 싫어하는가 하면 자신의 앞길을 가로막는 그 어떤 것도 원하지 않는다. 만약 누군가가 심문하듯 질문한다면 분명 조직의 사명을 신뢰하지 않는 직원일 것이라고 의심한다. 다시 말해 팀원들이 리더의 말에 복종해야 조직이 발전하는 구조인 것이다. 이런 식의 오만함은 넌더리가 난다. 겸손한 태도가 꼭 필요한 이유다.

겸손한 리더가 된다는 것

짐 콜린스Jim Collins가 저술한 경영 고전 『좋은 기업을 넘어 위대한 기업으로(Good to Great)』에서는 리더를 5단계로 나누어 소개하는데, 이 중 5단계에 속한 리더는 "좋은 기업"을 "위대한 기업"으로 승격시키며 정상에 도달한 인물을 말한다. 짐 콜린스의 연구팀은 여기서 의외의 사실을 발견했다. 5단계 리더의 모습은 외향적이고 자존심이 매우 센 카리스마 있는 사람이지 않을까 예상했지만 현실은 반대였던 것이다. 그들은 의외로 겸손했고 목표를 혼자 힘으로 달성했다는 착각에 빠져 있지도 않았다. 책에 따르면, 5단계 리더들은 일이 잘못 진행될 때 거울 속 자신을 바라보며 "팀을 더 잘 이끌기 위해 나는 어떤 점을 개선해야 할까?"라고 묻는가 하면, 반대로 일이 순조롭게 흘러갈 때는 창밖을 내다보며 "팀원들이 성취한 것을 생각해 봐."라고 말한다.[7]

자신감과 겸손은 각각 매력적인 모습이지만 이 둘이 조화되면 그 매력은 두 배가 된다.

겸손은 리더를 믿음직하게 만든다
자신감만 보이는 리더와 일하는 팀원들은 리더가 정직하지 않다고 느끼기 시작한다. 이런 리더는 퍼즐 조각 몇 개를 잃어버린 퍼즐과도 같다. 팀원들은 리더도 실수를 저지르는 것을 알기 때문에 점점 의아하게 여긴다. '대체 언제 저 사람을 신뢰할 수 있는 거지?'라고 생각하면서. 자신감만으로는 솔직하지 못한 느낌이 든다.

겸손한 모습을 보일 때 신뢰를 줄 수 있다. 겸손은 자기인식과 진정성의 신호다. 늘 자신감이 충만하지만 겸손이라고는 눈곱만큼도 찾아볼 수 없는 사람은 팀원들의 의심을 산다. 자신의 주장을 관철하기 위해 매번 과장해서 얘기하는 사람과 별반 다를 것이 없기 때문이다. 팀원들은 더 이상 이런 리더를 신뢰하지 않는다. 리더도 결국 사람이라는 사실을 알기 때문에 '항상 그렇게 확신할 수는 없지.'라고 생각한다. 종국에는 리더를 더 이상 진지하게 받아들이지 않는다.

기업에서 매니저를 맡고 있는 제이슨은 작년에 이와 같은 문제에 직면했다. 그는 팀 책임자가 되자마자 팀원들 앞에서 마치 자신이 동기 부여 연설가라도 되는 양 행동했다. 거창한 비전을 이야기했고 직원들이 하나같이 얼마나 훌륭한지 칭찬했으며 어떻게 해야 실패하지 않는지 일장 연설을 늘어놓았다. 제이슨이 매니저로 취임한 직후 나는 그의 팀원들과 대화를 나누었는데, 팀원들은 제이슨의 긍정적인 태도를 높이 사기는 했지만 그의 확신 넘치는 태도는 그리 좋은 인상을 주지 못한다고 입을 모아 이야기했다. 정기적으로 맞닥뜨리는 어려움을 속속들이 잘 알고 있는 팀원들은 그의 보여 주기식 자신감을 믿지 않았다. 결국 제이슨은 뜬구름 잡는 사람으로 인식되었다.

제이슨은 사태 파악을 해야 했다. 나는 그를 상담해 주면서 당당한 태도에 겸손을 더하는 것이 좋겠다고 조언했다. 만약 그가 팀의 힘든 목표 때문에 아직 갈 길이 멀다고 표현했더라면, 팀원들은 오히려 자신감 있는 그의 모습을 좋아해 주고 제이슨은 믿음직한 리더가 되었을 것이다.

리더가 겸손하면 진솔해 보이고, 진솔함은 보답을 이끌어 낸다

겸손하게 행동할 때 인간적이고 불완전한 모습이 드러나기 마련이다. 사람들은 누군가에게서 이런 모습을 본다면 그 즉시 비슷하게 반응할 가능성이 크다. 우리 뇌 구조는 이렇게 행동하도록 짜여 있다. 하지만 집단에 소속되어 있을 때는 주변의 영향을 받아 반응한다. 여럿이 있을 때 우리 뇌는 타인과 주고받는 사회적 신호에 따라 다르게 작동한다. 팀원들은 리더에게서 겸손의 신호를 받으면 자기보호 모드에서 협력 모드로 전환한다. 편도체가 지시하는 행동 양식이 "투쟁 혹은 도피"에서 "이해와 공감"으로 바뀌는 것이다. 리더가 겸손함을 보인다면 상사이기 이전에 사람이라는 신호가 팀원들에게 전달된다. 이어 팀원들은 리더의 투명하고 신뢰가 느껴지는 모습에 화답하고 싶어 하고 연결이 되어 리더를 도우려 한다.[8]

하버드 경영대학원의 앨리슨 우드 브룩스Alison Wood Brooks는 한 가지 실험을 진행했다.

1. 당신은 비 내리는 기차역에 있다. 낯선 사람이 다가와 이렇게 묻는다. "휴대폰을 빌릴 수 있을까요?"
2. 당신은 비 내리는 기차역에 있다. 낯선 사람이 다가와 이렇게 묻는다. "하필 비가 오네요. 휴대폰을 빌릴 수 있을까요?"

나중에 브룩스는 응답자들에게 전체 인구가 이 두 가지 시나리오에 어떤 반응을 보일 것 같은지 물었다. 대다수는 시나리오를 둘로 나누는 것이 크게 중요하지 않으며 낯선 이에게 휴대폰을 빌려주지 않으리라 예상했다. 하지만 예상은 빗나갔다. 브룩스 연구팀은 두 번째 시나리오에서 "네."라고 대답한 사람들이 첫 번째 시나리오보다 422% 더 많다는 사실을 발견했다. "하필 비가 오네요."라는 짧지만 확실한 공감, 친근감을 전하는 한마디가 모든 차이를 만들었다. 갑자기 두 번째 시나리오의 질문자가 진실되고 투명해 보이지 않는가?[9]

겸손은 리더를 매력적인 사람으로 만든다

사람들은 겸손과 자신감을 모두 겸비한 리더를 더 잘 따른다. 매력적으로 느껴지는 까닭이다. 우리는 이따금 이유도 모른 채 겸손한 리더에게 끌린다. 이러한 리더는 고고하거나 자기만 잘난 줄 아는 사람과 달리 우리가 다가갈 수 있고 함께 소통할 수 있으며 배우려는 자세를 갖추고 있다고 생각되기 때문이다. 앞서 언급했듯 겸손함이 있으면 팀원들 간의 신뢰가 깊어진다. 겸손한 리더는 팀원들을 밀어내지 않고 자기 쪽으로 끌어당긴다. 뉴욕대학교 사회신경과학자 제이 반 바벨Jay Van Bavel은 이렇게 말했다. "그룹의 일원일 때 뇌의 편도체는 그룹에 누가 있는지 의식하고 이들을 열심히 추적하기 시작한다. 전에는 낯선 사람이었지만 이제는 당신에게 중요한 사람이 되었다. 이때 강력한 전환이 일어난다. 동기를 부여하는 의사결정 시스템이 총체적으로 재구성되며 전체 역학 구조가 바뀌는 것이다."

"캘커타의 역설The Calcutta Paradox"이라는 이론이 있다[10](나의 저서 『해비튜드-리더십의 습관과 태도를 형성하는 이미지(Habitudes-Images That Form Leadership Habits and Attitudes)』에 등장한다). 마더 테레사Mother Teresa 수녀가 캘커타에서 수많은 사람의 마음을 끌 수 있었던 요인은 무엇이었을까? 바로 자신을 드러내지 않는 겸손한 태도였다. 그녀는 자신을 유명하게 만들었던 평판을 좇지 않았다. 이런 그녀의 모습은 사람들의 마음을 사로잡았다.

인간의 내면에는 공정심이 있다. 리더가 본인의 가치를 매번 과장한다면, 이를 지켜보는 사람은 부풀려진 설명을 꼬치꼬치 따지며 그 가치를 축소하고 싶어 한다. 반대로 리더가 겸손한 태도로 자신을 깎아내린다면 상대는 그 부족한 틈을 채워 주고 싶어 한다.

내 친구 앤디는 작가로, 본인의 책들을 이야기할 때마다 별것 아니라는 듯 책의 가치를 과소평가하며 겸손함을 보인다. 그가 이렇게 말할 때 주위에서 어떤 반응을 보이는지 예상이 되는가? 다들 칭찬 일색에다 사람들은 그렇게 생각하지 않는다고 말하며 그의 생각을 바로잡으려 한다. 왜 이런 반응을 보이는 걸까? 앤디는 그렇게 행동하지 않기 때문이다. 사람들은 리더가 자기 자신에 대해 설명할 때 어딘가 부족한 모습을 내보이면 그것을 채우려 하고, 반대로 너무 자신감이 넘치면 그것을 비우려 한다. 즉 스스로의 명성과 성취를 낮추어 말하면 상대의 마음을 끌 수 있다는 의미이다.

리더가 겸손하면 팀원은 기쁜 마음으로 리더를 돕는다

겸손한 리더는 팀원들의 지식과 통찰을 끌어낼 수 있다. 함께 일한다는 것은 서로 겨루어야 하는 "대회"가 아니라 완성해야 하는 "퍼즐"

이다. 결국 겸손한 리더는 단지 기계적으로 일하는 부하직원이 아닌, 공동의 목표에 도달하기 위해 자신을 조력해 주는 또 다른 리더를 두는 셈이다.

수년 전, 엔지니어이자 디자이너인 피터 스킬먼^{Peter Skillman}과 그의 팀은 팀워크를 주제로 한 연구를 실시했다. 그들은 스탠포드대학교와 캘리포니아대학교 버클리, 도쿄대학교 학생들로 이루어진 그룹에 스파게티 면과 접착테이프, 실, 마시멜로를 사용해 탑을 최대한 높게 쌓아 보라는 과제를 주었다. 실험은 탑을 쌓는 일 자체가 아닌 참가자들과 더 연관 있었다. 스킬먼 팀은 유치원생 그룹에도 똑같은 준비물을 주고 탑을 쌓아 보라고 했다. 실험의 목적은 두 그룹의 문화가 각기 어떻게 나타나는지 관찰하는 것이었다.

어떤 그룹이 가장 높은 탑을 쌓았을까?

수십 번의 실험 끝에 경영대학원생 그룹은 평균 10인치 탑을 쌓았고 유치원생 그룹은 평균 26인치 탑을 올려, 결국 경영대학원생 그룹이 졌다. 마찬가지로 변호사, CEO 그룹도 유치원생 그룹에게 졌다. 아이들은 어떻게 어른들을 이길 수 있었을까?

참가한 어른들은 심리학에서 말하는 지위관리^{Status management}를 중시했다. 인정받는 데 집착했고 타인의 눈에 어떻게 비춰질까를 의식했다. 반면 아이들은 우선 다 같이 힘을 모아 무엇이든 시도했다. 누가 아이디어를 냈는지, 누가 인정받는지 신경 쓰지 않고 문제 해결에만 집중했다.[11]

이 실험은 타고난 겸손이 가져다주는 이점을 잘 보여 준다. 리더가 과시하는 태도를 버릴 때 생각보다 꽤 많은 것을 성취할 수 있다.

환영받는 리더와 홀대받는 리더는 시대를 타지 않는다

오늘날의 교육을 받고 자란 직장인들은 겸손을 미덕으로 열망하고 요구한다. 내 친구 중 여섯 명은 자기중심적인 상사 때문에 최근에 회사를 그만두었다. 그리고 얼마 전 다양한 산업에서 아르바이트나 정규직으로 일하는 사람들을 만나 그들의 상사에 대해 물었는데, 돌아온 대답은 이랬다.

- 상사는 본인이 떠드는 것만 좋아해요.
- 저희 매니저는 자존심이 하늘을 찔러요. 전 그저 웃으면서 매니저의 말에 동의해야 한다는 것을 깨달았습니다. 그런데 뒤에서는 다 매니저를 비웃고 욕해요.
- 이미 다른 일자리를 알아보고 있어요. 상사는 저를 인정하지도 배려하지도 않거든요.
- 사무실에 있는 사람들 모두 가면 쓴 것 같아요. 차라리 돈을 적게 받더라도 진실되고 조금이라도 진정성이 느껴지는 곳에서 일하고 싶어요.

밀레니얼세대와 Z세대의 직장인들이 내놓았던 답변이다. 그러나 젊은 사람만 겸손하지 않은 리더를 문제라고 생각하는 것은 아니다. 80세 이상 노인들을 만나 과거 직장생활과 상사에 대해 설명해 달라고 부탁하자 대다수는 이렇게 말했다. "옛날에도 자신감이 과하고 이기적인 상사가 있었습니다. 물론 그런 상사를 좋아하지는 않았지만 몇십 년 전 우리들은 그런 것을 다 감내해야 한다고 여겼어요. 직장을 잃을 수는 없었거든요."

우리는 역사에서도 자만한 리더의 종말을 볼 수 있다. 로마의 황제였던 줄리어스 시저Julius Caesar(기원전 101년~기원전 40년)와 아우구스투스Augustus(기원전 63년~기원후 14년)를 들여다보자. 줄리어스 시저는 로마 그 자체였다. 군 지도자로서 알렉산더 대왕Alexander the Great보다 더 넓은 영토를 정복했다. 시저는 정복에서 한 걸음 물러나 승리를 거둘 수 있었던 이유가 무엇인지 따져 보기를 참 잘했는데, 생각의 끝은 결국 자신이 하늘이 선택한 사람이기 때문이라고 믿었다. 그 자만심은 등 뒤에서 일당이 음모를 꾸미고 있다는 사실조차 알아채지 못하게 했다. 그 음모는 그의 지위뿐 아니라 목숨까지 앗아 가고 말았다.

하지만 아우구스투스는 달랐다. 줄리어스 시저의 뒤를 이어 권력을 잡은 아우구스투스는 단연코 가장 성공적이며 야망과 자신감이 넘치는 로마 통치자였다. 그는 규모와 권력 면에서 역사상 가장 막강한 제국을 40년 이상 이끌었다. 그러나 이러한 성공에도 불구하고 자신을 "동등한 사람 가운데 첫 번째"라고 겸손하게 표현했다. 스스로를 바라보는 관점에 분별력이 있었다. "그는 수많은 사람을 다스리면서도 모두에게 인정받는 통치자였고 고대 세계에서 가장 부유한 사람이 되었다. 그런데도 타인의 말을 경청할 줄 알았으며 도로 건설에서 전쟁 지휘에 이르기까지 모든 일에 신중에 신중을 기했다. 그가 가장 좋아하는 말은 '천천히 서둘러라!'였다."[12]

아우구스투스가 주목받는 것은 리더 중에서 절제된 야망과 더불어 진실성과 겸손함까지 갖춘 사람은 정말로 보기 드물기 때문이다. 자만심과 자존심이 하늘을 찌르는 리더는 과거에도 그랬듯 지금도 꾸준히 등장한다. 타이코의 전 CEO 데니스 코즐로브스키Dennis Kozlowski, AIG의 전 CEO 행크 그린버그Hank Greenberg의 이야기를 찾아보라. 하나같이 야망만 좇다가 자존심과 오만함 앞에서 무너진 정복자들이었다. 종국에는 중요한 일에 집중하지 않고 자신을 추켜세우기 바빴다.

거의 30년 전 샌디에이고파드리스와 시카고컵스 야구 경기를 보기 전에 예배에서 설교를 한 적이 있었다. 당시 라인 샌버그Ryne Sandberg는 실력이 우수한 올스타 2루수로 시카고 컵스에서 고액 연봉을 받는 선수였다. 하지만 안타깝게도 그해 그는 슬럼프에 빠졌고 예상만큼 실력을 발휘하지 못했다. 라인과 나는 예배 후 이야기를 나누었는데, 그는 저조한 경기 성적에 연봉은 너무 높은 이 상황이 괴롭다고 털어놓았다. 그 점 때문에 시카고 팬들이 화가 났다고 했다. 팬들과 기자들은 성과를 내지 못하는 선수가 연봉은 너무 많이 받는 것 아니냐며 그를 비난했다. 팀도 이 사실을 반기지 않았다. 모두에게 힘든 시간이었다.

그러나 몇 주 후 나는 라인이 어떻게 이 사태를 수습하기로 했는지에 관한 뉴스를 읽었다. 그는 스윙 실력을 개선하겠다고 밝히면서 구단의 단장을 만나 연봉의 상당 부분을 팀에 반납하겠다고 제안했다. 당신이 잘못 읽은 것이 아니다. 잠재력에 못 미치는 경기 실력으로 거액의 연봉을 받는 현실에 문제가 있다고 판단해 연봉의 일부를 돌려주겠다고 결정했다.

말할 필요도 없이 라인은 팬들의 마음을 사로잡았다. 야유를 쏟아내던 사람들도 그를 칭찬했다. 심지어 스윙 실력이 다시 돌아오기 전이었는데도 말이다. 어떻게 이런 일이 일어났을까? 그건 바로 그가 겸손한 태도와 함께 과거의 기량을 되찾을 수 있으리라는 자신감을 표현한 덕분이었다. 팬들의 마음은 사르르 녹았다.

겸손은 나약함을 의미하지 않는다. 차세대 리더들은 강하고 자신감 있으면서도 자신의 분수를 지킬 줄 알아 자만하지 않는다. 자신의 이미지를 걱정하지도 않는다. 또 본인의 가치를 잘 알고 있지만 그 가치가 자신에게서 나오는 것이라고 생각하지 않는다. 그들은 증명할 것도, 잃을 것도, 숨길 것도 없다. 비전을 달성하는 일이 리더 개인보다 더 중요하다.

자신감과 겸손의 역설 한눈에 보기

리더의 자신감은	리더의 겸손은
리더십에 믿음을 더한다.	자신감에 믿음을 더한다.
확신의 에너지를 전한다.	신뢰를 전한다.
창의성과 참여 의지를 북돋는다.	진실성과 참여 의지를 북돋는다.
팀원들의 열정을 높인다.	팀원들의 충성심을 높인다.
다른 팀원들에게 확산된다.	다른 팀원들에게 확산된다.

– 자신감과 겸손의 균형잡기 실천법 –

1. 특정 사안에 결정을 내려야 하는 회의에서 주장을 펼칠 때는 스스로 옳다고 생각하고 말하라. 반대로 상대의 발언을 들을 때는 자신이 틀리다고 생각하고 경청하라.[13]

2. 팀원들과 갈등이 생겼을 경우에는 전쟁에서 이기기 위해 몇 번의 전투에서는 진다는 마음가짐을 지녀라. 대신 "어떤 부분에서 질 것인지" 미리 정해 놓아야 한다.

3. 새로운 상황에서도 배움의 의지를 유지하라. 상대가 부하직원일지라도 말이다. 자신감이 아이디어를 개선시키는 데 방해물이 되어서는 안 된다.

4. 자신감과 자만심의 경계선을 넘지 않도록 주의하라. 자신감은 내 일을 잘 해낼 수 있다는 믿음이지만, 자만심은 내 일이 쉬울 것이라는 착각이다.

5. 자신감과 확신을 혼동하지 말라. 리더는 확신이 없어도 행동해야 할 때가 있다. 확신할 수 없는 상황에서도 명백함과 진실성을 계속 간직해야 한다.

6. 겸손함이 소심함이 되지 않도록 유의하라. 소심해지면 남의 시선을 의식하고 자신의 약점에 매몰되기 쉽다. 이것은 발전을 가로막는다.

7. 동료들과 회의하는 동안에 자신이 모르는 부분은 반드시 인지하되 맡은 업무에는 믿음을 드러내야 한다. 둘의 차이점을 명확히 구분 지어라.

8. 일할 때 자존심이 세다면 시간을 내어 자신의 미흡한 점들과 실수를 쭉 적어 보라. 이것을 정기적으로 검토하며 인간성을 되돌아보아라.

9. 성취를 자랑하고 싶은 충동이 일 때는 즉각 팀원들에게 주의를 돌려 그들을 칭찬하라. 성취에 대한 칭찬은 타인의 입에서 흘러나오게 해야 한다.

───────── ● Check List ● ─────────

• 자신감과 겸손을 균형 있게 갖춘 리더를 알고 있습니까?
• 자신감 혹은 겸손으로 어려움을 겪고 있는 사람은 누구입니까?
• 당신의 리더십은 자신감 또는 겸손 둘 중 어떤 것 때문에 어려움을 겪고 있습니까?
• 자신감과 겸손의 균형을 유지하는 일이 왜 그토록 어려운지 생각해 봅시다.

2

비전과
블라인드 스팟

모르는 게 약이다.
단, 뚜렷한 목표가 있을 때

해당 분야를 모른다는 사실에 움츠러들지 마세요.
분명 남들과 차별화된 방식으로 일을 진행하게 될 것입니다.

- 세라 트렐리븐 블레이클리

세라 트렐리븐 블레이클리Sara Treleaven Blakely는 1993년에 플로리다주립대학교를 졸업한 뒤 얼마 지나지 않아 사무용품 제조업체 단카에서 팩스 외판원으로 일하게 되었다.

대학을 졸업하자마자 하고 싶은 일인지는 잘 모르겠지만 어쨌든 세라는 영업에 소질이 있었다. 스물다섯 살의 나이에 영업 강사로 승진했고 다른 사람들에게 제품판매 방법을 교육하기 시작했다. 전문가처럼 보일 필요가 있었기 때문에 그녀는 팬티스타킹과 멋진 구두를 신고 타는 듯한 플로리다 태양 아래에서 매장 곳곳을 돌아다녔다. 팬티스타킹은 외관도 착용감도 좋지 않았지만 그 장점만큼은 분명했다. 여기서 세라는 '만약 팬티스타킹에 촌스러움을 없앤다면 여성들이 구매하지 않을까?' 하는 궁금증이 생겼고 "보정속옷"이라 불리는 완전히 새로운 산업도 함께 떠올렸다.

비전을 보았다면 시위를 당겨라

그 무렵 세라는 마침 파티에 참석할 일이 있어 어떤 실험을 해보기로 했다. 팬티스타킹의 발목 부분을 자르고 그 위에 바지를 입어 보았다. 결과는 어땠을까? 원하는 모습은 나왔지만 바지 안에서 스타킹이 말려 올라가는 탓에 불편함을 느꼈다. 그 후로도 그녀는 실험을 거듭했고 마침내 오늘날 스팬스SPANX라 부르는 제품을 탄생시켰다(최초의 스팬스는 본사에 안치되어 있다).[1]

다음 단계로 세라는 애틀랜타로 이동해 이 발명품을 사업화하기 위해 노력했다. 애틀랜타에 도착했을 당시 그녀는 담대한 비전만 있었을 뿐 통장에는 5,000달러밖에 없는 스물일곱 살 여성이었다. 그녀는 스타킹과 거들이 합쳐진, 편안하면서도 합리적인 가격의 여성복을 어떻게 하면 최적으로 제품화할 수 있을지 조사하러 다니기 시작했다. 스타킹과 양말 공장이 밀집되어 있는 노스캐롤라이나까지 직접 차를 몰고 가 공장 대표들에게 시제품을 보여 주었다. 하지만 번번이 거절당했다. 그러다 세라는 공장 대표가 전부 스타킹을 한 번도 신어 보지 않은 남자라는 사실을 문득 깨달았다. 이때부터 앞날의 여정은 험난한 오르막길이 될 터였다.

하지만 얼마 후 뜻밖의 행운이 찾아왔다. 어느 공장 대표가 자신의 딸들에게 스팬스에 대해 설명하자 딸들이 굉장한 아이디어라고 확신에 차 말했다고 한다. 공장 대표는 세라에게 전화를 걸었고 믿기지 않게도 그녀는 필요한 지원을 받았다. 그리고 다음 한 해 동안 세라는 시제품을 고치고 또 고쳤다. 이 정도면 자랑스럽게 판매할 수 있겠다는 판단이 설 즈음, 세라는 특허권을 취득하고 변호사비를 충당하기 위해 저축한 돈을 모조리 썼고 신용카드도 사용했다.

이 이야기에서 사람들이 하나의 비전에 사로잡히면 역으로 비전이 그들을 사로잡는다는 사실을 발견했는가?

세라는 '스팽스를 팔 수 있는 방법이 무엇일까?'에만 골몰했다. 스팽스는 고객의 이목을 끌 만큼 획기적이었지만 사업을 한 단계 더 밀고 나가려면 고향에서만 머무를 수 없었다. 유통망을 찾아 나서야 했다. 짐작했겠지만 다음 단계에서도 예상 밖을 벗어나는 일이 발생했다.

세라는 니먼마커스그룹의 의류사업부 임원과 미팅을 주선했다. 니먼마커스그룹은 고가의 제품을 찾는 고객들을 위한 미국 백화점 체인을 전국적으로 보유한 기업이다. 그녀는 미팅에서 단 몇 분 안에 스팽스 제품을 설명해야 했으므로 당연히 긴장할 수밖에 없었다. 세라는 스팽스가 거들도 팬티스타킹도 아닌 전에 없던 새로운 물건임을 설명하는 데 진땀을 뺐지만, 안타깝게도 달라스와 텍사스 지역을 총괄하는 의류계 베테랑 임원을 설득했다는 느낌을 받지 못했다. 그래서 남아 있는 용기를 있는 대로 끌어모아 임원에게 여자 화장실로 함께 가자고 요청했다. 그러고는 화장실로 가자마자 그 여자 임원의 눈앞에서 스팽스를 착용해 보였다.[2] 그러자 그 즉시 스팽스의 장점이 확연히 드러났다.

니먼마커스 측에서는 백화점 체인 일곱 군데에서 스팽스를 시범 판매하기로 결정했다. 곧바로 세라는 그 지역 친구들에게 연락을 돌려 돈을 줄 테니 스팽스를 구매해 달라고 부탁했다. 그 후 매장에서는 진열대가 빌 것 같으면 제품을 더 주문해 채워 넣었다. 그리고 얼마 지나지 않아 스팽스는 미국 백화점 블루밍데일즈와 삭스, 버그도프굿맨에 속속 입점되며 기세를 확장해 갔다.

이제 제품 광고를 위한 준비는 끝마쳤다. 세라는 오프라 윈프리Oprah Winfrey 쇼에 스팽스가 가득 든 바구니를 보내면서 여성들에게 자신감을 심어줄 목적으로 발명한 제품임을 설명하는 메모도 함께 전했다. 2000년 11월, 오프라는 자신의 프로그램에서 스팽스를 "가장 아끼는 아이템 중 하나"라고 극찬했다. 그 후 세라는 TV로 제품을 판매하기 위해 홈쇼핑 채널 QVC와 계약을 맺었고 방송 시작한 지 6분 만에 8,000개를 판매한 기록도 세웠다. 작은 것에서 시작된 일이 갑자기 엄청나게 폭발하는 전환점, 바로 티핑포인트에 도달한 것이었다. 이 시점부터 보정속옷은 홍보 없이도 잘 팔렸다.

세라는 억만장자가 되었고 2014년 『포브스』가 선정한 세계에서 가장 영향력 있는 여성 100인에도 올랐다.[3]

알아야 하는 것과 몰라도 되는 것을 구분하는 지혜

세라의 성공담은 비전과 블라인드 스팟blind spot을 모두 활용함으로써 얻을 수 있는 힘을 생생히 전한다. 둘은 서로 상충되어 보여도 위대한 리더들이 어떤 것을 시작하거나 성장시킬 때면 함께 맞물려 작동한다.

비전은 리더에게 혹은 팀에 방향성을 제시하는 한편, 블라인드 스팟은 종종 색다른 방식으로 아이디어에 접근하게 하고 이를 해낼 수 있다고 믿게 만드는 동기 부여가 된다. 대부분 신생 벤처기업에서는 리더에게 뚜렷한 목표를 가지라고 요구한다. 동시에 리더가 모든 장애물이나 어려움을 미리 알 수 없다는 사실은 목표를 달성하기까지 활력을 유지하는 데 도움이 된다. 목표를 성취하기 위해서는 리더가 "알아야 하는 것"이 있는 동시에 "몰라도 되는 것"도 있는 셈이다.

정리하자면 **비전은 명중할 목표 대상을 제시한다**. 리더는 목표를 잘 알고 있으므로 여기에서 많은 힘을 얻는다. 마음속으로 목적지를 그리고 이를 통해 추진력을 발휘한다. 명확하고 강력한 비전 없이는 조직을 잘 지휘할 수 없다. 비전이 없다면 정해진 틀 안에서만 사람과 상황을 관리할 뿐이다. 팀원들은 비전을 보유하면서도 비전을 분명히 전달하고 이행하는 리더를 필요로 한다. 세라는 먼저 보정속옷의 가능성을 발견한 후 자신의 천재적인 아이디어에 대한 확신을 다른 이들에게 심어 주었다. 아이디어가 외부에서 발견되기도 전에 미리 그 가치를 꿰뚫어 보는 능력이 세라에게 있었던 것이다.

그럼에도 **블라인드 스팟은 목표 달성을 위해 전통적이지 않은 방법을 시도하게 한다**. 다른 사람들이 어떤 뻔한 방법으로 실패했는지 모르는 리더는 열망하는 목표점에 다다르기 위해 새롭고 이색적인 길을 찾아 걸어갈 수 있다.

거의 모든 경우 블라인드 스팟은 새로운 시도의 출발점이 된다. 블라인드 스팟은 왠지 잘못될 것 같은 두려움이나 이전에 누군가 시도했다가 실패한 사실에 전혀 구애받지 않은 채 문제 개선에만 매진할 수 있도록 한다. 세라는 보정속옷이나 팬티스타킹 산업에서 일한 적이 전혀 없었지만 플로리다의 불볕더위를 경험하면서 이토록 뜨거운 날씨에는 팬티스타킹보다 더 나은 것이 있어야 한다고 굳게 믿었다. 현재의 문제와 더 나은 미래에 대한 희망은 그녀가 꿈을 향해 전진하도록 했다.

스팽스가 성공을 거둔 뒤 세라는 영업사원들에게 여러 가지 질문을 받았다. 영업사원들은 그녀가 무역박람회에 이어 임원들의 관심을 끌었던 것에 경탄하며, 수천 개 기업이 참가하는 거대하고 붐비는 무역박람회에서 스팽스를 차별화할 수 있었던 비법과 백화점 측으로 하여금 그녀의 말에 귀 기울이고 그녀의 제품을 구매하도록 한 비결이 무엇인지 물었다. 세라는 당황한 기색을 보이며 자신은 무역박람회에 제품을 내놓은 적이 없다고 답했다. 그것이 관행인 줄 몰랐다고도 덧붙였다. 다시 말해 그녀는 곧바로 정상에 도달했던 것이다. 이것을 블라인드 스팟이라 부른다.

여성복 산업에 훤한 베테랑이라면 세라처럼 일하지 않았을 것이다. 무역박람회 참가를 건너뛰고 백화점 임원과 미팅을 잡는다거나 오프라 윈프리가 좋아해 주었으면 하는 마음으로 바구니에 스팽스를 가득 담아 보내거나 또 홈쇼핑 채널 QVC에 방송 스케줄을 잡고 최대한 많은 제품을 판매하는 일 말이다.

세라는 블라인드 스팟의 장점을 인정하며 이렇게 말했다. "해당 분야를 모른다는 사실에 움츠러들지 마세요. 블라인드 스팟은 강력한 장점이 될 수 있고, 분명 남들과 차별화된 방식으로 일을 진행할 수 있도록 해줍니다."

블라인드 스팟의 가치는 바로 이것이다!

깜깜한 앞날이 희망이 될 때

장애물이 우리를 막아서지 못하게 한다

사업가들의 이야기를 들어 보면 창립자나 기존 팀이 과거에 어떤 난관에 봉착했었는지 또는 사업 초기에 어떤 앞날이 펼쳐질 것인지에 대해 전혀 몰랐으며, 이렇게 앞날을 몰랐던 것이 오히려 팀의 발전에 디딤돌이 될 때가 있었다고 말한다. 그러나 대체로 그 여정이 예상보다 훨씬 험난했다고 한다. 아마 블라인드 스팟이 없었다면 두려움이 너무 큰 나머지 시작조차 하지 못했을 거라고 말하는 리더들이 많을 듯싶다. 어떤 일이 닥쳐 올지 미리 알고 있었다면 아이디어를 실현시키려는 시도조차 할 수 없었을지 모른다.

비행기 발명 경쟁의 사례가 이를 생생히 보여 준다. 오빌 라이트 Orville Wright와 윌버 라이트Wilbur Wright에게는 4명의 눈에 띄는 경쟁자가 있었는데, 주경쟁자는 스미스소니언 협회의 연구소장 사무엘 피어폰트 랭글리Samuel Pierpont Langley였다. 랭글리는 미국 연방 공무원으로 정부의 연구 보조금을 받고 있어 최초의 비행기 발명가가 될 가능성이 다분했다. 그는 이미 저명한 천문학자였지만 발명가 알렉산더 그레이엄 벨Alexander Graham Bell이나 토머스 에디슨Thomas Edison만큼 대단한 업적으로 유명해지기를 꿈꿨다. 랭글리 박사는 연방정부 보조금을 받고 연구에 박차를 가했지만 그의 자존심은 연구 속도를 더 디게 만들었다. 행여 그가 비행기 발명에 실패하게 된다면 그의 높은 명성 탓에 실패 사실이 많은 이에게 알려질 터였다. 이런 이유로 그는 실패를 두려워하기 시작했고 이 때문에 연구를 수행할 때 지나치게 자세히 분석하며, 시도해 봐야 했던 일들을 계속 뒤로 미루었다.[4]

반면 라이트 형제는 여가 시간에 새를 연구하는 자전거 수리공이 었다(기억할지 모르겠지만 형제의 발명품은 하늘을 나는 자전거와 매우 흡사하게 생겼다). 비행기를 만들기 위해 해결해야 했던 세 가지 문제인 양력, 균형, 동력 중 라이트 형제는 균형에, 랭글리 박사는 동력에 집중했다. 랭글리 박사는 얻거나 잃을 것이 많았던 데 반해, 라이트 형제는 실패의 두려움에 방해받지 않았으므로 기계를 만지작거리며 이것 저것 시도해 보았다. 라이트 형제에게 실패는 목표를 향해 나아가는 새로운 과정일 뿐이었다. "당신은 바람을 타고 나는 것이 아닌 바람을 거슬러 난다."라는 말은 그들에게 어울리는 상징 어구였다. 그리고 그들은 헨리 포드Henry Ford의 명언인 "실패는 더 현명하게 다시 시작할 수 있는 기회일 따름이다."라는 말을 믿었다. 결국 블라인드 스팟은 라이트 형제를 도왔고 형제는 최초로 하늘을 날았다.

지식의 저주에서 구원해 준다

블라인드 스팟의 다른 이점들은 눈에 잘 띄지 않지만 마찬가지로 중요하다. 블라인드 스팟은 종종 프로젝트 진행 속도를 높인다. 리더는 얼마만큼의 수고가 필요한지 다 모르는 만큼 업무 속도를 지연시키는 장애물을 건너뛰게 될 수도 있다. 독창적인 아이디어일수록 더 많은 방해물에 직면하게 되는데, 그 이유는 다른 어떤 것보다도 "분

석마비" 때문이다. 프로젝트에 대해 충
분히 생각하지 않는 것이 아니라 너무
과도하게 생각하는 것이다. 마케팅 컨
설턴트들은 이 현상을 "지식의 저주"라
일컫는다. 내가 알고 있는 온갖 지식에

비전에 가려져 다른
선택지를 볼 수 없는 상황을
어떻게 해야 방지할 수
있는가?

사로잡힌다면, 지식을 활용하지 못할까 봐 전전긍긍하며 눈앞의 기
회를 놓칠지도 모른다.

디지털 백과사전 개발 사례를 들여다보자. 1993년 마이크로소프
트는 웹 기반 백과사전 엔카르타를 출시했다. 개발 초기에 빌 게이츠
Bill Gates와 담당 팀은 전 분야 세계 최고의 전문가들을 초빙해 CD-
ROM 형태의 디지털 백과사전을 제작하기 위해 고군분투했다. 이는
전문가와 정보를 한데 모아 취사선택하는 길고 지루한 과정이었다.
하지만 그들은 문화의 변화를 놓치고 있었다. 인터넷 유저들이 정보
를 제공하고 업데이트하면서 더는 게이트키퍼가 필요 없는 방향으로
문화가 바뀌고 있다는 사실을 몰랐던 것이다. 아마 직원들이 너무 똑
똑해서가 아니었을까 싶다.

지미 웨일스Jimmy Wales와 래리 생어Larry Sanger는 디지털 백과사전을
다른 시각으로 바라보았다. 두 사람의 기술적 기반도 1993년에 뿌리
를 두고 있지만, 그 기반은 릭 게이츠Rick Gates의 초기 제안과 2000년
리처드 스톨먼Richard Stallman의 최초 "자유 방목형" 제안을 토대로 형성
되었다. 스톨먼은 어떤 중앙 조직도 콘텐츠나 편집 과정을 통제해서는
안 된다고 주장했다. 플랫폼이라고 해서 꼭 전문지식을 제공해야 할
필요는 없었다. 인터넷 유저들이 함께 글을 쓰고 수정하면서 콘텐츠와

체계를 구축해 가는 웹 공간인 위키야말로 떠오르는 인터넷 문화였다. 이렇게 개설된 웹사이트가 바로 우리가 아는 "위키피디아"이다.[5]

엔카르타와 위키피디아 중 어떤 플랫폼이 자리 잡을지 묻는 질문에 그 당시 대부분 사람은 엔카르타라고 대답했을 것이다. 전 세계 "임의의 전문가들"에 의존해 정보를 추가하고 업데이트하는 시스템을 제작하는 스타트업에 손을 든 사람은 거의 없었을 것이다. 그러나 정확히 그 일이 발생했다. 뛰어난 전문가들의 노력과 마이크로소프트의 막대한 예산이 투입된 엔카르타는 2009년을 끝으로 서비스를 중단했고 이 글을 쓰는 시점에 확인한 위키피디아의 전 세계 월 독자 수는 무려 5억 명이 넘는다.

지식의 저주를 피했던 것이 유리하게 작용했다.

초심자의 무지를 활용하는 노련한 베테랑

비전과 블라인드 스팟은 양립할 수 없는 것처럼 보인다. 이 둘을 어떻게 동시에 지닐 수 있을까? 사실 누구나 그렇게 할 수 있다. 특히 리더로서 의미 있는 업적을 달성하려면 두 가지 모두 필요하다.

비유를 들어 설명해 보겠다. 우리는 운전할 때 바로 앞 시야가 뻥 뚫려 있기를 기대하지만 차에 거울이 여러 개 달려 있어도 잘 보이지 않는 블라인드 스팟, 즉 사각지대가 생긴다. 전방 도로를 볼 수 없고 목적지를 염두에 두지 않은 채 운전을 한다는 것은 상상하기 어려운 일이다. 따라서 운전은 단기적 비전과 장기적 비전을 동시에 고려하는 일이라 할 수 있다. 운전하는 동안 우리는 현재 향하고 있는 장소와 그곳에 도착하면 발생할 일을 머릿속으로 그린다. 그래서 도로 상황을 충분히 볼 수 없는 시각 장애인에게는 운전이 허용되지 않는다(아예 볼 수 없는 것과 블라인드 스팟에는 차이가 있다). 한편 자동차 GPS 기술 덕에 우리는 어디서 방향을 꺾어야 하며 다음 경로 안내까지 얼마나 더 가야 하는지를 화면으로 확인할 수 있고 더 나아가 도착 예정 시간까지 알 수 있어 더 수월하게 운전한다.

이와 동시에 운전할 때는 항상 블라인드 스팟이 생긴다. 일반적으로 운전 연습 초반에 블라인드 스팟, 그러니까 주행 중에 볼 수 없는 신기한 각도와 위치가 어디인지 배운다. 블라인드 스팟 때문에 위험에 빠지는 일이 없도록 반드시 주의는 기울여야겠지만 이 또한 경험의 일부이다. 인간의 눈도 운전과 비슷하다. 우리의 각 눈에는 시신경에 의해 만들어진 맹점이 있다. 각각의 망막이 연결되는 지점은 빛이 망막에 투사되는 시각 정보를 전달할 수 없는 영역을 만든다. 이것이 눈의 맹점이다. 한쪽 눈을 감고 다른 쪽 눈으로 앞에 있는 것을 볼 때, 우리가 볼 수 없는 위치에 물체들이 있다. 대부분은 양쪽 눈을 모두 사용하기 때문에 맹점을 의식하지 못한다.

리더십을 발휘할 때도 비전과 블라인드 스팟이 존재한다. 그리고 이 둘이 합쳐지면 "루키 스마트Rookie smart"가 탄생한다.

경험이 많든 적든 비상한 리더들과 인터뷰를 하다 보면, 그들이 비전과 블라인드 스팟을 모두 활용해 루키 스마트의 이점을 지속적으로 창출하는 모습을 볼 수 있다. 많은 리더가 자신의 성공 비결이라고 말하는 루키 스마트, 이제부터 이것을 설명해 보려 한다.

루키 스마트는 기업에서 흔히 쓰는 용어로 신입이나 젊은 사람들이 떠올리고 시도하는 번뜩이는 아이디어를 의미한다. 노련한 베테랑이라면 엄두도 못 낼 아이디어들 말이다. 왜 그럴까? 그건 바로 경험 때문이다.

오늘날 부상하는 젊은 세대의 상당수가 자신을 창업가로 여기는 현실이다. 미국 고등학생의 72%는 장래에 창업가가 되기를 희망한다.[6] 대기업의 전망 좋은 사무실에서 일하는 대신 무언가를 스스로 창조하거나 기획해 상품이나 서비스 형태로 판매하기를 꿈꾼다. 놀랍게도 부족한 경험이 그들을 성공으로 이끌 때가 있다.

루키는 비전과 블라인드 스팟을 모두 활용할 수 있다. 반가운 소식이 있다면, 루키가 되기 위해 당신이 젊어져야 할 필요는 없다는 사실이다.

27세의 창업가 안쿠르 자인Ankur Jain은 다음과 같이 설명한다. "젊은 창업가들이 일단 팔을 걷어붙이고 도전한다면 특히 성공할 확률이 높다. 다른 모든 산업에서는 경력을 많이 쌓을수록 상급자로 올라가는 까닭에 나이가 곧 성공의 척도가 된다. 하지만 창업의 세계는 가장 어린 사람들이 먹이사슬의 맨 꼭대기에 있을 수도 있는 분야다. 이것이 가능한 이유는 무경험이 최고의 자산이기 때문이다. 젊은 창업가들은 사업에 뛰어들어 모든 이에게 당연하다는 듯 깔려 있는 전제들에 의문을 던진다.[7]

더구나 젊은 창업가들은 낡은 업무처리 방식, 쌓인 담보대출금과 청구서, 뿌리박힌 생활방식 등 해묵은 문제들의 짐을 지고 있지 않다. 사실 이런 문제에서 벗어나기란 불가능에 가깝다. 그들은 똑똑히 말한다. "흔히 틀에서 벗어난 사고를 해야 혁신할 수 있다고 착각한다. 그러나 현실에서 혁신은 철저히 다른 틀에서 발생하는 문제를 고민할 때 이루어 낼 수 있다."

"루키 스마트는 루키의 무지함에서 나온다."라는 발상을 두고 누군가는 아이러니 그 자체라고 말한다. 하지만 삶은 이렇게 작동하는 경향이 있다. 우리는 완전히 무지한 상태에서 이득을 볼 때가 있다. 호박벌의 이야기를 살펴보자. 호박벌의 해부학적 구조를 분석하는 양봉학 전문가들은 과학잡지 기사를 인용하면서 원래 호박벌은 생리학적으로 날 수 없다고 당당하게 설명한다. 날아오르기에 날개는 너무 작고 몸체는 너무 크다면서 말이다. 하지만 어디 호박벌이 잡지를 읽을 수나 있을까? 호박벌은 그냥 아무 생각 없이 날 뿐이다.

지식, 경험, 정보는 축복이 될 수도 저주가 될 수도 있다. 온갖 지침을 제공해 주지만 여러 한계와 제약의 짐을 지우기도 한다. 미국 현대문학의 효시로 평가받는 마크 트웨인Mark Twain은 한창 새로운 발명품이 끊임없이 등장하던 산업혁명 시기를 살았는데, 당시 일어나고 있는 일들에 대한 글 중 다음 문장을 좋아했다. "불가능하다는 사실을 몰랐기 때문에 해낼 수 있었다."

루키 스마트를 발달시키는 다섯 가지 방법

그렇다면 경력자와 신입이 스마트해질 수 있는 실행가능한 단계는 무엇일까? 평범한 우리들이 비전과 블라인드 스팟을 모두 활용할 수 있는 방법은 무엇일까?

첫째, 고착화되어 혁신이 필요한 산업을 들여다보자.

판에 박힌 사고를 유발하는 친근하고 편안한 영역에서 벗어나려 노력해야 한다. 교통, 보건, 보험, 은행 등 틀에 박혀 성장이 정체되거나 고객 평판이 좋지 않은 산업을 외부의 시선에서 바라보자. 이를테면 승차 공유 기업인 우버와 리프트는 철저히 다른 방식을 추구했으므로 택시 서비스 산업에 혁명을 일으킬 수 있었다. 새로운 문제를 해결하고 새로운 사람들에게 도움을 줄 수 있는 영역을 찾자.

둘째, 현재 고객과 가망 고객의 이야기에 귀 기울이자.

빠른 성공으로 업계를 놀라게 한 기업가들은 나이가 젊으며 경청과 배움의 자세를 갖추고 있었다. 또 예전 방식이 너무 구태의연하다고 생각해 전에 없던 서비스나 색다른 제품을 시도하길 원했다(급격한 혁신과 성장의 시대에 기존의 방법만 고집해 온 베이비붐 세대를 생각해 보라). 리더십 교육 기관인 그로잉리더스를 설립했을 무렵 나는 학교와 기업을 돌아다니며 간담회를 열었고 그들의 의견을 귀담아 들었다. 이 덕분에 고객이 가장 원하는 지점에 초점을 맞추어 순조롭게 사업을 시작할 수 있었다.

셋째, 업계 외부인과 교류하고 아이디어를 얻자.

한 업계에 10년 이상 몸담은 사람들은 오래된 틀에 박혀 있다. 습관이 굳어져 늘 하던 방식대로만 일한다. 타 산업 종사자와 대화를 나눌 때면 동종 업계 사람이라면 떠올릴 수 없는 아이디어를 종종 얻을 수 있다. 패러다임은 가능성을 확장하기도 하고 제한하기도 한다. 그로잉리더스의 사명을 정하는 데 도움을 주었던 몇몇 좋은 아이디어도 다른 업계 사람에게서 얻은 것이었다. 내가 속한 분야의 일을 한 번도 경험해 본 적 없던 그 사람은 내 사고의 범위를 넓혀 주는 질문을 많이 했었다. 이 장 서두에 언급된 스팽스 사례의 주인공 세라 블레이클리 역시 여성복 산업과 상관없는 외부인이었음에도 종국에는 그 사실이 그녀를 도왔다.

넷째, 다른 분야의 아이디어를 결합해 새 아이디어를 창조하자.

라이트 형제의 발명품이 고안된 것은 그들이 평소 잘 알고 있던 두 세계, 즉 생업이었던 자전거 수리와 새의 비행에 대한 연구에서였다. 형제는 서로 다른 두 세계를 조합해 제3의 세계인 비행 자전거를 창조했다. 각각 곡예, 서커스, 체육 분야의 전문가인 세 남자가 저마다의 기술을 결합해 태양의 서커스 공연단을 창립한 사례도 있다. 세 남자는 각자의 재능을 조합해 기존 서커스 세계에 도전장을 내밀었다. 요하네스 구텐베르크Johann Gutenberg 는 독서에 대한 사랑과 자신이 알고 있던 포도 압착 기술을 결합해 최초의 인쇄술을 고안했다. 포도주를 짜내는 대신 글을 짜냈다. 이를 통해 사람들의 문해 수준을 높였을 뿐 아니라 정보 확산의 방식을 바꾼 완전히 새로운 산업도 창조했다.

다섯째, 시제품을 만들고 완벽해질 때까지 고치며 길을 선도하자.

미국 경영학자 짐 콜린스Jim Collins가 말한 대로, 많은 경우 총을 먼저 쏜 다음 대포를 발사해야 한다. 일단 목표물을 조준해 놓고, 비싸지 않은 총알(시제품)을 우선적으로 쓴 다음 총알보다 더 크고 비싼 탄약을 사용해야 한다. 처음부터 완벽하려고 애쓰지 말자. 완벽을 기다리면 결국 도태될 것이다. 방법을 조금씩 변경해 시도하다 보면 완벽은 마지막에 찾아오기 마련이다. 오늘날 스타트업들이 성공하는 이유는 무엇일까? 산업을 완성시키고자 하는 시도를 방해하는 기존의 패러다임과 제한을 모른 채로 업계에 뛰어들기 때문이다. 그들은 효과적인 것이 무엇인지 알아보고자 새로운 시도들을 거듭한다.

20대 풋내기였던 2014년의 에밀리 와이즈Emily Weiss는 화장품 회사 글로시에를 창업했다. 앞서 말한 다섯 가지를 거쳐서 말이다. 인턴과 신입 시절 에밀리는, 화장품 회사들이 자신의 모습에 만족하지 않는 여성의 심리를 이용해 제품을 판매한다는 사실을 알게 되었다. 제품 영업에 숨은 심리는 이렇다. '당신은 충분하지 않다. 당신은 충분히 아름답지 않다. 그러니 도움이 필요하다.' 괜찮다 싶은 화장품이 헉 소리 나게 비쌀 수밖에 없는 이유가 바로 이 때문이다. 여성들은 더 예뻐지고 더 행복해질 수 있다면 얼마든 지불할 용의가 있다. 비싼 가격은 곧 높은 가치를 의미한다. 그렇지 않은가?

에밀리는 화장품 산업에서 근본적으로 다른 일을 하고자 결심했다. 우선 모든 사람의 의견을 귀담아 들었다. 그녀는 스스로 인스타그램 중독자이며, 인스타그램을 통해 팔로워들과 본인과 비슷한 화장품 덕후 고객들의 얘기를 듣는다고 밝힌 바 있다. 실제로 출시한 제품 중 상당수가 여기서 기원했다. 그녀는 사람들에게 질문을 던지고 그들이 원하는 제품을 출시한다. 이를테면 끈적이고 기름지지 않으며 백탁 현상과 착색 현상이 없는 선크림이라든지, 뾰루지를 유발하지 않는 스킨 보습제가 있다. 글로시에는 유명 브랜드 제품보다 저렴한 스물네 가지 화장품을 탄생시켰고, 이때부터 회사의 성장세는 날개를 달았다. 이 모든 일이 가능할 수 있었던 건 배움의 의지를 가진 "루키" 에밀리 덕택이었다.[8]

에밀리의 무기는 무엇이었을까? 그녀는 개선이 필요한 산업의 틈새를 발견하고 "유심히 보았다." 그리고 소셜미디어를 통해 사람들의 이야기를 "귀담아 들었다." 팔로워들이 진심으로 원하고 필요한 제품이 무엇인지 질문한 뒤 피드백을 들었고, 제품을 개발하기 전에 회사 바깥세상과 상호작용하면서 신선한 통찰과 관점을 얻었다. 이런 방식으로 다양한 아이디어를 조합해 신제품을 개발했다. 그리고 마침내 그녀는 업계를 선도하기에 이르렀다. 보통 글로시에는 아이디어화한 지 몇 개월 이내로 신제품을 완성시켰다. 대학에서 스튜디오아트를 전공한 그녀는 화장품 산업의 경험이 전무한 상태로 멘토에게 규모 확장, 자본 투자, 손익 등을 배워 나갔다. 비전과 블라인드 스팟을 활용했기에 가능한 일이었다. 어찌 보면 그녀의 성공은 당연했다.

듣지 않는 리더는 벼랑 끝에 선다

이렇게만 말하고 끝내면 너무 무책임하지 않겠는가. 이쯤에서 잠깐 멈추어 블라인드 스팟의 위험성을 인지하고 넘어가자. 실제로 개인적으로나 직업적으로 실패한 리더가 많았는데, 그 이유는 블라인드 스팟이 그들 스스로를 망치도록 방치한 탓이었다. 이 경우 블라인드 스팟을 한 마디로 정의하면 이렇다.

알려지지 않은 약점, 또는 리더뿐 아니라 조직까지 해칠 수 있는 위협

적절한 예를 살펴보자. 애플과 미국 대형 할인매장 브랜드인 타깃의 임원이었던 론 존슨Ron Johnson은 2011년에 미국 백화점 체인인 J.C.페니에 영입되었다. J.C.페니에서는 존슨의 혁신적인 아이디어에 도움을 받을 수 있으리라 기대했다. 그는 백화점 산업에 대한 지식이 부족한 채로 업계에 뛰어들었는데, 안타깝게도 이 업계를 잘 아는 사람들의 말을 전혀 귀 기울여 듣지 않았다. 그는 신선하고 파격적인 아이디어를 새로운 분야에 강요했고 그 어떤 경고 신호에도 주의를 기울이지 않았다. 주위를 둘러보지 않고 전속력으로 직진만 했던 것이다. J.C.페니 주가는 51% 곤두박질쳤고 결국 2013년 그는 이사회에 의해 해임되었다. 기자는 이 재앙을 직설적으로 요약했다. "론 존슨은 취임하고 나서 J.C.페니를 도랑에 빠뜨렸다. 그러나 J.C.페니를 도로 위로 다시 올려놓지 않고 도리어 불 질러버렸다."

—
블라인드 스팟이 당신을 망칠지도 모르는 상황을 어떻게 방지할 수 있는가?

이로써 블라인드 스팟을 네 가지 정도로 정리할 수 있다. 블라인드 스팟은 우리의 강점과 상당히 밀접할 때가 많다. 또 초반에는 발견되지 않다가 경력을 한참 쌓은 후에야 보이기도 하며 지능과는 거의 관련이 없다. 무엇보다 블라인드 스팟은 리스크를 대담하게 감수할 수 있게 하는데 이는 리더십에 청신호와 적신호 모두 될 수 있다.

블루오션을 창출한 리더들의 특징

블라인드 스팟이 우리를 위해 작동할 때 다른 사람들은 상상만 할 수 있는 새로운 세계가 종종 펼쳐진다. 2004년 김위찬 교수와 르네 모보르뉴Renee Mauborgne 교수의 저서 『블루 오션 전략(Blue Ocean Strategy)』에서는 시장의 리더들이 두 가지 오션에서 헤엄칠 수 있다고 역설한다.

1. 레드오션(Red Ocean): 피로 물든 바다, 즉 쟁쟁한 경쟁자들이 시장점유율을 차지하기 위해 고군분투하는 포화된 시장

2. 블루오션(Blue Ocean): 맑고 탁 트인 바다, 즉 리더가 기존의 경쟁자를 시대에 뒤떨어지게 하면서 창출하는 완전히 새로운 산업

이 중 블루오션 리더는 목표를 추구하는 방식을 달리해 시장에 진입한다. 블루오션을 창출하는 것은 특별한 비전과 블라인드 스팟, 두 가지 모두이다. 리더는 경쟁자보다 조금 더 나은 수준의 제품이나 서비스를 만드는 대신, 기존 제품이 처리하려는 문제를 해결하기 위해

철저히 새로운 방식을 설계한다.

리드 헤이스팅스Reed Hastings에 관한 유명 일화가 있다. 1997년 그는 블록버스터 비디오대여점에서 빌려간 카세트 비디오를 분실하게 되었는데, 후에 비디오를 반납하러 가자 어마어마한 연체료가 쌓여 있었다. 하지만 이 사건은 넷플릭스라는 영화 스트리밍서비스 구독 모델 아이디어의 씨앗이 되었다. 그는 사업 모델을 구상했고 나중에 이것을 블록버스터 측에 전했다. 그러나 안타깝게도 블록버스터 측은 자신들이 잘하고 있으며 시스템을 업그레이드할 필요성을 느끼지 못했다. 결과는 어떻게 되었을까? 리드 헤이스팅스는 넷플릭스를 출시했고 넷플릭스는 급격히 인기를 얻어 현재 홈엔터테인먼트 시장의 상당 부분을 점유한 기업이 되었다. 한때 최고의 실적을 자랑하던 블록버스터는 30년도 채 안되어 역사 속으로 사라졌다.

아이튠즈는 레코드와 콤팩트디스크 세상에서 소비자가 음원에 접근할 수 있는 완전히 새로운 길을 개척했다. 디지털 다운로드 방식은 얼마 지나지 않아 실물 음원 시장을 장악했다. 아이튠즈가 제공한 전례 없는 가치로 인해 전 세계 고객들이 아이튠즈로 우르르 몰려들었고 음반 회사와 아티스트도 덕을 톡톡히 봤다. 아티스트는 아이튠즈와 파트너십을 맺어 디지털 다운로드 음원 가격의 최대 70%를 수익으로 얻어 음원 배포의 새로운 방식을 통해 돈을 쓸어 담을 수 있었다. 세계적인 음원 플랫폼인 스포티파이를 비롯해 혼잡한 세계에서 운영 중인 아이튠즈는 영화, TV 프로그램, 책, 팟캐스트뿐만 아니라 3700만 곡 이상을 지속적으로 제공한다. 분당 약 15,000곡이 다운로드되고 있으며 지금까지 250억 곡 이상이 판매되었다.

개인용 데스크톱 복사기 산업을 창조한 캐논의 전략적 움직임은 블루오션의 전형을 보여 준다. 전통적인 복사기 제조업체의 목표 고객은, 크고 튼튼하고 빠르며 최소한의 보수만 해도 되는 복사기를 찾는 사무용품 구매담당 매니저였다. 반면 일본 기업 캐논은 목표 고객을 기업 구매담당 매니저에서 실제 사용자로 바꾸며 산업의 통상적 관념을 뒤집었고, 마침내 복사기 시장의 블루오션을 창출했다. 작고 사용하기 쉬운 데스크톱 복사기와 프린터를 내세우며 애당초 고객이 아니었던 사람들, 그러니까 실제 복사기 사용자들이 원하는 핵심 경쟁요소에 집중함으로써 시장의 새 공간을 열었다.

비전과 블라인드 스팟, 둘 다 중요한 것이 자명하지만 제품 발명을 꿈꾸는 기업가들이 어떻게 아이디어를 얻을 수 있었는지 한번 상상해 보자. 딜레마나 불편함에 맞닥뜨리고서 이를 해결할 더 좋은 방법이 있어야 한다고 생각했을 것이다.

예를 들어 칼 벤츠Carl Benz와 헨리 포드는 마차를 끄는 말이 도시 거리 곳곳을 말똥으로 채운 것에 착안해 말 없는 마차, 즉 자동차를 만들었다. 새뮤얼 모스Samuel Morse 또한 편지 배달이 오래 걸리는 우편 시스템에 불만을 느껴 전신기와 모스 부호를 발명했다.

무언가를 개발 중인 리더들은 다음의 두 가지 사항을 기억해야 한다. 첫 번째는 비전과 블라인드 스팟의 활용 비결은 "아이디어가 아닌 문제와 사랑에 빠져야 한다."라는 통찰에 있다. 이는 자칫 간과하기 쉽다. 아이디어는 우리 삶에 나타났다가 사라지기 마련이다. 더 의미 있고 도움되는 솔루션이 새롭게 떠오르면, 기존에 있던 아이디어는 잠깐 있다가 없어질 것이다. 리더가 특정 아이디어에 푹 빠져 있으면, 나중에 찾아오는 더 좋은 아이디어를 보지 못할지도 모른다. 반면 리더가 문제 자체에 열정을 다한다면 문제를 해결할 때까지 아마 계속해서 그것에 집중할 것이다.

혁신 교육기관인 린 스타트업 컴퍼니는 이에 대해 다음과 같이 요약했다. "답을 추구하는 건 인간의 본성이지만, 안타깝게도 이러한 경향 때문에 우리는 진정으로 마음에 드는 해결책을 강구하는 데 방해를 받을지도 모른다. 우리는 문제의 답을 찾았다고 생각하는 즉시 고민을 멈출 때가 많다. 최초의 아이디어가 최고의 아이디어인 경우는 좀처럼 없는데도, 아인슈텔룽 효과Einstellung effect°로 인해 우리는 더 옳은 해결책을 찾으려 하지 않는다. 개발 단계를 나아갈수록, 고객 반발을 불가피하게 경험할수록 이 경향은 심해진다. 백지 상태로 돌아가 다시 시작하기보다는 문제를 해명하려 하고 심지어는 고객의 탓으로 돌린다.⁹

창조 과정에 있는 리더가 기억해야 할 두 번째 사항은 시간이 지나면서 리더의 초점이 미묘하게 바뀐다는 것이다. 리더는 문제 해결에 집중하다가 나중에는 수익 창출로 눈을 돌리게 된다. 문제에 직면했을 때는 그에 대한 해결책을 모색하지만, 일단 문제 해결의 절차를 밟아 나가기 시작하면 리더의 관심사가 지나치다 싶을 정도로 돈으로 옮겨 가는 경우가 허다하다. 새로운 아이디어를 완성시키기 위해

° 분명 더 좋은 아이디어가 있음에도 기존 방식이나 태도에 머무는 경향을 말한다.

현금이 필요한 것은 맞다. 하지만 돈이 주요 관심사라면 문제 해결을 향한 열정은 시들해지며 자금 조달을 향한 집착으로 흘러가기 십상이다. 이러한 초점의 전환이 어떻게 보면 자연스러운 현상일지 몰라도 때로는 치명적이다.

반가운 얘기가 있다면, 우리는 모두 비전과 블라인드 스팟에서 오는 이점을 누릴 수 있다는 것이다. 이 역설을 실천하며 살아가는 사람은 누구나 루키 스마트를 경험할 수 있다.

아폴로 11호의 숨은 공신

50년도 더 전에 아폴로 11호가 달에 착륙했을 때, 그것은 수많은 사람이 불가능하다고 생각했던 나사NASA의 미션이었다. 존 F. 케네디 John F. Kennedy 대통령이 연설에서 10년 안에 달 착륙을 해내고야 말겠다는 뚜렷한 비전을 제시한 것에서 비롯된 일이었다. 케네디 대통령의 비전이 휴스턴에 있는 나사를 어떻게 촉진시킬 수 있었는지는 시중의 많은 책들이 설명하고 있다. 신기술이 도입되고 새로운 직원들이 투입되면서 나사는 박차를 가했다.

뜻밖일 수도 있겠지만 성공적인 달 착륙은 비전과 블라인드 스팟에서 비롯되었다. 프로젝트 관계자들에 따르면 아폴로 11호가 성공할 수 있었던 이유는 젊은 비행사들 덕분이었다고 한다. 베테랑 비행사들이 우주 비행 도중에 미션을 포기하려던 순간, 젊은 비행사들의 블라인드 스팟 덕에 미션을 계속 추진할 수 있었다. 중앙관제소 직원들의 평균 연령은 27세였다. 심지어 그보다 어린 직원도 많았다. 대부분 5년 전 인턴으로 일을 시작했으며, 당시에는 나사 견학 투어 업무를 맡았으므로 각 부서의 기능을 정확하게 이해하고 있어야 했다. 대학을 졸업한 지 불과 5년밖에 되지 않은 평균 27세의 직원들은 블라인드 스팟 덕택에 미션을 성공시킬 수 있었다고 말했다. 이들 중 대다수는 중요한 목표를 갖고 비중 있는 직무를 맡아 일을 해나가다 보면 성공적인 커리어를 쌓을 수 있을 것이라 믿었다. 게다가 공학과 수학 전공자들은 예상보다 침착하게 업무를 수행했는데, 매사추세츠 공과대학교에서 새로운 컴퓨터들을 사용해 본 경험이 있었기 때문이다. 반면 40세 이상 직원들은 대체로 신기술을 다루는 데 덜 익숙했고 심지어는 나사가 과연 달에 착륙할 준비가 되어 있는지조차 의심했다. 이에 나사 리더들은 명확한 해결책을 찾았다. 경험이 부족한 젊은 직원들을 중앙 관제소에 배치시키고 베테랑들에게는 견학 투어 임무를 맡긴 것이었다. 어느 젊은 직원은 최근 인터뷰에서 다음과 같이 인정했다. “우리는 스스로 무엇을 모르는지 모릅니다. 대담함이 우리에게 유리하게 작용했습니다.”

인터뷰에 따르면 착륙하기까지 13분을 남겨 놓고 달 착륙 미션은 중단될 뻔했다. “닐 암스트롱Neil Armstrong과 동료 비행사들을 잃고 싶지 않았습니다. 미션 수행에서 가장 어려운 일은 착륙이었죠.” 결정적 순간에 큰 역할을 맡아 미션 중단을 막아낸 사람은 바로 23세 잭 가먼Jack Garman이었다. “다들 멈춰야 한다고 했을 때 그는 끝까지 가야 한다고 주장했습니다. 대단히 침착했어요.” 젊은 비행사들의 사고 체계는 오랜 관념에 영향 받아 흔들리지 않았다. 신선했고 전에 없던 방법을 통해 처음 보는 문제를 해결할 준비가 되어 있었다.

많은 것이 걸려 있는 중대한 목표만큼 미친 듯이 노력하게 만드는 건 없다. 그때까지의 나사 프로젝트 중 가장 긴요했던 아폴로 11호 달 착륙 미션은 20대 청년의 도전 의식을 고취시켰다. 나는 사람들이 일의 중요성을 자각하고 명확한 비전과 약간의 블라인드 스팟만 가지면 그 과정에서 최고의 역량을 발휘할 수 있다고 믿는다.

비전과 블라인드 스팟의 역설 한눈에 보기

비전의 역할	블라인드 스팟의 역할
달성할 목표를 제공한다.	진부한 아이디어에서 벗어나 시야를 확장시켜준다.
팀에 활력을 불어넣는다.	팀의 선택권을 확대한다.
집중하게 한다.	창의성을 자유롭게 발휘하도록 한다.
방어적 태도를 막는다.	제한된 사고를 막는다.
다른 사람들이 볼 수 없는 것을 보게 해준다.	낙심하지 않게 해준다.

– 비전과 블라인드 스팟의 균형 잡기 실천법 –

1. 해결하려고 하는 문제와는 "결혼"하고 해결책과는 "데이트" 하라. 최고의 비전을 향해 계속 전진하려면 충족해야 하는 니즈에 충실하자.

2. 업계 외부의 시각을 대화로 끌고 와라. 가장 좋은 아이디어 는 동종 업계 사람들(당신이 이미 알고 있는)과 업계 외부 사람 들에게서 나오는 생각의 조합에서 찾을 가능성이 크다.

3. 현명하지 못한 결정에서 얻은 교훈들을 기록해 놓아라. 실 패는 우리가 실수로부터 배우지 못할 때만 나쁜 일이 된다.

4. 가능한 한 많은 곳에서 지혜롭고 능력 있는 리더들의 말 을 듣고 배워라. 배움의 자세를 갖추는 것만이 성공의 희망 이다.

5. 자기의심과 자신감을 적절히 조절하라. 결론을 끌어낼 때마 다 스스로에게 의문을 던지되 일단 그것에 전념하기로 했다 면 흔들리지 말자.

6. 보이는 곳에 주요 비전을 계속 상기시킬 수 있는 것을 두어 라. 사람은 시각적 동물이므로 자신이 보는 것에서 에너지 를 얻는다. 달성하고 싶은 목표를 눈으로 볼 수 있는지 확인 하자.

7. 개발 단계에서 자문하라. "개선이 필요한 부분은 어디인가?" "점검해야 할 곳은 어디인가?" "없애야 할 것은 무엇인가?"

8. 안정된 집단에서 리더십을 발휘하라. 다시 말해 정서적으로, 사회적으로 당신을 건강하게 유지시켜 줄 사람들을 주변에 두자.

─────── ● **Check List** ● ───────

- 비전과 블라인드 스팟을 균형 있게 갖춘 리더를 알고 있습니까?
- 블라인드 스팟의 이점을 누렸던 사람을 알고 있다면 누구입니까?
- 당신의 리더십은 비전과 블라인드 스팟 둘 중 어떤 것 때문에 어려움을 겪고 있습니까?
- 비전과 블라인드 스팟의 균형을 유지하는 일이 어려운 이유는 무엇이라고 생각합니까?

보이는 리더십과
보이지 않는 리더십

주연처럼 등장하여 조연으로 남으라

길을 알고, 길을 걸어가고, 길을 안내하는
리더가 필요하다.

– 존 맥스웰

1929년 1월 15일에 태어난 마이클 킹 주니어Michael King Jr.는 성공을 꿈꾸며 조지아주 애틀랜타로 이주한 부모님 밑에서 자랐다. 목사의 자녀였던 그는 일찍이 아버지의 침례교회에서 몇 가지 불편한 모순을 발견했다. 예배가 지나치게 감정적으로 치우쳐 있다고 생각했으며, 왜 일요일 아침마다 백인과 흑인이 분리된 채 예배가 진행되는지 이해할 수 없었다. 사실 후자에 대해서라면 예배가 아니더라도 일상에서 흔히 느꼈던 부분이다.

열다섯 살 무렵의 마이클은 또래보다 훨씬 똑똑했다. 당시 미국이 제2차 세계대전에 참전하고 있었으므로 많은 10대 후반 아이들이 징집되었다. 그래서 대학에서는 등록자 수를 유지하기 위해 입학시험에 통과할 수만 있다면 고등학교 2~3학년 학생들도 받기 시작했다. 마이클은 입학시험에 통과해 열다섯 살의 나이에 모어하우스칼리지

에 입학했다. 그리고 열아홉에 졸업했다.[1]

그가 목사가 되기로 결심한 것은 모어하우스칼리지에 다니면서였다. 마이클은 인류에 봉사하고 싶은 자신의 내적 욕구를 충족시킬 최적의 기회를 교회가 제공하리라 굳게 믿었다. 침례교회에 마음을 연후 "사상 그리고 더 나아가 사회적 저항도 존중하는 힘"을 주제로 설교하는 분별력 있는 목사가 되리라 결심했다.[2]

이 시점부터 마이클 킹 주니어는 결코 무시할 수 없는 영향력을 행사하는 인물이 되었다. 그의 아버지 마이클 킹Michael King Sr.은 1934년에 떠난 유럽 여행에서 마틴 루서Martin Luther가 종교 개혁을 단행한 장소를 방문했었다. 집에 돌아오자마자 그는 자신의 이름을 마틴 루서 킹Martin Luther King으로, 아들의 이름을 마틴 루서 킹 주니어Martin Luther King Jr.로 바꿨다. 마틴 루서 킹 주니어는 자신의 새 이름을 기쁘게 받아들였고 훗날 시민권과 인권을 외치는 완전히 새로운 항거와 개혁의 일원이 되었다.

젊은 항거자

1957년 마틴 루서 킹 주니어와 랄프 애버내시Ralph Abernathy, 프레드 셔틀스워스Fred Shuttlesworth, 조셉 로워리Joseph Lowery 등 시민권 운동가들은 남부 기독교지도자회의를 설립했다. 이 단체는 흑인 교회의 도덕적 권위와 조직력을 기반 삼아 시민권 개혁을 주장하는 시위를 벌이기 위해 조직되었다.

킹은 젊은 리더인 만큼 독특한 방식으로 시민권 개혁에 접근하기로 했다. 동시대 흑인 인권운동가였던 맬컴 X^{Malcolm X}와 달리 킹은 비폭력 시위로 대의를 지킨다면 많은 미국인의 동조를 얻을 수 있으리라 믿었다. 따라서 킹의 세력은 평등권을 평화로운 방식으로만 요구했다. 그로써 시위대는 합리적으로 보였다.

킹은 언론의 이목을 끌고 국가에 소수 인종 학대의 현실을 낱낱이 보여 주려 했으며 일반적인 생각과는 반대로 일부러 위험한 길을 택했다. TV 언론과 기자들은 시민권 운동의 가장 강력한 지지자가 될 터였다. 그로써 시위대는 희생양으로 여겨졌다.

킹은 분열을 초래하는 언어를 사용하는 대신 미국인의 가치관에 호소했다. 당시 기준으로 본다면 북아메리카 식민지 주민들이 영국의 지나친 세금 징수에 반발한 보스턴 차 사건은 시민 불복종을 실천한 행위였으며, 아돌프 히틀러^{Adolf Hitler}가 한 일들은 오히려 합법적이었다고 외쳤다. 그는 연설에서 헌법과 독립선언문을 활용했다. 그로써 시위대는 애국자로 느껴졌다.

이성적 사고와는 반대로 킹은 체포되고 감옥에 수감되는 일들이 동료들에게 참여 열정을 계속적으로 불러일으키리라는 것을 알았으므로 그러한 방법을 활용했다. 그로써 시위대는 숭고해 보였다.

킹은 미국 남부 지역의 흑백차별을 심화시킨 짐 크로우 법에 대항해 조직적이고 비폭력적인 시위를 벌인다면, 이것이 흑인 평등 투쟁과 투표권 투쟁을 다루는 광범위한 언론 보도로 이어질 것이라고 믿었다. 언론에서는 남부 지역 흑인들이 겪는 박탈감과 모욕감, 그리고 시민권 운동가와 행진 참가자를 향한 인종차별적 폭력과 학대에 관한 내용, 그 장면을 보도했고 그 후 수많은 미국인은 시민권 운동이야말로 1960년대 초반 미국 정치에서 가장 중요한 화두라고 인식하며 동정 어린 여론의 물결을 일으켰다.[3]

킹은 자신의 말과 행동을 이용해 대의명분을 밀고 나갔다. 게리 윌스Garry Wills 작가는 이렇게 기록했다. "마틴 루서 킹 목사는 그야말로 의미 있는 투쟁에 자발적으로 뛰어들었다. 성경에 나오는 선지자들과 마찬가지로 킹 목사는 자신이 이루어 낸 리더십에 집착하지 않았다. 구약성서의 요나Jonah처럼 자신의 책무를 저버리고 기꺼이 달아날 수도 있었지만 그는 끝까지 임무를 수행했다." 이어 말했다. "연설가의 첫 관문은 자신의 사명에 부응하는 영웅상을 창조하는 것이고 마지막 관문은 연설 내용에 부합하는 인물이 되기 위해 스스로 영웅적 마음가짐을 다잡는 것이다. 그리고 리더와 리더를 따르는 사람들은 공동의 목표를 향해 달려 나가며 서로에게 힘을 준다."[4]

마틴 루서 킹은 1963년 8월 28일 워싱턴 행진 때 생애 절정기를 맞았다. "나에게는 꿈이 있습니다(I Have a Dream)."라고 알려진 연설, 미국 역사상 가장 상징적인 연설을 한 날이었다. 연설이 끝나고 그는 자신의 존재를 드러내기도 하고 감추기도 하면서 저항 운동을 촉진했다.

이러한 그의 면모를 보면 비상한 리더의 또 다른 역설이 생각난다.

리더의 존재가 사라졌을 때 리더십이 드러난다

킹은 자신의 영향력을 항상 인지하고 있었다. 심지어 학생 시절에도 좋든 나쁘든 자신의 영향력을 느꼈다. 그리고 이것을 이롭게 사용하고 싶어 했다. 그는 다음과 같은 기록을 남겼다. "수업에 1분이라도 늦으면 지각했다는 사실을 도덕적 관점에서 의식했고, 다른 친구들이 이런 나를 지켜보고 있을 것이라 확신했다. 당시에는 매사 해맑기보다는 엄숙한 아이에 가까웠던 것 같다. 옷을 과하게 차려입었고 방은 티끌 하나 없이, 신발은 완벽히 빛나게, 옷은 구김 하나 없이 관리하려는 경향이 있었다."[5]

소년 킹은 두 번이나 자살 시도를 했다. 이유는 자신이 가족 구성원을 아프거나 죽게 했다고 생각했기 때문이었다. 스스로 비극을 초래했다고 여긴 나머지 2층 창문에서 뛰어내렸다. 다행히 자살 시도는 실패로 끝났지만 여기에서 어린 킹이 자신의 모습과 말의 영향력을 깊이 인지하고 있었다는 사실을 알 수 있다.

훗날 킹은 행동을 통해서는 물론 자신의 모습을 드러내지 않더라도 타인에게 영향을 줄 수 있음을 깨달았다. 때때로 사람들은 그의 모범적인 모습을 보고 싶어 했고, 나중에는 그의 도움 없이도 스스로 행동하기를 원했다. 그는 본보기를 보여 준 뒤 물러나야 했다.

대부분 사람은 어떤 임무를 수행하든 시작 초기에 해야 하는 일을 직접 행동으로 보여 주고 목표를 명시해 주는 리더를 필요로 한다. 그러나 시간이 흐를수록 옆으로 비켜서서 자신의 잠재력을 스스로 깨달을 수 있게 해주는 리더를 원한다.

권한은 이전되어야 한다. 리더가 반드시 필요한 존재인 것은 맞지만 나중에는 리더가 없어도 모든 것이 정상적으로 돌아가야 한다. 처음에는 대체 불가능했던 훌륭한 리더도 시간이 지나면 대체 가능해진다. 리더는 자신이 언제 발언을 해야 하는지 알고 있으며, 때가 되면 말을 멈춰야 한다는 사실 또한 인지하고 있다. 사람들이 리더의 존재를 거의 인식하지 못한 채 스스로 일을 해낼 수 있다고 믿을 때 비로소 리더는 가장 의미 있게 된다. 중요한 것은 리더가 아니라 팀과 팀의 임무다.

훌륭한 리더는 팀원들을 이끌다가도 길을 비켜 주는 사람이다. 이들은 적절한 순간에 모습을 드러내고 또 감추는 역설을 심도 있게 이해한다. 마틴 루서 킹은 역설적인 리더십을 멋지게 발휘했다.

슬픈 뒷모습마저도 드러내라

초반에 킹 박사는 모든 미국인의 평등권을 향한 지난한 여정에 자신이 앞장서야 한다고 생각했다. 당시 대다수의 시민들이 남부 지역에서 어떤 불평등이 발생하고 있는지 까맣게 모르고 있었고 이들이 앨라배마주나 미시시피주 또는 사우스 캐롤라이나주에 가서 불평등을 목격할 일도 아예 없을 것 같았다. 따라서 킹은 먼저 보이는 리더십을 행사해야 했다. 당시 시민권에 어떤 문제가 있는지 모르는 미국인들뿐 아니라 자신의 지지자들, 즉 롤모델이 필요했던 소수 인종을 대상으로 말이다(대다수 미국인은 불평등이 난무하는 지역을 보지 못했으니 문제로 인식하지 못한 건 당연했다).

킹의 보이는 리더십이 없었다면 흑인들은 두려움에 떨면서도 계속 운동에 관여하지 않았을 것이다. 또 백인들은 운동에 시큰둥한 반응을 보였을 것이다.

1955년에서 1965년 사이 킹 박사는 보이는 리더십을 발휘해 소수 인종의 시민권 운동 참여를 북돋았고 수많은 미국인의 공감을 구했다. 그때까지 시위는 산발적이고 무질서했으며 뚜렷한 리더십 철학이 부족했다. 그러나 그는 이 양상을 바꾸었다.

킹은 흑인 투표권·노동권 등의 기본 시민권을 획득하고 인종차별을 철폐하기 위해 평화로운 행진을 조직했다. 이러한 권리는 대부분 1964년 미국 민권법과 1965년 미국 투표권법이 통과되면서 성공적으로 제정되었다. 한편 앨라배마주의 몽고메리 지역에서 행진이 진행되는 동안, 경찰이 평화로운 시위대에 폭력을 가했던 사건이 언론의 주목을 받아 앨라배마주의 인종차별이 전국에 알려졌다.[6]

게다가 킹은 시민권 운동에 참여할 때 스물아홉 번이나 체포되고 투옥될 때마다 이 상황을 기꺼이 받아들였는데, 이는 지켜보는 사람들에게 모범을 보여 주기 위해서였다. 말만으로는 변화를 촉발하기에 충분하지 않다고 생각했다. 희생과 고통의 본보기가 필요했다. 심지어 그는 수감 생활 중에도 『버밍엄 감옥에서 온 편지(Letter from Birmingham Jail)』라는 책을 쓰기도 했다.[7]

그리고 킹은 사진과 언론도 적극 활용했다. 그 유명한 사진, 1963년 버밍엄에서 경찰견이 10대 소년 월터 개즈든Walter Gadsden에게 달려드는 사진을 공개해 대중의 분노를 샀다. 시위대가 소방 호스에서 뿜어져 나오는 물을 맞은 사건도 있었는데, 당연히 유쾌한 일은 아니었지만 사건의 사진과 영상이 알려진 계기로 수백만 명이 참여한 시민권 논쟁의 윤곽이 형성될 수 있었다.[8]

킹은 일부러 집단 체포를 유발하고 위기로 범벅된 상황을 조장함으로써 상대측이 협상의 문을 여는 것을 피할 수 없게끔 유도했다. 그를 비롯한 남부 기독교지도자회의 회원들은 연좌 농성을 했고 부당하다고 여기는 법들에 대항하는 행진도 벌였다. 그는 대중으로 하여금 시위 현장을 두 눈으로 직접 보고 정당한 시위인지 판단하게 했는데[9] 실제로 효과가 있었다. 버밍엄 운동은 성공적이었다. 경찰서장 불 코너Bull Connor가 해임되는가 하면, 흑인과 백인을 구분지었던 짐 크로우 표지판이 내려지면서 공공장소는 흑인에게 더 열린 곳이 되었으니 말이다.[10]

1961년에서 1968년 사이 킹은 존 F. 케네디 대통령과 린든 B. 존슨Lyndon B. Johnson 대통령, 연방정부 관계자들과 만나기 위해 보이는 리더가 되기로 결심했다. 이러한 협상 자리에서는 오직 킹 자신만이 목표를 달성할 수 있고 다른 이에게 그 권한을 위임해서는 안 된다고 믿었다. 킹과 대통령이 함께 찍은 사진들은 협상이 공공정책 변화에 어떤 역할을 하는지를 세상에 증명해 보였다.

1963년 8월, 킹은 모든 이의 시민권을 주창하는 연설 자리에서 온 미국인 앞에 모습을 드러냈다. 그는 미국의 건국 문서들에 적힌 미국인들 자신의 목소리가 무엇이었는지 확인하며 그 오래된 서약들을 사람들에게 상기시키는 방식으로 평등을 요구했다. 이를 통해 미국인들이 앞으로 다가올 평등의 시대를 준비할 수 있도록 했다. 그리고 다른 것들에 굴복하지 않고 스스로 진실되게 행동하고 있다는 확신을 심어 주었다.

—
타인에게 영향을 끼치기 위해 의식적으로 모범을 행한 적이 있는가?

킹 박사가 모범을 보이지 않았다면 시민권 운동은 10년 동안 그토록 크게 도약할 수 없었을 것이다. 1964년 그는 이 업적으로 노벨평화상을 받았다.

백 마디 말보다 작은 한 걸음이 필요하다

사람들은 초반에 리더가 모범을 보여 주기를 바란다. 대부분 인간은 앞장서서 가는 "개척자"를 필요로 하는 "이주민"이다. 나의 멘토인 존 맥스웰의 말을 인용하자면 "길을 알고, 길을 걸어가고, 타인에게 길을 안내하는" 리더가 필요하다.

IQ와는 거의 무관한 문제다. 리더를 따르는 사람들은 대부분 가르침을 이해하고 적용할 줄 알기 때문이다. 그러니까 행동을 변화시키는 데는 누군가가 말로 하는 설명보다 행동으로 보이는 모범이 훨씬 강력하다.

사람들은 설교를 듣는 것보다 본보기를 보는 것을 좋아한다. 아이들에게 부모가 말로 하는 가르침 그 이상이 필요하듯 조직의 팀원들에게도 귀감이 되는 리더의 행동이 필요하다. 젊은 사람이 어른의 말은 귀담아 듣지 않는 경향이 있지만 어른의 행동은 잘 모방한다는 말이 있지 않은가. 리더와 팀원들에게도 적용되는 말이다. 사람은 자신

이 보는 대로 행동하는 시각적인 학습자이며 행동을 직접 봄으로써 가장 잘 배운다.[11]

비상한 리더가 초반 팀원에게 영감을 주는 방식은 다양하다. 팀이 달성하려고 하는 비전을 구체화하거나 주차장에 떨어진 쓰레기를 줍는 것과 같은 행동을 통해 서번트리더십Servant Leadership°의 모범을 보여도 좋다. 혹은 세세한 부분까지 신경을 기울여 팀원들에게 사소한 행동도 모두 중요하다는 사실을 깨우쳐 줄 수도 있다. 업무에 차질이 없는 선에서 어떤 권한을 넘길 것인지 설명하는 방식과 대가를 치를 각오가 되어 있음을 보여 주기 위해 고난이 예상되는 어려운 결정을 내리기도 한다.

리더가 이를 실천할 때 리더의 임무와 가치는 더 큰 의미를 지니고 리더는 더 큰 도덕적 권위를 갖게 된다. 왜일까? 스스로 말하는 바를 그대로 실천하기 때문이다. 행동으로 본을 보일 때 리더의 말에 비로소 더 믿음이 실리는 법이다. "말한 대로 실천해야 한다."라는 말을 들어봤을 것이다. 하지만 반대로 나는 리더가 더 많이 실천할수록 말할 필요가 줄어든다고 생각한다. 보이는 리더십은 사람들 마음속에 있는 당신에 대한 신뢰감을 무르익게 한다. 마하트마 간디Mahatma Gandhi의 일생은 마틴 루서 킹 주니어의 이상이었다. 킹은 간디의 글과 사진을 조사하고 연구했으며 1959년에는 그의 가족도 만났다. 연좌 농

° 봉사한다는 생각으로 구성원에게 헌신하는 리더십을 말한다.

성과 단식 투쟁 그리고 인도 독립운동인 소금행진°이 일어나는 동안 간디는 진실성의 본보기를 보여 주며 동료 시위자들에게 부탁한 것을 몸소 증명해 보였다.

간디의 보이는 리더십을 가장 확실히 느낄 수 있는 일화를 소개하자면, 한 여성이 어린 딸을 데리고 간디를 찾아와 다음과 같이 부탁했다. "제 딸에게 사탕을 너무 많이 먹지 말라고 말씀해 주실 수 있나요? 설탕을 지나치게 섭취하거든요." 간디는 턱을 문지르며 잠시 고민하더니 "2주 뒤에 다시 오십시오."라고 대답했다. 어머니는 혼란스러웠지만 그날 간디가 딸과 대화하지 않을 것 같다고 판단하고 돌아갔다. 보름이 지나고 어머니는 다시 딸과 함께 간디를 찾아와 충고를 부탁했다. 이번에 간디는 아이의 눈높이에 맞춰 무릎을 꿇더니 설탕을 많이 먹지 말라고 말을 건넸다. 그리고 어린 딸은 간디의 말에 알겠다고 대답하고는 또래 친구들을 향해 달려 나갔다. 당황한 어머니는 "2주 전에는 왜 이렇게 말씀해 주지 않으셨나요?"라고 물었다. 간디는 미소 지으며 말했다. "2주 전의 저는 설탕을 너무 많이 먹었기 때문입니다."

이처럼 인도의 지도자 간디는 자신이 먼저 하지 않은 일을 누구에게도 강요하지 않았다. 말로만이 아닌 행동으로 보이는 리더십의 힘을 지각하고 있었다.

° 인도가 영국 식민지였을 당시 소금세 폐지를 주장하며 일으킨 비폭력 저항 운동이다.

아무리 세상이 진정성을 찬양한다지만 실제로는 표면적인 모습이 중시되는 지금 이 시대를 살아가는 우리에게, 보이는 리더십은 그 무엇보다 중요하다. 소셜미디어를 보라. 조작되고 비현실적으로 보정된 사진과 기자들이 조회수를 늘리기 위해 악용하는 거짓 뉴스가 난무한다.

무능한 리더의 전형

세상은 자신이 내뱉은 말을 직접 실천하는 리더가 필요하다고 소리 높여 외친다. 방송 매체에서는 정부, 기업, 학계, 비영리기관의 부족한 리더십 사례를 숱하게 내보낸다. 무능한 리더는 찾기 어렵지 않다. 하지만 무능한 리더보다 훨씬 나쁜 유형이 있다면 "리더십이 부재한 리더"일 것이다. 책 초반에도 언급한 바 있지만, 리더십이 없는 리더라고 해서 반드시 잘못된 행동을 하거나 소리를 지르거나 안 좋은 결정을 내리는 것은 아니다.

『하버드 비즈니스 리뷰』는 다음과 같이 발표했다. "리더십이 부재한 리더는 오늘날 조직이나 비즈니스 문헌에서 거의 언급되지 않지만 연구에 의하면 그것은 무능한 리더십의 가장 일반적인 형태다." 이 같은 리더는 신체적으로나 정신적으로, 의지적으로나 감정적으로 여러 방면에서 부족함을 드러낸다.

세계적인 직업성격검사 기업인 호건어세스먼트시스템사의 스콧 그레고리Scott Gregory는 이렇게 역설한다. "리더십이 부재한 리더는 심리적으로 리더의 기능을 하지 못하는 사람이다. 관리자로 승진한 후 지위의 특권과 보상은 누리지만 팀에 가치 있는 일로 참여하기를 회피한다. 이는 조직에 가치를 부여하지 않고 오히려 가치를 빼앗는, 경제학의 지대추구Rent-seeking° 개념과 유사하다."

보이지 않는 유령 리더십은 노골적이면서도 어디서나 발생할 수 있는 문제이기 때문에 책에서 논하는 역설에 속한다. 세세한 부분까지 이래라저래라 하는 상사를 좋아하는 직원은 없지만, 2015년 직장인 1,000명을 대상으로 리더의 행동에 어떤 불만이 있는지 묻자 상위 9개 답변 중 무려 8개가 리더십 부재와 연관된 것으로 밝혀졌다. 직원들은 상사가 아무것도 하지 않는 것을 가장 우려했다. 직원 입장에서 유령 리더십은 명백히 중대한 문제이며 누가 봐도 악질의 다른 리더십보다 훨씬 심각한 골칫거리이다.[12] 한 연구에 의하면 부당한 대우를 받을 때보다 상사가 무관심하다는 것을 느낄 때 더 소외감을 느낀다고 한다.[13]

리더십은 신뢰를 기반으로 작동한다. 사람들은 당신을 신뢰하는 만큼만 가까이 따를 것이다. 팀에 요구하는 바가 없다면 몸소 실천해 보여라. 그때야 비로소 사람들을 이끄는 리더가 될 자격이 있다. 리더의 모범적인 행동은 은행 계좌이고 신뢰는 화폐인 셈이다.

자연스럽게 리더십은 도덕적 권위에서 비롯된다. 말은 일시적인

°　새로운 부를 창출하지 않으면서 자신의 부를 늘리는 방법을 찾는 것을 말한다.

영향력이 있을지 몰라도 장기적인 영향력은 리더가 행동을 보여 줌으로써 발휘할 수 있다. 진정한 신뢰는 행동을 통해 얻은 도덕적 권위에서 나온다는 것을 명심하라.

리더십의 유효성을 측정하고 싶다면 당신을 따르는 사람들을 보면 된다. 이를 거울효과라 부른다. 팀에서 얼마나 효과적으로 리더십을 발휘하는지 알고 싶다면 팀원들을 보라. 그들이 당신의 모습을 보여 줄 것이다. 12~18개월 내에 팀원들은 리더의 태도와 가치를 반영한다.

컨설팅 회사인 N. 딘 메이어 앤 어소시에이트는 몇 년 전 주목할 만한 사실을 발견했다. 회사가 조직 문화를 바꾸고 싶다면 다음 두 가지 방법 중 하나를 사용하면 되었다.

1. 한 자리에 모인 경영진이 일련의 새로운 핵심 가치를 만든다. 그리고 그것을 액자에 끼워 벽면 여러 군데에 걸어 놓는다. 이 방법으로 조직 문화에 변화를 가져오는 데는 10~12년이 걸린다.

2. 한 자리에 모인 경영진이 일련의 핵심 가치를 만든다. 그런 다음 팀원들이 보는 앞에서 각 가치에 대해 정기적으로 실천할 수 있는 행동 세 가지를 추가한다.

2번 방법은 단 3년 안에 조직 문화를 변화시킬 수 있다. 사람들은 자신이 보는 대로 행동하기 때문이다.

영광의 장막 뒤로···

비상한 리더는 시간이 흐르면서 자신이 충분히 모범이 되었다고 믿으며 팀원들이 스스로 나아갈 수 있도록 길을 비켜 주어야 함을 알고 있다.

나는 2003년 초기에 이사회 멤버였던 세 명의 친구와 함께 그로잉리더스를 운영하기 시작했다. 그리고 이곳에서 이 사실을 깨칠 수 있었다. 회사가 성장하자 인력을 확충했고 매력적이고 차별화된 리더십 개발 프로그램, 즉 이미지 기반의 학습 과정인 해비튜드를 대학, 기업, 미국의 의무교육 과정을 따른 K-12 학교들, 프로스포츠 팀, 비영리기관 등을 대상으로 가르치기 시작했다.

처음부터 미션과 핵심 가치를 만들고 이를 구현하기 위해 최선을 다했다. 교육 콘텐츠를 기획한 뒤 출판사, 디자이너와 함께 콘텐츠를 제작해 배포했고 교육 대상 기관에 교육 내용을 전하기 위한 시스템을 개발했다. 이 교육물이 전국적으로, 심지어 일흔두 군데 지역에서 인기를 얻게 되자 품질관리를 고수할 것인지 혹은 규모를 확장할 것인지 두 열망 사이에서 진퇴양난에 빠졌다. 또 다른 내가 여럿 필요했다. 그로잉리더스의 보다 확장된 임무를 함께 수행해 갈 사람들을 찾아야 했던 것이다. 내 업무를 할 수 있고 나와 뜻이 맞는 이가 필요했다. 하지만 그런 사람을 찾기란 어려운 일이었다.

그로잉리더스는 전 세계의 여느 조직과 비슷하게 흘러갔다. 2년 전 몇 년 만에

—
당신은 이 진리를 어떻게 구현했는가? 그리고 어떤 부분에서 실패했는가?

처음으로 성장 정체기가 닥쳤다. 10년이 넘도록 사업이 확장되며 성장 곡선이 우상향을 그리다가 멈추어 섰다. 나는 이 상황이 달갑지 않았다. 직원 모두가 조직 재정비를 해야 할 때가 되었다고 생각했다. "과일바구니 게임Fruit basket upset"°을 하는 것과 같은 일이었고, 회사가 다시 성장하게끔 팀과 업무를 다음과 같이 재조정했다.

- 업무 흐름에 변화를 주었다.
- 일부 직원을 해고했다.
- 새로운 직원들을 채용했다.
- 직무기술서를 목적에 맞게 변경했다.
- 부서들을 신설했다.
- 유통 구조를 바꿨다.
- 새로운 시스템을 만들었다.
- 무엇보다도 다른 방향으로 조직을 이끌어야 한다고 생각했다.

그로잉리더스는 조직의 생애주기 중 "급격한 발달기"에서 "청소년기"로 나아가는 중이었다. 이 용어를 처음 사용한 사람은 저술가이자 컨설턴트이며 에이디제스 연구소의 창립자이자 CEO, 세계적인 조직

° 사회자가 사람들에게 과일을 지정해 준 뒤 모두 동그랗게 모여 앉은 상태에서 가운데 서 있는 사람이 과일 이름을 하나 외치면 그 과일에 해당하는 사람들은 빠르게 일어나 상대방의 빈자리로 가 앉는 게임이다.

관리 전문가 중 한 명인 아이착 에이디제스Ichak Adizes 박사이다. 그는 리더들이 조직의 생애주기를 통해 다가올 다음 단계를 파악할 수 있는 차트를 개발했다. 조직의 성장은 "유아기"에서 시작해 "급격한 발달기"를 거친 다음 "청소년기"에 진입한다.

유아기 조직의 위험 요소는 현금이 충분하지 않은 것이고 급격한 발달기 조직의 위험 요소는 너무 많은 기회에 노출되어 있다는 것이다. 조직이 청소년기로 넘어가려면 리더와 팀은 반드시 한 분야에 집중해야 한다. 그 기회들이 팀의 전문 분야에서 살짝이라도 벗어난다면 "안 돼"를 외칠 수 있어야 한다. 급격한 발달기에 있는 조직이 질보다 양이라는 믿음을 기반으로 운영된다면 청소년기 조직은 양보다 질이라는 믿음을 기초로 작동된다. 즉 넓게 가기 위해 깊게 파고들고, 빨리 가기 위해 천천히 간다.

그로잉리더스 창립자인 나의 임무는 팀원들에게 통제권, 심지어는 창작물 사용허가권도 넘겨주는 일이다. 보이는 리더에서 보이지 않는 리더로 전환해야 한다는 의미다. 팀원들이 더 발전할 수 있으려면 내가 물러나야 한다. 성장에 필요한 것들을 팀원들에게 직접 보여 주는 일이 과거의 임무였다면 현재의 임무는 팀원들이 스스로 그 일을 할 수 있도록 사라져 주는 것이다.

마틴 루서 킹 박사의 이야기로 다시 돌아가 그가 어떻게 보이지 않는 리더십을 성취했는지 살펴보도록 하자.

유령이 되기를 자처하라

1960년대 중반 킹은 시민권 운동이 정점에 다다랐음을, 자신의 목숨이 위태로워졌음을 감지하기 시작했다. 그는 죽음이 다가오고 있음을 예견했다. 그래서 자신보다 젊은 리더들이 영향력을 발휘하는 위치로 도약할 수 있도록 돕는 데 전력을 쏟았다. 킹이 조금이라도 비켜서지 않으면 젊은 리더들이 일을 이끌 때마다, 목표점을 향해 나아갈 때마다, 주도권을 잡을 때마다 그에게 의지할 터였다.

전에도 이야기했듯 킹은 통틀어 스물아홉 번이나 체포되고 투옥되었다. 어느 정도는 운동 참여자들에게 희생의 본보기를 보이기 위해서였다. 그러나 때때로 투옥을 기회 삼아 운동에서 한 걸음 물러나 다른 시위자들이 자신의 역할을 대신 맡게 하고 스스로 목소리를 내고 운동에 영향을 미칠 수 있게 했다. 킹의 존재감이 너무나 컸던 탓에, 그가 모습을 감추지 않았다면 다른 시위자들은 자신의 잠재력을 미처 깨닫지 못했을 것이다.

킹은 연설을 끝마친 후, 그러니까 모습을 드러내고 목소리를 들려준 후 재빨리 스포트라이트에서 벗어나 자신에게 그리고 자신의 카리스마에 이목이 쏠리지 않게 했다. 말하자면 자신의 존재와 부재를 활용해서 젊은 리더들이 적절한 때에 영향력을 행사할 수 있도록 준비시켰다.

그리고 수년 동안 킹은 시위 참여자들이 회의에서 자신의 이야기를 들을 필요가 있는지를 고려해 회의 참석 여부를 결정했다. 그 무렵 운동에 관한 여러 안건을 주제로 토론이 벌어졌는데, 그는 다른 참석자들을 방해하거나 위협할 마음이 없었으며 그들이 불필요하게 자신에게 의지하지 않기를 바랐다.

—
팀원들의 도약을 위해 당신은 어떤 방법으로 길을 비켜 주었는가?

일부 육아와 비슷한 면이 있다. 자녀가 유아일 때는 부모의 가르침과 개입이 많이 필요하다. 그러나 자녀가 점점 커가면서 부모의 양육 방식은 변하게 된다. 자녀가 독립적이게 될수록 부모는 개입을 줄일 필요가 있다(최소한 그래야 한다). 지시를 덜 내리되 권한은 더 위임해야 한다. 말은 줄이고 질문은 늘리며, 설명은 줄이고 경험은 많이 하게 해 자녀가 스스로 발전할 수 있도록 해야 한다.

아이에게 자전거 타는 법 가르칠 때를 생각해 보라. 육아를 이보다 더 실감나게 설명할 예시가 있을까. 아이들은 보통 두발자전거가 아닌 세발자전거부터 시작한다. 세발자전거를 타면 크게 넘어질 위험 없이 자전거에 익숙해질 수 있다. 그러다 나중에 세발자전거가 지루해질 즈음 아이들은 난이도 높은 두발자전거를 원한다. 그러나 두발자전거를 타려면 균형을 잘 잡아야 하므로 부모는 보조바퀴 달린 자전거부터 타게 한다. 아이들은 스스로 페달을 굴리고 균형을 잡는 데 익숙해지면 보조바퀴를 떼고 싶어 한다. 이 시점부터 부모의 리더십은 도와 주기와 놓아 주기 사이의 균형을 매끄럽게 유지해야 한다. 우리가 팀을 이끌 때 필요한 리더십이 바로 이것이다. 도와 주는 것과 놓아 주는 것!

리더가 권한을 위임해야 할 때

보이는 리더십과 보이지 않는 리더십 사이에서 어떻게 역설의 묘기를 부릴 수 있는지 이야기해 보자. 모범을 보이며 사람들에게 힘을 실어 주는 리더에서 직접 경험하게 하며 권한을 넘겨주는 리더로 바뀌어야 하는 시점은 언제일까? 사실 그 시점은 명확히 정해져 있지 않으며 하룻밤 새에 일어나는 일도 아니다. 팀원들이 바라는 리더는 위험을 감내하고 한때 자신이 했던 일을 넘겨주는 사람일 것이다.

리더십을 전환해야 할 적기가 되었다는 몇 가지 기본적인 신호를 알아보자. 모범을 보임으로써 힘을 실어 주는 리더십에서, 경험을 하게 함으로써 권한을 주는 리더십으로 이동하기에 적절한 타이밍은 아래와 같다.

1. 팀원들이 리더의 모범을 수차례 지켜본 경험이 있을 때
2. 팀원들이 일의 통상적인 순서와 방법을 알고 다른 사람에게 명확히 설명할 수 있을 때
3. 팀원들이 일을 스스로 시도해 본 적이 있을 때
4. 팀원들이 조직의 사명을 타당하다고 확신할 때
5. 팀원들이 업무를 체화하고 있을 때

앞서 언급했듯 내가 운영하는 비영리 조직은 콘텐츠 회사이다. 따라서 여기서 발행하고 전달하는 콘텐츠는 나에게 상당히 중요한 의미를 갖는다. 그래서 항상 행사와 파워블로그 기사, 전자책, 커리큘럼

그리고 일반 서적에서 공개되는 콘텐츠의 질이 높아야 한다고 강조한다. 그로잉리더스의 브랜드가 오롯이 반영되기 때문이다.

5년 전의 일이었다. 당시 그로잉리더스 최고운영책임자였던 홀리 Holly와 나는 새삼스럽지만 내가 매년 100개가량의 행사에서 강연한다는 사실을 발견했다. 하지만 누구나 그렇듯 나도 나이를 먹고 있었다. 회사에는 다른 강연자가 몇 명 있기는 했지만 콘텐츠 제작과 강연의 부담을 나눠 짊어질 수 있는 사람이 있어야 했다. 내가 하는 일을 자신만의 스타일로 수행할 수 있는 사람이 필요했다. 그 시점에 앤드류 맥픽Andrew McPeak을 우리 팀에 영입했다. 앤드류는 계약직 직원으로 나와 함께 글을 쓰고 강의를 하기 시작했다. 점차 그의 콘텐츠 제작 능력이 확장되었다. 이제 그는 내가 말하는 대부분 주제에 대해 글을 작성할 줄 알고 강연도 한다. 나보다 잘할 때도 있으며 청중들은 그의 강연을 진심으로 좋아한다.

작년에 우리는 그를 콘텐츠 담당 부사장으로 임명했다. 내가 책을 집필하고 강연을 하고 기사를 작성하고 전자책을 만드는 동안, 여전히 앤드류는 이러한 작업이 잘 되어 가는지 관리 감독한다. 그리고 나와 공동으로 그로잉리더스 팟캐스트를 이끌고 함께 책을 쓴다. 날이 갈수록 발전하고 있다. 그리고 이 과정에서 나는 보이지 않는 리더가 되는 법을 배워 가는 중이다.

보이지 않는 리더가 될 준비

보이는 리더십과 보이지 않는 리더십의 균형을 맞추려 한다면 아래 제시된 네 요소를 반드시 유념해야 한다. 능력을 발전시키고 보이지 않는 리더가 될 준비를 갖추기 위한 공식이라고도 할 수 있다. 이 공식에는 우리가 실천해야 할 네 요소 IDEA가 있다. 그중 I-설명과 D-모범은 리더의 일이고 E-경험과 A-평가는 팀원의 일이다.

I - Instruction(설명)

리더는 토론 과정에서 통찰한 바를 직접 말로 설명해야 한다. 여기서 팀원들은 "목적"과 "목표"를 깨닫게 된다. 상호작용이 이루어질 수 있는 장소는 교육장을 포함해 학습 과정의 목표를 잘 보여 줄 수 있는 곳이면 어디든 괜찮다. 그리고 개념을 한눈에 보여 주는 이미지나 은유법 또는 기억에 남을 만한 글귀를 활용해 보자. **사람들은 말로 하는 상호작용이 필요하다.**

D - Demonstration(모범)

리더는 실제 업무에서 통찰이 어떻게 드러나는지 팀원들에게 보여 줄 방법을 강구해야 한다. 이를 통해 팀원들은 자신감을 얻고 비전을 보유할 수 있다. 리더의 모범적인 모습을 본다는 것은 팀원 스스로 배워야 할 관념을 직접 혹은 영상을 통해 관찰하는 것만큼 간단한 과정일 수 있다. 사람은 자신이 보는 대로 행동하기 때문에 이 단계는 중요하다. **사람들은 관찰이 필요하다.**

E - Experience(경험)

리더는 팀원들에게 자율성을 부여해
스스로 통찰하고 지식을 적용해 볼
수 있도록 해야 한다. 그러면서 팀원

당신은 어떻게 이러한
요소들을 창의적으로
실행에 옮길 수 있는가?

들은 기술과 능력을 쌓는다. 배움은 혼자 힘으로 해볼 때까지 완
성되지 않는다. 이 과정에서 이론은 실제가 된다. 오늘날 팀원들
의 경험이 부족하다면, 그것은 완벽하게 수행해야 한다는 두려
움 때문일 것이다. **사람들은 경험이 필요하다.**

A - Assessment(평가)

리더는 팀원들의 학습 결과를 그때그때 보고 받고 평가하는 시
간을 마련해야 한다. 이 과정에서 팀원들은 지혜와 균형 잡힌 관
점을 얻을 수 있다. 나는 경험이 최고의 스승이라고 생각하지 않
는다. 최고의 스승은 경험 그리고 경험에 대한 피드백이다. 리더
가 시간을 내어 팀원들이 스스로 실행한 일들을 평가해 주어야
만 팀원들은 유익한 시각을 얻을 수 있다. **사람들은 평가가 필요
하다.**

숀 미첼Shawn Mitchell 덕택에 나는 열일곱 살 때부터 꾸준히 강연을
해오고 있다. 숀은 1977년에 샌디에이고에서 아이들을 대상으로 봉
사활동을 시작했고, 고등학생이었던 나에게 지원을 요청해 왔다(당시
나는 봉사 대상 아이들과 같은 10대 또래였다). 금요일 밤만 되면 인생의 진
리가 담긴 훌륭한 영화를 보여 준 뒤 숀은 무대 위로 올라가 영화에

나온 메시지와 이것을 삶에 어떻게 적용해야 하는지를 이야기했다. 제자였던 나는 강의실을 정리하고 숀에게 물을 가져다주며 세심하게 그를 도왔다. 매주 열정적으로 청중의 이목을 끌며 강연 후반부에 가서는 실용적인 행동 지침까지 알려주는 모습을 지켜보았다. 그는 그때도 그랬고 지금도 여전히 에너지를 뿜어내는 소통가다.

봉사활동을 한 지 몇 주가 지난 어느 금요일이었다. 숀은 무대 뒤에서 목이 쉰 듯한 목소리로 속삭이다시피 말했다. "팀, 오늘 밤에 내가 말을 못할 것 같아. 목에 문제가 있나 봐. 그래서 말인데, 오늘밤 나 대신 강연을 해줘야겠어." 나는 눈을 동그랗게 뜨고 대답했다. "숀, 저는 강연자가 아니잖아요. 제가 물 한 잔 떠다 드릴게요!"

하지만 안타깝게도 가장 그럴 듯한 대안은 나였다. 하는 수 없이 그의 강연 노트를 빠르게 훑었고 그날 밤 인생 최초로 수많은 청중 앞에서 강연을 했다. 동기 부여를 주제로 강연을 어떻게든 진행해 나가는 동안, 무릎이 후들거리고 몸이 벌벌 떨리며 말이 떠듬떠듬 나왔던 것 같다. 하지만 결국 그 일을 해냈다. 그 뒤로 숀은 나를 꼭 안아주며 내 실력을 확신했다. "팀, 아주 훌륭했어. 이제부터는 번갈아 가면서 하는 거야. 내가 한 주 하면 너는 그 다음 주를 맡는 거지." 숀 덕분에 나는 40년이 넘는 세월 동안 수많은 청중 앞에서 강연을 해오고 있다.

친구이자 지난 시절 멘토였던 숀에 대해 가장 좋아하는 모습이 있다. 몇 년 전 우리는 저녁 식사를 함께하며 금요일 밤마다 했던 활동을 추억했다. 나의 첫 야간 연설을 떠올리며 얘기하는데, 숀은 아래쪽만 응시하고 내 눈을 제대로 마주치지 못하는 것이었다. 무슨 일이 있느냐는 물음에 그는 고개를 들어 멋쩍은 듯 웃으며 말했다. "팀, 사실은 고백할 게 있는데." 잠시 말을 멈추더니 다시 이어갔다. "그날 밤 후두염에 걸린 거 아니었고 멀쩡했어. 근데 강연을 시켜 보려면 떠오르는 방법이 그것뿐이더라고. 내가 말을 할 수 있다는 사실을 네가 알았더라면, 네가 그걸 해낼 일도 없었을 거야."

순간 나는 웃어야 할지 고마워해야 할지 몰랐다. 다만 좋았던 것은 그날 밤 숀의 목표가 가장 유능한 강연자를 무대 위로 올려 보내는 것이 아니었다는 사실이었다. 만약 그것이 목표였다면 본인이 직접 강의를 하지 않았을까. 그의 목표는 자신의 실력을 증명해 보이는 젊은 리더를 육성하는 것이었다. 보이는 리더에서 보이지 않는 리더가 되는 것이었다고도 말할 수 있겠다.

"나에게는 꿈이 있습니다"

1963년 8월, 마틴 루서 킹 박사의 17분짜리 연설 "나에게는 꿈이 있습니다."는 놀라운 역설을 보여 준다. 이 연설은 에이브러햄 링컨Abraham Lincoln이 노예해방선언을 한 지 100년이 지난 시점인 워싱턴 대행진 때의 일이며 전하고자 하는 메시지는 "우리는 아직 완전히 해방되지 않았습니다."였다.

킹은 남아야 할 때와 떠나야 할 때를 잘 알고 있었다. 그날 10명의 연설 예정자가 대부분 아침 시간대를 원했지만, 청중들은 8월의 뜨거운 열기 속에서도 기운이 넘쳤다. 그는 그저 가능한 시간대에 배치해 달라고 했고 마지막 순서로 정해졌다. 대본 분량으로 치면 연설이 11분은 소요될 것으로 보였다. 그는 수많은 대중 앞에서 논란의 시대를 주제로 이야기할 예정이었으므로 절제된 연설이 되어야 할 것 같다고 생각했다. 그래서 잔고 부족으로 되돌아온 미국의 "불량 수표" 이야기°를 꺼내기로 마음먹었다. 하지만 연설이 끝날 즈음 청중들이 깨달음의 순간을 갖지 못했음을 직감했다. 대본에서 고개를 들어 군중의 마음을 읽고 있던 바로 그때, 가수 마할리아 잭슨Mahalia Jackson이 "사람들에게 그 꿈을 이야기해 주세요, 마틴!"이라고 외치는 것이었다. 마할리아 잭슨은 그래미상을 수상한 복음성가 가수로 그날 앞 순서에 노래를 불렀다. 잭슨이 외친 것은, 마틴이 언젠가 디트로이트에서 했던 평등의 꿈에 관한 연설 내용이었다.

킹의 고문이었던 클래런스 존스Clarence Jones는 이렇게 말했다. "킹은 자신이 준비했던 연설문 종이를 연단 왼쪽으로 밀어 둔 뒤 연단을 꽉 부여잡고는 그곳에 집결한 25만 명 이상의 군중을 바라보았습니다." 존스는 옆에 앉은 사람을 돌아보며 이렇게 말했다고 한다. "여기 나와 있는 사람들은 지금은 아닐 수 있지만 곧 그를 따르게 될 겁니다."

킹은 사람들이 보이는 리더를 원하는지 혹은 보이지 않는 리더를 원하는지 그 마음을 항상 읽고 있었는데, 그 시점에서는 아직 보이는

° 자유와 평등이라는 미국의 건국이념이 지켜지지 않는다는 것을 비유적으로 표현한 이야기다.

리더여야 함을 깨달았다. 사람들은 여전히 가시적인 리더를 필요로
했다.

즉석에서 킹은 6분 30초 동안(총 연설 시간은 17분 30초였다.) 열정을
다해 자신의 꿈을 그려 나갔다. 은유적 표현을 사용하며 청중들의 마
음을 움직이고 미래의 비전을 제시했다. 청중들이 신성한 깨달음을
얻은 것에 만족감을 느낀 순간 그는 "마침내 자유가, 마침내 자유가!
전지전능하신 하나님 감사합니다. 저는 비로소 자유로워졌습니다."
라고 소리쳤다. 그리고 단상에서 재빨리 걸어 나갔다. 보이는 리더에
서 다시, 보이지 않는 리더가 되었다.

보이는 리더십과 보이지 않는 리더십의 역설 한눈에 보기

리더가 보이는 리더십을 발휘할 때	리더가 보이지 않는 리더십을 발휘할 때
본보기로서 사람들에게 동기 부여를 한다.	사람들에게 권한을 넘겨준다.
사람들은 그 리더십을 보며 자신감을 키운다.	사람들은 자신의 능력에 대해 자신감을 키운다.
사람들의 본보기가 된다.	사람들의 멘토가 된다.
사람들은 리더를 신뢰하기 시작한다.	사람들은 스스로를 믿기 시작한다.
사람들에게 모범을 보인다.	사람들에게 경험을 제공한다.

– 보이는 리더십과 보이지 않는 리더십의 균형 잡기 실천법 –

1. 핵심 가치를 검토하고 리더로서 핵심 가치를 실행할 수 있는 세 단계를 정하라. 그 다음 핵심 가치가 실제로 어떻게 나타나는지 직접 행동으로 보이자. 그리고 이것을 자주 실천하자.

2. 팀원들의 미흡한 부분에 주목하라. 팀원들이 부족한 점을 극복하고 핵심 가치를 구현할 수 있도록 행동 대책을 세우고 직접 모범을 보여라.

3. 보이는 리더십을 행사해야 하는 가장 중요한 영역이 어디일까를 고민하고 그곳에 집중하라. 사명을 빠르게 실현시키려면 어떤 것에 중점을 두어야 하는가? 어떤 방법으로 귀감이 될 수 있는가?

4. 말과 행동을 혼동해서는 안 된다. 핵심 메시지를 전달할 때 "말"만 해서는 안 되고 "행동"을 보이고 말을 해야 한다.

5. 더 높은 수준의 리더십으로 도약할 필요가 있는 팀원이 누구인지 식별하자. 이에 대해 당사자와 논의한 다음부터는 회의에 모습을 드러내지 말자. 그래야 그들이 혼자 힘으로 다음 단계를 밟아 나갈 수 있다.

6. 스스로 자신 있고 또 놓고 싶지 않은 분야에서 어떻게 "보이는 리더"에서 "보이지 않는 리더"가 될 수 있을지 방법을 모색하라. 본인이 차지하고 싶은 영역을 다른 사람들에게 넘겨주려면 어떻게 해야 하는가?

7. 보이지 않는 리더십으로 전환하는 데 방해되는 요소를 멘토와 만나 상의하라. 자존심 때문인가? 두려움 때문인가? 아니면 완강한 태도 때문인가? 혹시 습관의 노예는 아닐지 돌아보라.

8. 앞서 제시한 "IDEA"를 익히고 설명(I), 모범(D), 경험(E), 평가(A) 각 요소를 구현하기 위해 밟아야 할 단계들을 쭉 나열해 보자. 그리고 실행에 옮겨라.

● Check List ●

- 보이는 리더십과 보이지 않는 리더십을 조화롭게 행하는 리더를 알고 있습니까? 그들은 어떻게 균형을 유지합니까?
- 당신은 보이는 리더십과 보이지 않는 리더십 중 어떤 것 때문에 난항을 겪고 있습니까?
- 팀원들에게 동기 부여를 하기 위해 당신은 어떤 부분에서 행동보다 말을 더 많이 해야 한다고 생각합니까?
- 잠재력 있는 리더를 양성하고 그 사람에게 당신의 길을 내어주기 위해 어떤 점을 개선해야 합니까?

뚝심과 수용

대쪽 같으면서도 유연하다는 것

무엇을 해야 할지 물을 것이 아니라
우리가 왜 존재하는지부터 숙고하라.

– 트루엣 캐시

1997년 애틀랜타로 이사 갔을 때 칙필레 창업자 트루엣 캐시Samuel Truett Cathy를 만났다. 칙필레 본사에서 처음으로 칙필레 샌드위치를 먹은 후 그와 악수를 나누었는데 그는 마치 애틀랜타 시장인 것처럼 웃어 보이며 그곳에 온 나를 기쁘게 맞아 주었다. 그렇게 15년 동안 독특한 리더십의 모범을 보이는 그를 지켜보았으며, 아흔 살 생일 파티에 참석하는 영광도 누렸다. 파티는 성대했다.

트루엣 캐시는 생애에 여섯 권의 책을 집필하고 수많은 상을 받았으며 백악관에서 대통령도 만나고 TV 출연도 했다. 그리고 2014년 9월 8일 세상을 뜨기 직전까지, 연 60억 달러 가까이 벌어들이며 빠르게 성장하던 개인 소유의 외식 기업을 운영했다. 2020년 칙필레 체인점은 이익 성장률이 54%를 기록했다고 발표했다. 놀랍게도 칙필레의 총매출은 트루엣이 은퇴한 이후에도 2배나 증가했다.

결코 변하지 않으나 계속 변화하고 있다

트루엣의 어린 시절을 아는 이라면 그가 이렇게 성공하리라고는 아무도 예상하지 못했을 것이다. 그는 초등학생 때 아버지를 여의었다. 10대 시절 내내 대공황을 경험했으며 제2차 세계대전 당시 1941년부터 1945년까지 미군에 복무했다. 사람들의 기억 속에 트루엣 캐시는 칙필레 창업자이지만, 1946년에는 동생과 함께 드워프그릴이라는 작은 식당을 차리기 위해 자신의 자동차를 팔아야 하는 상황이었다. 머지않아 형제 벤Ben과 호레이스Horace가 비행기 추락 사고로 숨지기도 했다. 이후 그는 10년 동안 식당 한 곳을 운영하면서 치킨 레시피와 비전, 가치관을 조금씩 변경하며 개선했고 자신의 식당이 프랜차이즈가 된다면 어떻게 확장시켜야 할지도 고민했다.

훗날 트루엣은, 어떤 격랑을 헤쳐 나가야 하는지 일찍부터 알고 있었더라면 다시 일어서지 못했을 것 같다고 터놓았다. 하지만 장애물과 실패는 모두 교훈이 되었다. 각각의 사건을 겪은 뒤 그는 상황에 적응하는 법과 옳다고 믿는 일을 밀고 나가는 법을 깨쳤고 실패를 꺼린다면 성공할 준비가 되어 있지 않은 것이라 믿었다. 지난날을 돌이켜 볼 때 자신에게 무슨 일이 닥칠지 몰랐던 것을 다행으로 여기기도 했다. 겨우 스물다섯 살이었던 그는 앞날을 모르기에 삶을 적극적으로, 하루하루를 충실하게 살아갈 수 있었기 때문이다. 따라서 그는 누구도 해본 적 없는 일들을 거듭 시도했다. 자신만의 개성 있는 치킨 샌드위치를 만들고 치킨 레스토랑을 쇼핑몰에 입점시키는 것과 같은 일들 말이다.

수년에 걸쳐 나는 트루엣의 모습에서 서로 역설적인 특징 두 가지를 발견했다. 그는 극히 중요하게 여기는 이상에는 뚝심을 지키면서도, 문화적 요구와 시대적 요구를 따라잡고 성장하는 일에 있어서는 적응하고 수용하는 태도의 본보기를 보였다.

> 고집이 센 리더는
> 뒤꿈치를 땅에 박고
> 버티는 황소와 같으며,
> 지나치게 개방적인
> 리더는 롤러스케이트를
> 탄 문어와 같다.

결코 변하지 않았지만 항상 변화하고 있었던 것이다. 역설로 들리지 않는가. 아마 여덟 가지 역설 중 가장 어려운 것일지도 모른다. 강력한 의지 없이 리더는 절대로 목표에 도달할 수 없다. 완강한 의지가 없다면 장애물이 그들을 가로 막아설 것이기 때문이다. 한편 모험을 시작하는 초반에 모든 답을 알고 있어야 한다고 생각하는 리더도 있을 수 있는데, 이는 잘 몰라서 하는 소리다. 리더는 반드시 조언의 목소리에 귀를 열어야 한다. 그래야 변화하는 현실에 유연하게 대처할 수 있다. 듀크 대학의 농구감독 마이크 시셰프스키Mike Krzyzewski는 이를 잘 표현했다. "리더가 된다는 것의 가장 흥미로운 사실은, 핵심 원칙을 변함없이 잘 유지하면서도 조정해 나가야 할 것이 무엇인지 알고 그 방법을 터득하는 일이다."

고집과 불굴의 의지 때문에 새로운 것을 수용하지 못하는 리더들이 전 세계에 무수히 많다. 이들은 어떤 이유에도 꿈쩍하지 않으며 어떤 논쟁에도 생각을 바꾸지 않는다. 리더의 이런 성격은 팀에 득이 될 수도 실이 될 수도 있다. 그들은 예측 가능한 사람이기는 하지만 팀원들은 아이디어를 낼 때마다 적당한 타이밍과 눈치를 살펴야 하고 리더의 의지와 자존심에 장단을 맞춰 가며 일해야 한다.

반면 정반대의 문제점을 드러내는 리더도 있다. 지나치게 개방적인 리더도 숱하게 많은데, 팀원들 눈에 이들은 매년 새로운 동향에 따라 그때그때 생각을 바꾸는 것처럼 보이기에 "하나의 아이디어에 진득하게 집중하는 법이 없어요. 상사는 유행을 좇기에 바빠요."라는 평을 듣기 일쑤다. 새로운 프로그램, 신선한 아이디어 이런 것들 말이다. 팀원들은 이달의 동향은 또 무엇일지 끊임없이 고민한다.

그렇다면 리더가 강한 의지와 열린 마음을 동시에 지니려면 어떻게 해야 할까?

강한 의지와 열린 마음

서로 상충되어 보일 수 있는 두 가지 특징을 트루엣 캐시는 삶에서 어떻게 균형을 잡았는지 살펴보자.

트루엣은 어떤 부분에서 확고할지를 확실히 정했고 여기에 자신감이 있었다. 트루엣의 아들이자 칙필레의 현 CEO인 댄 캐시Dan Cathy는 나에게 이렇게 말했다. "사람들을 다룰 때 아버지는 역설적 태도의 전형을 보이셨습니다. 굉장히 자애롭고 너그러운 분이셨지만 아니다 싶을 때는, 알고 계시는 바 그대로입니다."

수년 전 칙필레 임원들은 한 자리에 모여 메뉴와 재료들을 어떻게 조금 더 새롭게 발전시킬지 협의했다. 토론 중에 많은 아이디어가 쏟아졌지만 끝에는 긴 침묵만이 남았다. 그들은 트루엣 회장이 테이블 끝에 앉아 고개를 숙이며 안건에 대해 숙고하는 모습을 쳐다보았다. 그러다 트루엣 회장은 고개를 들더니 "설마 내 치킨 샌드위치를 바꾸려는 건 아니겠지?"라고 날카롭게 물었다. 무슨 말이 더 필요할까. 독창적인 그 치킨 샌드위치는 지금까지도 매년 칙필레에서 가장 잘 팔리는 두 메뉴 중 하나인 것을.

트루엣이 최초의 개인 식당을 운영하던 시기에 애틀랜타에서는 시민권 운동이 불거졌고 대부분 식당은 백인 손님을 대상으로만 운영하고 있었다. 그 무렵 남부 지역에서는 흔한 광경이었다. 하지만 그는 모든 인종의 손님에게 음식을 제공하고 싶었기 때문에 아프리카계 미국인 손님들을 옆문으로 출입하게 해 그곳에서 음식을 제공해 주었다. 한편 백인 손님들은 정문으로 들어와 식사를 즐겼다. 그러나 시간이 갈수록 이 행동에 위선을 느꼈고 모든 손님을 정문으로 입장하게 하여 다 함께 음식을 즐기도록 했다. 트루엣식 "융합"이었다. 흑인 손님들이 머뭇거리며 가게로 들어오자 몇몇 백인 손님은 자리를 박차고 일어서 나가 버릴 때도 있었다. 흥미롭게도 그는 그 손님들을 따라가서는 "그렇게 행동하시는 건 우리 가게의 원칙이 아닙니다. 다시 돌아오셔서 평화 속에서 같이 음식을 즐겨 봅시다."라고 말했다. 백인 손님들은 그의 말을 따랐다. 보다시피 트루엣은 시대를 앞서가는 인물이었다.

트루엣 캐시의 강한 의지는 보통 양적이 아닌 질적인 부분에 집중되었다. 트루엣의 리더십을 상징적으로 보여 주는 일화는 수년 전으로 거슬러 올라간다. 당시 칙필레의 대표 경쟁사 보스턴마켓이 빠르게 성장 중이었는데, 이들의 사업 확장 속도는 칙필레 지원본부에 반향을 일으켰다. 임원들은 칙필레와 보스턴마켓의 성장률을 비교해 보고는 칙필레의 성장이 더 크고 빨라져야 할 필요성을 절감했다. 회의에서 많은 대화가 오갔음에도 임원들은 트루엣 회장이 침묵으로 일관하고 있는 것을 보았다. 그가 성장을 원하는 것은 모두가 알고 있는 사실이었기에 침묵은 의아하게 느껴졌다. 임원 중 한 명이 생각을 묻자 트루엣은 마크 트웨인스러운 현명한 대답을 내놓았다. "양적 성장에 관한 이야기는 식상합니다. 질적 성장에 관해 논의하고 싶군요. 우리가 더 나아진다면 고객들은 분명 우리를 더 크게 성장시켜 줄 겁니다."

역설의 또 다른 예는 일요일 휴무를 유지하는 트루엣의 가치관에서 볼 수 있다. 퀵서비스 레스토랑의 매출이 높은 요일 중 하나가 일요일인데, 하필 일요일에 문을 닫고 경쟁 기업에게 매출을 양보한다는 사실은 말이 안 되는 것처럼 보일 수도 있다. 그러나 트루엣은 모든 임직원이 가족들과 함께하는 휴식의 날과 예배의 날을 즐길 자격이 있다고 굳건히 믿었다. 테네시주에 있는 어느 칙필레 지점 운영자가 매출을 높일 수 있는 기회를 뿌리칠 수 없었던 나머지 일요일에도 문을 열기로 결정했는데, 트루엣은 이 소식을 듣고는 그 지점으로 직접 차를 몰고 가서 운영자를 해고했다. 일요일 휴일은 그에게 철칙이었던 것이다. 자신의 원칙에 엄격했던 만큼 성과도 좋았을까? 당연히 그랬다. 평균적으로 맥도날드는 주 7일 영업하면서 연 260만 달러의 수익을 올리는 데 반해, 칙필레는 주 6일만 영업하고도 약 420만 달러의 수익을 낸다. 칙필레의 매장당 연수익은 맥도날드와 스타벅스, 서브웨이를 합친 금액보다 더 많다.[1] 일요일 휴무를 향한 트루엣의 완강한 믿음은 사업에도 주효했다. 직원을 아끼고 희소성을 만들어 낼 때 더 많은 매출을 발생시킬 수 있었다.

한편 트루엣의 열린 마음은 자신이 완고함을 보였던 부분을 성장시키는 데 주로 집중되었다. 돈에 관한 일화들을 들여다보자. 그는 억만장자였음에도 불구하고 여행 렌터카를 빌릴 때 고작 5달러 가격 차이를 놓고 따져 보기를 좋아했고 경매에 나온 엔틱자동차 가격을 협상하기도 잘했다. 왜 그랬을까? 자신의 돈이 어떻게 쓰이는지 관심이 많았기 때문이다. 하지만 동시에 그는 직원들을 사랑하는 마음에, 5층 높이의 아트리움과 유리 엘리베이터가 있는 애틀랜타 본사 건물을 짓는 데 과감히 돈을 지출했다. 가격표를 꼼꼼히 살펴볼 때가 있었던 한편 어떤 때는 돈에 무관심한 것처럼 보였다. 그러나 실제로 그는 검소했지만 인색하지는 않았다. 본인이 가치 있다고 생각하는 부분이 무엇인지 잘 알고 있었는데, 그것은 궁극적으로 칙필레 직원들이었다. 그는 자신이 깊이 아끼는 부분에는 기꺼이 돈을 지출했다. 돈을 썼고 사람들을 사랑했지 그 반대가 아니었다.

어린 시절 댄 캐시는 아버지 트루엣이 칙필레의 전신前身인 드워프그릴의 야간 매니저 찰리와 대화하던 장면을 기억한다. 찰리에게 심상치 않은 일이 생긴 것 같았고 당시 트루엣은 찰리를 많이 신뢰하고 있었다. 후에 트루엣은 아들 댄을 드워프그릴 주차장으로 데려가서는 지붕을 올려다보았다. 그러고는 10대 아들 댄에게 사다리를 타고 지붕으로 올라가 그 위에 있는 것을 확인해 보라고 했다. 댄은 지붕 위로 올라갔고 그곳에 수십 개의 빈 맥주 캔을 발견했다. 찰리는 알코올 중독자였으며 아무도 모를 것이라 생각하고 맥주 캔을 지붕 위

에 던지곤 했던 것이다. 댄은 사다리에서 내려와 생각했다. '흠, 이제 찰리는 끝났군.'

그러나 나중에 아버지가 찰리를 해고하지 않았다는 사실을 알게 되었다. 그 대신 아버지는 개인적으로 찰리를 익명의 알코올 중독자들이 모여 중독을 치료하는 A.A 모임에 데려가 금주의 길을 걷게 했다. 그 후 찰리는 은퇴할 때까지 같은 매장에서 일했다. 이처럼 트루엣 캐시는 사람을 믿었고 그 사람에게 필요한 것을 베풀며 자신의 마음을 증명해 보였다. 주일학교에서 일요일마다 6학년 소년들을 가르치기도 했고 나중에는 학비가 필요한 학생들에게 장학금도 지급했다. 아이들과 가족들을 위한 윈셰이프재단도 설립했다. 그는 자선 사업이 패스트푸드 산업에서 흔해지기 전부터 비즈니스 모델의 선두로 내세웠다. 칙필레는 창립 이래로 교육을 비롯한 자선 활동에 7500만 달러 이상을 기부했다고 전해진다.[2]

트루엣의 이러한 접근은 '기회를 절대 놓쳐선 안 된다.'라는 믿음에 근거한다. 그는 자신의 핵심 신념에 강경하면서도 '기회는 늘 계획할 수 없지만 반드시 활용해야 한다.'라는 투철한 믿음 때문에 열린 마음도 유지했다. 기회는 종종 은밀히 다가오며 융통성과 수용력 있는 사람만이 기회를 살릴 수 있는 법이다. 트루엣은 이 같은 통찰을 기반으로 자신만의 이색적인 치킨 샌드위치를 개발했다.

1960년대 초반 트루엣은 애틀랜타 공항 근처에서 드워프그릴 식당을 운영하고 있었다. 치킨 메뉴를 추가할까도 고민해 봤지만 점심을 빠르게 먹으려는 고객들이 먹기에는 너무 오래 걸리는 메뉴라고 생각했다. 그 지역의 어느 가금류 공급업체에서는 항공사 기내식

용의 작고 뼈 없는 닭가슴살을 만들었는데, 기내식 쟁반 크기에 맞지 않은 탓에 여분의 닭가슴살이 상당수 남았었다. 그 업체는 트루엣에게 닭가슴살을 괜찮은 가격에 제공했고 이 덕에 트루엣은 메뉴를 실험해 볼 기회를 얻었다. 그는 다양한 방법을 시도한 뒤 고객들에게 피드백을 구했다. 실험 메뉴 중 하나는 버터 바른 구운 빵에 빵가루를 살짝 입힌 닭가슴살과 두 개의 피클을 얹은 것이었다. 고객들은 "바로 이거예요!"라며 입을 모아 칭찬했다. 이 메뉴는 대박이 났다.[3]

1982년 회계연도에 다른 많은 기업도 힘든 시기였지만 칙필레도 경기 침체로 난항을 겪었다. 그해 칙필레는 예산보다 백만 달러를 더 지출했다. 경영진은 한 발 뒤로 물러나 무엇을 해야 할지 고민해 보기로 했다. 그러나 트루엣은 경영진에게 "무엇을" 해야 하는지를 물을 것이 아니라 "왜" 우리가 존재하는지부터 숙고해야 한다고 말했다. 이 어려운 시기는 그들로 하여금 "왜"에 대한 답을 알아낼 수밖에 없도록 하는 기회로 작용했다. 경영 저술가 사이먼 시넥Simon Sinek이 우리에게 그러한 가르침을 주기 한참 전의 일이었다. 믿기 힘들 수도 있겠지만 이러한 접근법은 모든 이의 의욕을 불태웠다. "왜"라는 질문은 치킨 판매에 대한 것이 전혀 아니었다. 경영진은 다음과 같은 기업 목적선언문을 제시했다. "우리에게 맡겨진 모든 일의 신실한 청지기가 되어 하나님을 찬양하고, 칙필레와 관련된 모든 사람에게 긍정적인 영향을 주자." 이듬해 직원들의 에너지와 집중력, 사기는 더 강해졌으며 수익도 뒤따랐다.

트루엣은 강경한 태도와 부드러운 태도를 동시에 취할 수 있다고 믿었다. 하지만 실제로는 둘 중 하나만 선택하는 리더가 너무 많다.

"강경한 태도"로 더 높은 수익을 얻기 위해 강압적으로 밀어붙이며 경영하는 것과 "부드러운 태도"로 더 나은 결과를 희망하며 인도적으로 경영하는 것을 초월하는 제3의 대안, 즉 강경하고도 부드러운 태도도 가능한데 말이다. 트루엣은 회사 가치를 명확히 제시하고 두 태도를 균형 있게 갖춘다면, 그 범위 안에서 직원들을 잘 위할 수 있으리라 믿었다. 그에게 모든 직원은 그들의 일보다 중요했다. 하지만 회사의 미션보다 중요한 직원은 없었다.

트루엣 캐시는 자신의 체인점에서 맛있는 음식뿐만 아니라 훌륭한 서비스까지 제공하기로 결정했다. 패스트푸드를 사먹는 이유가 빨리 먹을 수 있어서이지 서비스를 누리고 싶어서는 아니지 않느냐며 트루엣의 이런 결정에 의문을 가지는 사람도 수두룩했다. 하지만 그와 그의 아들 댄은 그것이 올바른 접근임을 확신했다. 그들은 이를 두고 기대 이상의 친절한 서비스라는 뜻으로 "세컨마일 서비스"라 불렀다. 어느 해 칙필레의 연례 세미나에서 트루엣은 "도움을 드릴 수 있어 영광입니다(It's my pleasure)."라는 짧은 표현을 소개했다. 오늘날 이 짧은 문구는 칙필레의 대명사가 되었지만 실제로 회사의 언어로 정착시키는 데는 10년 가까이 걸렸다. 왜 그렇게 오래 걸렸을까? 트루엣은 이 말을 직원들에게 "강경하게" 요구하지 않았기 때문이다. 오늘날 그 한마디가 칙필레의 표준이 될 때까지 그저 매년 그 이야기를 반복적으로 꺼내면서 매장 운영자와 직원들이 그 말을 사용하게끔 격려했다.

한편 트루엣은 절대로 사업이 자기 자신보다 더 많이 성장하도록 내버려 두지 않았다. 시간이 흐르면서 창업자 트루엣은 자신의 식당 브랜드와 메뉴를 프랜차이즈화하기 시작했고 더 나아가 관대함을 보이며 의사결정 과정을 기꺼이 공유했다. 신뢰할 수 있는 리더 그룹을 조직했는데 그 이후로 붙들고 있었던 아집을 차츰 내려놓기 시작했다. 그가 의견이 분명한 사람이라는 것을 잘 알고 있던 주변인들은 레스토랑의 미래에 이로운 변화를 위해 뜻을 굽힐 줄 아는 트루엣의 모습을 보면서 놀라움을 감추지 못했다. 성장과 발전은 그가 평소 견지하던 입장마저 앞질렀다.

댄은 나에게 이렇게 말했다. "저는 아버지가 사업과 함께 성장해 나가는 모습을 지켜보았습니다. 아버지는 첫 레스토랑을 차리기 위해 스물다섯 살 때 자동차를 팔아 자금을 마련하셨고 점차 수십억 달러 규모의 사업까지 구축하셨는데, 이 과정에서 사업이 자신보다 더 많이 성장하는 것을 두고 보지 않으셨습니다." 그러면서도 댄에 따르면 트루엣 자체가 브랜드 개선이나 성장에 걸림돌이 된 적은 한 번도 없었다고 한다.

다음의 사례도 살펴보자. 92세가 된 트루엣은 애틀랜타 남쪽에서 트루엣의 루아우라는 새로운 레스토랑을 개업했다. 레스토랑의 모든 장식은 고령이었던 트루엣이 손수 고른 것이었다. 루아우의 분위기는 칙필레 퀵서비스 레스토랑과는 사뭇 달랐다. 하와이안 음악이 흘러나오고 신선한 채소, 새우, 마히마히, 폴리네시안풍 음식이 제공되어 마치 하와이에 있는 듯한 느낌을 선사했다.

사람은 언제나 진심에 반응한다

강경한 리더가 권위를 얻으려면 팀원들의 의견에 관심을 보여야 한다. 리더가 어떤 방향을 선택해야 하는지 몰라서가 아니라, 아이디어의 출처에 상관없이 최고의 아이디어가 살아남아야 하기 때문이다. 리더는 앞으로 나아가야 할 길을 알고 있지만 동시에 팀원들의 말도 경청해야 한다. 그래야 팀원들이 스스로 존중받는다고 느끼고 리더가 자신의 여정에 동행할 것이라고 믿는다. 조직에는 리더와 함께 해결해 가야 할 과제가 있다.

마이클 에브라소프Michael Abrashoff는 1997년 USS벤폴드호의 함장이었다. 그가 지휘를 맡을 당시 벤폴드호는 태평양 함대에서 최악의 군함이었다. 병사들은 떠나는 마이클 이전의 함장에게 야유와 조소를 퍼부었다. 그들은 "명령하고 통제하는" 그의 리더십 스타일을 싫어했다. 그것은 권력 과시였지 리더십이 아니었다. 마이클은 이전 함장의 리더십과는 다른 방식으로 병사들을 이끌어야 한다는 사실을 알고 있었고 실제로도 그렇게 했다.

마이클의 리더십은 분명하고 강력했다. 그는 병사들에게 "해군 최고의 함선"을 만들고 싶다고 밝혔다. 따라서 그는 210명의 병사와 일대일 면담부터 진행해 한 명씩 알아 갔고 그들의 말을 귀담아 들었다. 그의 리더십은 대부분 젊은 남녀 병사들의 아이디어로부터 나왔다. 이를테면 어느 날 병사들이 함정에 페인트칠을 하고 있었는데, 한 젊은 병사가 마이클 함장에게 자유롭게 의견을 개진할 수 있게 해달라고 허락을 구했다. 마이클이 고개를 끄덕이자 병사는 이렇게 물었다.

"함장님, 스테인리스 스틸을 혹시 들어 보셨습니까?" 마이클이 어리둥절한 표정을 지었다. "저희가 함선에 페인트칠을 이렇게 자주 해야 하는 이유는 볼트와 너트가 녹슬었기 때문입니다. 녹슬지 않는 금속을 찾는다면 훈련에 더 많은 시간을 투자할 수 있습니다." 다음 항구에서 마이클은 신용카드로 무장한 팀을 육지로 보내 스테인리스 스틸 볼트를 사게 했다. 지금은 해군 전체가 스테인리스 스틸을 사용하고 있다.

마이클은 병사들의 아이디어를 활용할 때면 구내방송을 통해 감사 인사를 전했다. 병사들은 그의 리더십을 믿었고 사명을 마음 깊이 새겼다. 그러자 사격 훈련에서 신기록이 나오기 시작했다. 사람들에게 뚜렷한 방향성을 제시하고 진실된 반응을 보여 주는 역설의 조합이 필요했던 것이다. 그로부터 1년 후 마이클은 함선을 180도 바꿔 놓았다. USS벤폴드호는 꼴등에서 일등으로 도약하면서 태평양에서 가장 뛰어난 실력을 발휘하는 함대에게 주는 모두가 탐내는 스포캔상을 수상했다.[4]

불굴의 의지와 배움의 자세를 갖춘 해군 함장의 사례에서 무엇을 발견했는가? 의지가 완강하다는 것은 목표에 도달할 가능성이 있음을 의미한다. 더불어 마음이 열려 있다는 것은 다른 리더들과 함께 나아갈 가능성이 있음을 뜻한다.

딜레마 극복에 필요한 다섯 가지 전략

완강한 의지와 열린 마음, 이 두 가지의 균형을 잡기는 쉽지 않다. 그러나 이를 해내는 리더야말로 굉장히 특별하고 매력적인 사람으로 보인다. 이러한 딜레마를 극복한다면 인재들을 끌어당길 수 있다. 그렇다면 이제부터는 최고의 리더십을 발휘하던 시절의 나의 모습과 이 딜레마에서 아주 잘 벗어난 비상한 리더들을 관찰하면서 알아낸 다섯 가지 전략을 소개하겠다.

전략 1. 원칙에 입각해 리더십을 발휘하라

나는 1983년 존 맥스웰의 리더십 팀 직원으로 합류했을 때 원칙 중심의 리더 밑에서 일하기 시작했다. 존은 자신의 행동을 이끄는 한결같은 원칙을 기반으로 결정을 내리는 리더였다. 여기서 원칙은 매 순간 적용할 수 있고 더 나은 결과를 가져다주는 이상이나 진실을 의미한다.

예를 들어 존은 각 팀원에게 직위에 맞는 권한을 줄 수는 있지만 영향력은 개인이 알아서 얻어야 한다고 일렀다. 공개적으로는 우리를 지지해도 개인적으로는 냉정한 시선으로 지켜보았던 것이다. 그는 지나치다 싶을 정도로 늘 관대함을 베풀며 팀원들의 가능성을 믿었다. 그러면서도 일하는 방법을 알려주는 대신 목표에 의한 관리를 했다. 이제 존이 어떤 사람이었는지 감을 잡았을 것이다. 나에게는 존 맥스웰의 베스트셀러 저서 『리더십 불변의 법칙(The 21 Irrefutable Laws of Leadership)』에 제시된 내용이 전부 익숙하게 다가왔다. 그가 수년간 지켜 왔던 법칙인 까닭이다. 원칙 중심 리더십의 이점은 다양한데 우선 리더는 문제가 발생한 초기에 성급하게 반응하지 않을 수 있다. 더불어 다른 긴급한 문제들

—
당신의 리더십을
인도하는 원칙들은
무엇인가?

도 생각할 여유가 생긴다. 팀원은 리더를 일관성 있고 예측 가능하며 믿을 수 있는 사람으로 여기고 방향성을 알고 내리는 리더의 신속한 의사결정을 신뢰한다.

리더가 원칙에 따라 리더십을 행사할 때 그 원칙은 중요한 결정을 인도한다. 확실한 원칙을 세우고 이를 엄격히 지키는 리더는 신선한 아이디어와 변화에 개방적인 자세를 취할 수 있다. 그러니까 결국 비상한 리더는 완강하게 고집할 부분을 정해 두되 그 외의 다른 모든 영역에는 유연함을 보이는 사람인 것이다. 이러한 리더의 리더십은 결국 팀원들 사이에서 재생산될 수 있다.

전략 2. 원칙 중 하나로 "끝없이 개선하기"를 포함시켜라

스스로가 지나치게 완고해지는 것을 방지해 주는 원칙 중 하나는 "끝없이 개선하기"이다. 사람들은 나이를 먹으면서 자신이 발견한 효과적인 원칙을 계속 지켜 나가고 싶은 마음에 자신의 방식대로만 굳어지려는 경향이 있다. 하지만 시스템과 제품, 결과를 계속해서 개선시키겠다는 다짐은 새로운 시각에 열린 마음을 유지하게 해주었다. 이는 그로잉리더스의 핵심 가치 중 하나이기도 하다. 이 덕에 우리는 해비튜드라는 트레이닝 시스템을 종이 서적에서 킨들의 이북으로, 그 다음 온라인 플랫폼으로, 나중에는 휴대기기의 앱까지 확장할 수

있었다. 각 단계에서 어려움은 있었지만 나는 과정보다 결과에 더 가치를 두었다.

세계적인 필름 제조사인 이스트먼 코닥도 이렇게 생각했다면 좋았을 텐데 안타깝다. 조지 이스트먼George Eastman은 필름을 발명했다. 그 당시만 해도 사진은 전문 사진기사들이 촬영했기에 필름은 대중화되지 못했다. 그는 이 과정을 개선, 즉 필름을 대중화하고 싶었다. 결국 그가 설립한 회사인 이스트먼 코닥은 수년간 필름 시장을 장악했다. 1973년 당시 코닥 엔지니어였던 23세 스티브 새슨Steve Sasson에게 회사는 전자결합소자를 이용한 전자 카메라 개발을 의뢰했다. 그리고 1975년에 스티브는 디지털 카메라를 발명했다. 그러나 불행하게도 당시 경영진은 제한된 사고방식을 갖고 있었다. 경영진은 신기술이 기존 모델을 잠식할까 봐 두려운 탓에 새로운 기술의 개발을 가로막았다. 시대가 변하고 있다는 사실은 알고 있었지만 기득권을 포기하고 싶지는 않았다. 코닥은 기존 제품을 유지하기 위해 디지털 카메라 관련 특허까지 포기하면서 수백만 달러를 벌어들였지만 2012년에 끝내 파산 신청을 했다.

전략 3. "드릴비트 시장"의 원칙을 적용하라

그로잉리더스의 리더십 트레이닝 과정에서 개인적으로 가장 좋아하는 콘텐츠 중 하나는 "드릴비트 시장"에 관한 것인데, 이 과정은 다음의 짧은 이야기를 바탕으로 만들어졌다.

공구와 드릴비트를 판매하는 전기드릴 회사 사장은 발령받은 첫째 날 직원들을 만나 사업 현황을 보고받았다. 부사장들은 하나같이 연간 드릴비트 판매량을 자랑했고 드릴비트 시장의 60%를 장악하고 있다는 점에서 장밋빛 미래를 장담했다. 보고가 끝나자 사장은 미소를 띠면서 자리에서 일어서더니 모두의 정신을 번쩍 들게 했다. "현재 모든 것이 순조롭게 흘러가지만 우리는 중요한 사실 하나를 잊고 있습니다. 드릴비트를 위한 시장은 존재하지 않습니다." 사람들은 침묵 속에서 사장을 응시했고 그는 이어 말했다. "드릴비트 시장은 구멍을 뚫기 위해 존재합니다. 누군가가 더 획기적인 방법으로 구멍을 뚫는 날 드릴비트는 쓸모없는 물건이 될 것입니다."

이 조직은 흔히들 빠지는 함정에 빠져 있었다. 자사의 제품과 깊은 사랑에 빠진 나머지 고객들의 제품 구매 이유를 망각했던 것이다. 사람들이 드릴비트라 부르는 금속 조각을 구매하는 유일한 이유는 해결해야 하는 문제, 즉 나무 조각에 구멍을 뚫어야 하기 때문이다. 만약 어떤 회사가 적당한 가격으로 더 쉽게 구멍을 뚫을 수 있는 레이저를 개발한다면, 그때도 드릴비트를 사려고 하는 사람이 있을까? 음반 산업에서도 마찬가지다. 엘피판이 카세트테이프로, 시디로 전환되었으며 지금은 세계 최대 음원 스트리밍 서비스 스포티파이와 애플뮤직의 시대에 당도했다. 이 모든 매체는 드릴비트이고 음악은 구멍인 셈이다. 비상한 리더는 수단과 목적을 절대로 혼동하지 않는다. 프로그램이나 제품을 목적과 분리해서 생각한다. 유능한 리더는 항상 다음 세 가지를 실천한다.

—
현재 당신의 "드릴비트"는 무엇인가? 또 당신의 구멍은 무엇인가? 어떤 문제를 해결하는 중인가?

첫째, "드릴비트"가 아닌 "구멍 뚫는 법"에 초점을 둔다.

둘째, "구멍을 뚫을 수 있는" 새로운 방안을 늘 강구한다.

셋째, "드릴비트"가 아닌 "구멍 뚫는 도구"를 고객에게 판매한다.

이제 고객들에게 제품의 특징을 설명하며 설득하기를 멈추고 결과에 중점을 두자. 그렇게 한다면 현재의 옳은 것을 고수하면서도 미래의 옳은 것을 수용하는 일에 훨씬 능숙해질 것이다.

스타트업 웨이즈의 공동창업자 유리 레빈Uri Levine은 말했다. "스타트업은 해결하려는 문제가 무엇인지, 사용자가 누구인지 파악해야 한다. 해결책보다 문제에 푹 빠져 지낸다면 나머지는 저절로 따라올 것이다." 이처럼 유리 레빈은 리더들이 더 좋고 새로운 아이디어에 수용적인 태도를 유지할 수 있는 최적의 사고방식을 명료히 설명했다. 어떤 의미에서 보면 그 비결은, 팀이 해결하려는 문제에 뚝심 있는 태도를 유지하면서도 아이디어의 근원지에 상관없이 문제 해결에 최고로 적합한 아이디어에 열린 마음을 갖는 것을 뜻한다.

그러나 반대로 행동하는 조직들이 허다하다. 아이디어에 홀딱 반해 그것을 제품으로 만든 다음 자신의 제품이 우월하다고 생각하며 그것만 고집하는 것이다. 시장이 변하고 있는데도 말이다. 코닥과 시어스, 야후, 폴라로이드, J.C.페니, 에이오엘, 모토로라에 이르기까지 위대한 기업들이 트인 시각에 대한 필요성을 인지했을 때는 이미 너무 늦어버린 후였다. 처음에 해결하려 했던 문제와 사랑에 빠져야 한다는 사실을 망각했기 때문이 아니었을까.

전략 4. "피로스의 승리"를 피하라

네 번째 전략은 그로잉리더스의 리더십 트레이닝 과정 중 하나로, 피로스 왕이 4만 명의 그리스군을 이끌고 4만 명의 로마군과 전투를 벌인 아스쿨룸 전투를 바탕으로 만들어졌다. 몇 주간의 싸움 끝에 피로스 왕은 코끼리 부대를 끌고 와 적의 보호방벽을 부숴 마침내 전투에서 승리를 거두었다. 그 후 피로스 왕의 장수 중 한 명이 왕에게 "승리를 축하합니다, 폐하."라고 말했다. 장비와 시간, 병력의 손실을 이미 조사해 봤던 왕은 "이런 승리를 한 번 더 했다가는 분명 끝장날 것이오."라고 답했다. 요지는 단순했다. 전투 승리를 위해 너무 많은 자원을 쏟은 탓에 득보다 실이 더 많다는 말이었다. 이런 일은 오늘날에도 발생한다. 승리에 너무 큰 대가가 따를 때가 있다. 배송 지연 문제를 두고 고객과 입씨름을 벌여 이길 수야 있겠지만 결국 고객을 영영 잃을지도 모른다. 직장에서 동료와 사소한 일을 두고 벌인 논쟁에서 이길 수도 있겠으나 더 큰 것을 잃을지도 모른다. 배우자나 10대 자녀와의 말다툼에서 이길 수야 있겠지만 관계에 상처만 남을지도 모를 일이다.

그러므로 현실을 직시해야 한다. 많은 경우 완강한 태도는 자존심에서 비롯된다. 앞서도 언급했듯 강고한 의지는 우리에게 약이 될 수도 독이 될 수도 있다. 자존심이 의지를 좌우한다면 반드시 문제가 뒤따를 것이다. 비상한 리더는 "피로스의 승리"를 거부한다. 결정의 순간에 리더는 스스로에게 물어야 한다. 논쟁할 가치가 있는 문제인가? 승리를 통해 무엇을 얻으려 하는가? 논쟁이 관계에 어떤 영향을 미칠 것인가? 승리의 동기, 즉 왜 이기고 싶은가?

최근에 "피로스의
승리"를 해본 적이
있는가? 당신은
자존심을 잘 통제하는
사람인가?

승리에 큰 대가가 따를 수 있다. 강력한 의지는 이로운 만큼 해로울 수도 있다. 결정을 내려야 하는 각 상황에서 스스로에게 물어봐야 한다. 방법과 결과 중 무엇을 중요하게 여기는가? 프로젝트의 세부 사항과 이해관계자들과의 관계 중 무엇을 소중히 생각하는가? 질문에 답을 하다 보면 어떤 부분에서 완고한 태도를 취해야 하는지 알게 될 것이다.

전략 5. 미래는 젊은 사람들의 것임을 기억하라

트루엣 캐시가 첫 식당을 차렸을 당시 세상이 이제 막 변하고 있었다. 베이비붐이 시작되면서 세상은 확장하고 이동하고 다른 형태로 변모하고 있었다. 그는 몇십 년의 경력을 쌓고 나서야 최고의 아이디어가 자신보다 어린 리더에게서 나올 수도 있음을 깨달았다. 이 사실은 확고한 의지를 지닌 리더도 오픈 마인드를 가질 수 있도록 한다.

인류학자 마거릿 미드Margaret Mead가 1970년에 쓴 저서 『문화와 헌신(Culture and Commitment)』에서 이것을 가장 잘 설명하는 듯하다. 마거릿 미드는 미래를 예언하며 문화가 새 시대에 맞게 어떻게 변모하고 있었는지를 매우 훌륭하게 설명했다. 그녀에 따르면 인류 역사는 세 시대로 구분된다.

1. 기성세대가 주도하는 사회

지금으로부터 천 년 전, 삶이 많이 변화하지 않던 시대를 가리킨다. 대다수가 조부모와 비슷한 일상을 보내며 동일한 관습과 전통을 받아들였다. 이 시기 젊은 세대는 삶에 관한 모든 것을 어른들한테 배웠고, 기성세대는 젊은 세대의 경험에 영향을 미쳤다. 보통은 부모가 결혼 상대를 정해 주었다. 대체로 남자들은 아버지와 같은 일을 했고 여자들은 어머니와 같은 일을 했다. 이 시대 사람들은 10년, 20년 긴 세월이 흐른 뒤에도 문화적 규범을 지켜 나갔다.

2. 기성세대와 젊은 세대가 독자적으로 움직이는 사회

계몽과 산업혁명의 여명과 함께 시작된 사회이다. 이 시기에는 문화적 규범이 바뀌고 있었다. 글을 읽을 수만 있다면 누구나 정보를 획득할 수 있었고 기성세대와 청년들은 함께 삶을 고민했다. 젊은이들은 결혼 상대와 진로, 심지어는 세계관에 대해 발언권이 있었다. 이 시대는 우리가 살아가는 지금의 바로 직전까지 수세기 동안 이어져 왔었다. 어르신과 젊은이 모두 미래의 일에 목소리를 냈다.

3. 젊은 세대가 주도하는 사회

50년 전에도 마거릿 미드는 우리가 맞이한 오늘날의 세상을 상상할 수 있었다. 스마트 기술과 인공지능, 언제 어디서나 사용 가능한 휴대기기는 어느 때보다 세상을 빠르게 변화시키고 있다. 점진적인 변화만이 아니라 근본적인 변화까지 일어나면서, 삶이 어디로 향하는지를 젊은 세대가 기성세대보다 더 빠르게

―
**미래가 젊은 세대의
것이라는 증거를 본
적이 있는가? 어디서
보았는가?**

파악하는 세상이 되고 있다. 이미 아이들은 나보다도 더 빠르고 직관적으로 기술을 이해한다. 스마트폰 앱이나 태블릿을 능숙하게 다루며 상거래의 흐름을 알고 있는 듯하다. 아이들은 젊은 세대가 주도하는 세상에서 자라나고 있다.

내일의 땅에서 젊은 세대는 "원주민", 기성세대는 "이주민"인 셈이다. 젊은 사람들이 어른들보다 더 빠른 속도로 새로운 현실에 익숙해지는 세상이 되고 있으므로 리더는 원주민의 말에 귀 기울이고 열린 마음을 유지해야 한다. 다만 이러한 리더가 되려 한다면 정서적 안정감과 강한 의지가 모두 필요하다는 사실을 기억하자. 반대되는 아이디어를 소화할 수 있을 만큼 정서적으로 안정되어야 하고 단지 새롭다는 이유로 모든 아이디어를 의심 없이 받아들이지 않을 만큼 뚝심이 있어야 한다.

트루엣 캐시의 리더십을 돌이켜보면, 그가 뚝심을 보였던 것은 모두 사람과 관련이 있었다. 방식과 전략, 기술은 수없이 생겼다가도 사라지겠지만 언제나 직원들을 아끼는 마음만큼은 변함없는 우선순위였다. 자연스럽게 직원들도 고객을 소중히 대할 수 있었다.

예전에 에디 화이트라는 고등학생 소년이 트루엣의 드워프하우스 식당에서 일한 적이 있었다. 재정이 어려워 겨우 생계를 유지하는 가정의 10대 흑인 소년이었다. 고등학교 2학년이던 에디는 학교에서 여는 무도회에 여자친구를 데려가고 싶었지만 차가 없었다. 이 사실을

160

알게 된 트루엣은 자신의 차를 사용하라고 차 키를 건네주었다. 또 에디는 3학년 때 대학에 들어가기를 꿈꿨지만 그만한 돈이 없었다. 트루엣은 에디에게 이렇게 말했다. "사람들이 대학 등록금을 위해 기부할 수 있도록 계산대 옆에 병을 하나 갖다 두는 게 어떻겠니. 여력이 있는 사람에게는 모두 기부를 권할게. 한번 지켜보자." 등록금 납부 기한일이 다가왔을 무렵 트루엣은 에디에게 얼마만큼의 돈이 필요한지를 알게 되었다. 그는 기부금 병에 들어 있는 돈이 여전히 부족하다는 사실을 알고는 나머지 금액을 채워 넣어 "네 목표를 이룬 것 같구나."라며 에디를 감동시켰다.

사람을 중요하게 생각하는 트루엣의 태도는 칙필레 본사에서도 이어졌다. 그에게는 사람이 전부였다. 경제 불황기에 사람을 해고하고 싶지 않았기에 은퇴 연령을 한참 넘기고도 경영에 관여해 직원 수를 엄격히 유지했다. 또 무슨 일을 하는 중이든 본인에게 면담을 청한다면 그들을 응대하기 위해 하던 일을 멈출 것이라고 팀에 말했다. 보통 회의를 중간에라도 마무리하고 누구든 친절히 만났다.

그렇다면 이와 같은 태도가 성과로 이어졌을까? 그랬다고 본다. 트루엣의 태도는 직원들에게도 전염되었다. 지난 20년 동안 대부분 칙필레 매장의 신속성, 서비스, 친절성, 효율성이 성장했고, 드라이브스루 차선을 2개까지 확장한 매장도 많았다. 2020년 코로나19 팬데믹 기간에 드라이브스루는 패스트푸드 음식점이 고객에게 제공할 수 있는 전부였으며, 칙필레는 여기에서 절대적으로 이익을 누렸다. 나 역시 점심을 먹기 위해 차에서 긴 줄을 대기하곤 했는데, 시간이 지나 칙필레 일부 매장에서는 자택대기명령이 내려진 동안 매출 신기록을

달성했다는 소식을 접했다. 칙필레는 팬데믹에 대응할 준비가 되어
있었다.

이 모든 것은 강고한 의지와 열린 마음을 행동으로 실천하는 리더
에게서 비롯되었다.

뚝심과 수용의 역설 한눈에 보기

리더가 뚝심 있는 태도를 취할 때	리더가 수용적인 태도를 취할 때
팀원들은 리더의 결연한 의지를 느낀다.	팀원들은 리더가 배움의 의지가 있다는 것을 느낀다.
팀원들은 결정을 굽히지 않는 리더의 모습을 본다.	팀원들은 타인의 아이디어를 받아들이는 리더의 모습을 본다.
팀원들은 리더를 확고한 신념이 있는 사람으로 여긴다.	팀원들은 리더를 적응력 있는 사람으로 여긴다.
장애물은 리더의 진로를 방해하지 않는다.	기회를 잡을 수 있다.
팀원들은 리더가 무엇을 중시하는지 알게 된다.	팀원들은 목적이 수단보다 앞선다는 진실을 알게 된다.

- 뚝심과 수용의 균형 잡기 실천법 -

1. 스스로 고집스럽다고 느낀다면 "최악"인 당신의 모습과 "최고"인 상대의 모습을 생각해 보자. 뭘 해도 안 되는 당신과 뭘 해도 잘되는 상대를 상상해 보라. 그러면 열린 마음을 유지하고 반대 의견도 흔쾌히 받아들이며 심지어 젊은 직원들에게도 계속 무언가를 배울 수 있을 것이다.

2. 말을 할 때 "네 그렇지만…" 혹은 "그 결정의 배경을 설명하자면…"으로 시작하지 말고 "관심 가는 부분은…" 혹은 "네. 그리고…"로 시작하라. 당신의 뜻은 밝히되 상대의 의견을 수용하는 언어를 사용하자. 소통이 중단되지 않고 계속 오갈 수 있는 어휘다. 분명 괜찮은 방법이 될 것이다.

3. 회의에 팀원을 번갈아 참석시키자. 회의에 들어올 일이 거의 없는 팀원을 참석시켜 회의 내용을 들려주어라. 그리고 이슈에 대해 발언해 보도록 권하자. 그들이 겁을 먹을 수도 있지만, 그 의견에서 얻게 되는 아이디어에 당신은 깜짝 놀랄 것이다.

4. 리버스 멘토링을 실시하라. 이에 관해서는 책 초반에 언급했지만 후에 더 자세히 다룰 예정이다. 다른 세대의 팀원에게 멘토링을 받고 멘토링을 해주는 문화를 만들어라. 그리고 당신의 강점을 바탕으로 멘토링을 제공하고 상대방의 강점에 대한 멘토링을 제공받는 것에 집중하자. 누구든지 다른 팀원의 경험에서 배울 점이 있을 수 있다.

5. 팀원들과 시작Start, 중단Stop, 계속Keep Doing 워크샵을 열어라.
매년 리더는 팀원들과의 만남을 통해 시작했으면 하는 것,
중단했으면 하는 것, 계속했으면 하는 것에 대한 의견을 들
을 수 있다.

──────────── ● Check List ● ────────────

• 뚝심 있는 태도와 수용적인 태도를 모두 갖춘 리더를 알고
있습니까?

• 당신은 어떤 문제를 해결할 때 뚝심을 발휘합니까? 이것이
수용적인 태도를 유지하게 합니까?

• 당신의 리더십은 뚝심 있는 태도와 수용적 태도 중 어떤
것 때문에 어려움을 겪고 있습니까?

• 이 장에서 제시된 전략 중 당신의 성장에 도움되는 것은 무
엇입니까?

• 어떻게 하면 이 역설을 더 잘 실천할 수 있겠습니까?

5

전체와 개인

사람보다 중요한 일은 없고,
사명보다 중요한 사람은 없다

더 적은 사람과 더 많은 시간을 보낼수록
전체적인 영향력은 더 커진다.

- 마더 테레사

1997년 11월 나는 누군가를 만나기로 되어 있었다. 하지만 애석하게도 만남이 성사되지 못했다. 그해 가을 우리 팀은 리더십 강연을 위해 인도의 몇몇 도시를 방문했었는데 아녜즈 보야지우Anjeze Bojaxhiu와 만나기로 약속이 된 상태였다. 그녀는 알바니아계 출신으로 당시 인도 캘커타에서 거주하며 일하고 있었다. 아녜즈는 종신서원 이후에 이름을 바꿨는데, 선교사들의 수호성인 "리지외의 테레사"에서 따왔다. 그녀의 이름은 우리가 친숙하게 알고 있는 마더 테레사Mother Teresa이다. 그녀는 우리와의 만남을 3개월도 채 남지 않은 시점인 1997년 9월 5일에 세상을 떠났다. 그 후 2016년에 가톨릭교회에서 성녀 테레사로 추대되어 지금까지 "빈자의 성녀"로 불리고 있다.

나는 테레사 수녀가 세상을 뜨기 오래전부터 그녀를 성녀로 여겼다. 20년 가까운 세월 동안 교육자였던 그녀는 캘커타의 빈곤을 본

뒤로 점점 마음이 동요했고 결국 그 도시 거리에서 가난으로 죽어 가는 이들을 위한 작은 선교회를 열게 되었다. 자선활동을 확장하기 위해 그녀가 전략적 계획을 세웠는지는 잘 모르겠지만, 2012년까지 그녀의 선교회는 133개국으로 퍼져 나갔고 각지에서 4,500명 이상의 수녀가 활동했다. 선교회 중에서는 가장 규모가 크며 그녀가 선종한 이후로도 오늘날까지 유산으로 전해져 내려오고 있다.

교육자의 자리를 떠나 선교회를 직접 운영하기 시작할 무렵, 테레사 수녀는 가난한 사람과 나병 환자, 결핵 환자 그리고 다리를 절뚝이는 사람에게 봉사하는 매우 어려운 사명을 함께 이행하고자 하는 수녀들을 한 명 한 명 끌어들였다. 그녀는 조용하고 자신을 내세우지 않는 품행을 지녔지만 사람을 강하게 끄는 매력이 있었다. 그리고 수년에 걸쳐 그녀의 선교회 지부들이 새롭게 창설되었다. 사랑의 선교수사회, 국제 마더테레사협력자회, 사랑의 선교관상수녀회, 사랑의 선교관상수도회, 사랑의 선교사제회가 그 지부들이었다.[1]

테레사 수녀는 일생 동안 가능한 한 많은 소외자에게 봉사하는 것을 꿈꿨다. 그녀는 계속 주어진 일에 대한 큰 비전을 품고 살았던 만큼 자신이 몇 명에게 봉사했는지는 헤아리지 않았다. 돌봄이 필요한 이들이 몇 명 남았는지를 셀 뿐이었다. 그녀는 이렇게 말했다. "나는 몇 명에게 봉사했는지 세지 않는다. 가난으로 죽어 가는 이들에서 내가 봉사한 이들의 수를 뺄 뿐이다. 1달러면 아이들의 생명을 구할 수 있다. 그래서 우리는 살릴 수 있는 생명을 구하는 데 헌신한다."[2]

이제부터는 그녀만의 비밀이 무엇이었는지 알아보자.

한 사람에게 진심을 다하라

테레사 수녀는 효율적이지 않은 선교회 운용과 시간 활용으로 비난을 받았을 때 자신의 접근방식 덕에 모든 일이 가능했다고 반박했다. 사람들은 풍부한 재원을 보유한 정부기관이 수녀회보다 가난한 사람들을 더 잘 돌볼 수 있지 않느냐고 의문을 제기했다. 여기에 그녀는, 하나님께서 큰 사랑으로 작은 일을 행하라고 하셨다고 대답하면서 정부 복지 프로그램도 꽤 훌륭한 목적을 위해 존재하지만 "기독교인의 사랑은 한 사람을 위한 것."이라고 말했다.[3]

사실상 아프고 죽어 가는 사람들을 한 명 한명 돌보는 것이나 마찬가지였던 그녀였기에 오히려 이 모든 일에 대한 자금을 마련하기 위해 대담하고 적극적인 조치를 취할 수 있었다. 어느 날 인도의 한 대기업이 새로운 곳으로 이전한다는 소식을 접한 그녀는 CEO와 대면 약속을 잡았고 CEO를 만나 당차게 물었다. "하나님을 위해 아름다운 일을 하지 않으시겠습니까?" CEO가 미소를 띠며 무슨 말인지 묻자 그녀는 당신의 도움이 절실히 필요한 사람들이 있다고 말했다. 대화가 마무리될 무렵에는 선교회에 회사 건물을 기부하는 협상을 성사시키기에 이르렀다. 이처럼 담대한 제안이 가능했던 것은 그녀가 자신의 보살핌이 필요한 사람들과 몸소 가까이 지냈기 때문이었다.

저마다 조직과 테레사 수녀 선교회의 사명은 매우 다를 수 있지만, 테레사 수녀의 리더십 스타일은 눈여겨 볼 필요가 있다. 그녀가 진취적인 사람으로 거듭나는 동시에 유기적으로 선교회를 키우며 확장할 수 있었던 비결은 자신이 도와야 할 사람들에게 개인적인 손길을 계속 뻗은 덕택이었다. 내가 조사한 바에 따르면 그녀는 직원, 자원봉사자, 그녀의 돌봄을 받는 사람 그 누구도 사무적으로 대하지 않았다고 한다. 요컨대 사랑의 선교회를 그 어떤 선교회보다 가장 큰 기관으로 성장시키는 과정 속에서도 처음 이 일을 시작했을 때의 마음가짐, 즉 "한 번에 한 사람에게만" 봉사하자는 다짐을 한 순간도 잊지 않았다.

이와 관련해 잊히지 않는 사례가 있다. 어느 날 수녀의 집에 방문한 기업투자자 그룹은 나병에 걸린 노인을 씻겨 주고 있는 테레사 수녀를 보게 되었다. 그런데 투자자 중 한 사람이 "나 같으면 100만 달러를 위해 저렇게는 하지 않을 것이오."라고 비웃으며 말했다. 테레사 수녀는 그를 올려다보더니 미소로 반박했다. "저라도 그렇게 하지 않을 겁니다."

테레사 수녀는 날마다 아이들 집을 방문해 건강이 위태로워 곧 죽을지도 모르는 아기들에게 특히 애정을 기울였다. 아기를 담요로 감싼 뒤 봉사자에게 건네주면서 아기가 세상을 떠나기 전까지 사랑해야 한다고 가르쳤다. 어떤 아이도 사랑을 느껴 보지 못하고 죽어서는 안 된다는 생각은 그녀가 추구한 사명의 중심에 있었다.[4]

얼핏 보아서는 테레사 수녀처럼 지나치게 세세한 부분에 관심을 쏟으면 조직이 끝내 실패하지 않을까 우려할 수도 있다. 하지만 조직은 결국 성장을 이루게 된다. 본디 인생이 이래야 한다는 것을 우리는 직감적으로 알고 있으며 이런 장면을 볼 때 동참하기를 원하기 때문이다. 테레사 수녀는 덧셈이 아닌 곱셈의 일에 열중했다. 한 사람에게 집중함으로써 많은 사람에게 다가갈 수 있다는 진리를 지각하고 있었다. 그녀의 신조는 이렇게 요약할 수 있다. "더 적은 수의 사람과 더 많은 시간을 보낼수록 전체적인 영향력은 더 커진다." 이러한 믿음은 특히 위기의 시기를 겪는 리더들에게 꼭 필요해졌다.

참사에 대처하는 리더의 자세

2001년 9월 11일은 절대로 잊지 못할 것이다. 테레사 수녀가 세상을 떠난 지 4년 무렵이 되었을 때 발생한 이 참사를 보며 생생하게 기억나는 일화들이 있는데, 그중 하나는 뉴욕 시장 루디 줄리아니 Rudy Giuliani가 테러의 여파 속에서 취한 행동들이었다. 테러리스트 공격 직후 줄리아니는 각 부처의 대응을 조정하는 동시에 세계무역센터 현장에 주정부와 연방정부의 대책본부를 조직했다. 보도에 따르면 줄리아니 시장은 즉각적으로 도시 전체에 대테러 조치를 취했고 무너진 사회기반시설 복구를 위한 논의를 시작했다고 한다. 몇 주 동안 TV와 라디오에 수시로 등장해 최신 진행 상황을 알렸는가 하면, 예방 조치 때문에 어떤 도시 터널이 폐쇄되었는지 그리고 어디로 가야 사랑하는 사람을 찾는 데 도움을 받을 수 있는지 시민들에게 안내했다.

그가 타고난 직관력을 발휘해 행동했다고 생각하는 사람들이 있는 반면 정치적 이익을 노리고 그것을 기회로 이용했다고 믿는 이들도 있다. 능력 있는 리더라면 응당 해야 할 일을 했을 뿐이라고 바라보는 시민들도 있다. 동기가 무엇이었든 그는 비극과 역경, 좌절, 위기의 시기에 훌륭히 대처하고 지휘했다.

이 시기에 리더는 개개인과 집단 모두를 대상으로 실행할 수 있는 특별한 방안을 모색해야 한다. 줄리아니 시장은 끔찍한 테러 공격 이후 몇 주 동안 꼬박 TV를 통해 어떤 조치를 취할 것인가를 명확히 밝혔고 이 덕에 시민들은 복구 계획을 파악할 수 있었다. 이처럼 TV나 라디오 같은 대중 매체, 심지어는 인터넷상의 서면에도 여러 차례 등장해 "전체"를 대상으로 하는 리더십을 발휘했다. 자신이 알고 있는 수단을 전부 활용해 정확한 정보를 필요로 했던 모든 사람에게 다가갔다. 이와 동시에 하루에도 몇 번씩 희생자들의 장례식과 추도식에 참석해 "한 사람 한 사람"에게 직접 다가가는 모습을 보이며 인간미 있는 리더십을 보였다. 이 장면 또한 TV로 방송되었다. 장례식에 참석한 직후 인터뷰에서는 방금 전 무덤에 묻힌 고인의 공헌을 기리고 애도를 표했다. 마치 사제의 모습을 보는 듯했다.

테레사 수녀와 루디 줄리아니 시장은 역설을 잘 이행한 인상적인 리더였다.

리더의 손에 들린 현미경과 망원경

현대인들은 특히 어려운 시기에 리더에게 더 많은 것을 기대한다. 어떤 의미에서 리더는 공인 또는 시민의 대표자에 가까워진다. 시민들을 위해 목소리를 내고 그들과 같은 감정을 느끼며 그들이 처한 상황에 알맞은 현명한 대안을 제시하는 인물이 된다. 사람들은 사건의 심각성과 사건 대응에 필요한 단계들을 파악하며 큰 비전을 제시하는 리더를 원한다. 그러면서도 개개인의 경험에 공감하고 힘겨운 상황에 처한 사람들의 심정을 이해하며 정성을 담아 비전을 명료하게 밝히는 리더를 필요로 한다.

일상생활에서도 마찬가지다. 맞춤형 시대에 살아가고 있는 우리는 자신만을 위해 만들어진 개인적인 것들을 기대한다. 더 나아가 팀에서도 그렇다. 비상한 리더는 팀원 개개인에 맞는 역할과 업무를 조정하는 방법을 고민한다. 하지만 동시에 큰 그림을 염두에 두고 팀원 개인의 능력이 전체를 위해 활용되도록 한다. 현미경과 망원경을 최대한 조화롭게 사용하는 것이다. 그들은 멀리 그리고 넓게 내다보고 전체를 조망하는 동시에 세부 사항도 들여다보고 신경을 기울인다. 가령 세부 사항이 싱글맘 팀원에게 어떤 영향을 미치는지까지도 세심히 신경 쓰는 것이다. 미국 경영학자 피터 센게Peter Senge는 최초로 다음의 주장을 폈다. "훌륭한 리더들은 기본적으로 전체를 대상으로 리더십을 발휘하지만 개개인을 대상으로 발휘하기도 한다."

그렇다면 이러한 리더는 어떤 모습을 갖추었을까? 예컨대 리더는 조직에 이로운 전문 훈련과 팀원 각자에게 도움이 되는 자기계발 기회를 함께 제공한다. 조직과 개인 모두 윈윈win-win이다. 리더는 사명을 책임지고 관리하는 동시에 팀원들 개인의 시간과 재능을 관리하기도 한다. 유능한 리더에게 사람보다 더 중요한 일은 없고, 팀의 사명보다 더 중요한 사람은 없다.

차갑게 직시하고 뜨겁게 응대하라

2020년 코로나바이러스가 발생하는 동안 팀을 이끌었던 리더들은 균형 잡힌 행동이 얼마나 중요한지 깨달았다. 코로나19가 미국을 비롯한 다른 나라들로 확산하면서 기업과 학교, 비영리조직이 문을 닫거나 재택근무에 돌입해야 했다. 수억 명이 고립되었고 수천만 명이 일자리를 잃었다. 꼭 필요한 소매업체와 초기대응 인력만이 전과 같이 운영될 뿐이었다. 뿐만 아니라 수백만 명이 코로나19에 감염되었고 수십만 명이 목숨을 잃었다.

이처럼 시대가 너무도 불확실한 탓에 사람들의 불안도가 눈에 띄게 높아졌다. 직장인들이 새로운 환경에서 근무하고 낯선 방식으로 기술을 활용하는 것에 불안을 느꼈으며 자신의 일자리가 위태로운 것은 아닌지 줄곧 걱정에 시달리기도 했다. 일상생활을 차례차례 무너뜨린 무시무시한 바이러스였다. 정말 괴이했다.

우리 리더십 팀은 코로나 시대에 맞는 리더십의 기본 원칙들을 신속히 발견했다. 이 모든 원칙은 전체를 보면서도 개개인을 아우르는 리더십과 관련이 있다. 사람들과의 만남과 정확한 의사소통이 훨씬 더 중요해졌기에 리더의 대화 주제는 다음의 순서로 흘러가야 한다.

첫째, 개인적인 안부부터 묻고 업무적인 주제로 넘어가자.
리더가 자신의 생활에 신경 써 주는 것이 느껴지면 직원들은 안정감을 얻어 업무에 곧잘 몰입할 것이다. 개개인의 안부, 그 다음엔 팀, 그리고 전체적인 미션, 이 순서대로 얘기를 나누자. 실제로 우리는 팀원들에게 그날그날의 안부를 확인한 후 팀의 업무 현황을 업데이트했다. 나는 인간미 있고 안정된 사람임을 어필하기 위해 중간중간 유머를 곁들였고 마지막에 가서는 업무 전반적인 상황을 전달했다.

개개인을 위한 리더십과 전체를 대상으로 하는 리더십, 이 둘 중 당신은 어떤 것을 자연스럽게 실천하고 있는가?

둘째, 어려운 주제부터 꺼내고 쉬운 주제를 언급하자.

어떤 뉴스를 전달할 때는 어렵고 부정적인 주제, 그 다음 쉽고 긍정적인 주제순으로 이야기하자. 어려운 것에서 쉬운 것으로! 이렇게 하지 않으면 팀원들은 리더가 현실을 듣기 좋게 꾸며 낸다고 오해할 수도 있고 리더의 말을 신뢰하지 않을 수도 있다. 이 순서를 지키는 리더는 듬직하고 진솔한 사람으로 보일 것이다.

셋째, 큰 그림부터 제시하고 세부적인 부분을 보여 주자.

우리가 전체적인 사명에 대해 논의했을 때 발견한 사실이 있다. 리더가 큰 그림을 보여 주면, 팀원들은 자신의 구체적인 역할이 무엇인지에 대해 올바른 관점을 얻을 수 있다는 것이다. 퍼즐 상자의 뚜껑을 나눠 준 다음 각자의 퍼즐 조각이 어디에 들어맞는지 보여 주어라. 커다란 퍼즐을 다 같이 맞추는 것과 같은 효과가 있다. 퍼즐 완성본을 먼저 보여 준 뒤 저마다의 퍼즐 조각 위치를 알려주는 것! 그러면 자칫 정확하지 않은 방향으로 팀원들의 생각이 전개되는 상황을 막을 수 있다.

백악관의 최전선에서 코로나바이러스 감염병에 대응한 미국 면역학자 앤서니 파우치Anthony Fauci 박사를 알 것이다. 그는 미국 국립알레르기전염병 연구소 소장으로, 코로나19 팬데믹이 만연한 2020~2021년에 나라의 일선에서 이 역설을 실천했던 인물이다.

중동권 방송사 알자지라는 이러한 뉴스를 보도했다. "로널드 레이건Ronald Reagan 대통령에서 도널드 트럼프 대통령에 이르기까지 앤서니 파우치의 임명권자들은 그에게 브리핑을 맡겼다. 이유는 그가 솔직하면서도 판단력이 뛰어났으며 복잡한 의학 정보를 이해하기 쉬운 언어로 바꿔 설명하면서도 위험성을 간과하거나 과장하지 않았기 때문이다. 정부 부처에서 경력을 쌓아 왔음에도 인간미를 잃지 않은 듯하다. 이것이 바로 그가 소통가로서 성공할 수 있던 비결 중 하나일 것이다."[5]

파우치는 미국 대중을 앞에 두고 코로나바이러스 감염 현황, 대응법, 백신 연구, 향후 몇 달간의 예상 추이 등 새로운 정보를 알렸다. 이렇게 발표할 때는 전체를 대상으로 행동했다. 하지만 평상시 안내할 때는 듣는 사람들에게 중간중간 웃어 보이며 친근하게 이야기했다. 하루에 수시로 손 씻기, 마스크 끼기, 사람들과 이야기할 때 180센티미터 간격 유지하기 등을 당부하면서 마치 당신과 개인적으로 대화하듯 말이다.

1990년 에이즈 퇴치 활동가들이 정부의 명백한 무관심에 대항하기 위해 미국 국립보건원으로 쇄도했을 때 파우치 박사는 그들을 회의실로 데려가 개인적으로 면담했다. 그리고 훗날 트럼프 대통령의 에이즈 퇴치 구상에 일조하기도 했다.

에볼라 바이러스가 발생했을 무렵 수많은 미국인은 자국 내 어떤 간호사가 서아프리카에서 온 여행객 환자에게 옮아 에볼라에 감염되었다는 소식을 듣고 공황 상태에 빠졌다. 이에 파우치 박사는 개인적인 모범을 몸소 보이며 대중의 공포에 대처했다. 간호사가 병원에서 퇴원한 후 파우치 박사는 그녀에게 이제 전염성이 없다고 밝히면서 자신이 전염될까 봐 걱정하지 않는다는 사실을 증명하려 그녀와 포옹하는 장면을 TV로 보여 주었다.

전체를 위한 리더십을 먼저, 그리고 한 사람 한 사람을 위한 리더십을 그 다음에 발휘하자. 이것이 합리적이다. 이 순서를 지키지 않으면 리더십이 이상하고 부적절하고 불완전하게 느껴질 것이다. 리더가 "전체"만 다룰 때 팀원들을 리더가 개인의 고통을 이해하지 않는 것 같다고 느낄 수 있다. 반면 리더가 "개인"만을 위한다면 팀원들은 자신이 이해받는다고 느낄 수는 있지만 앞으로 나아가기 위한 뚜렷한 비전과 계획은 없다고 생각할 수도 있다. 공감과 명확한 방향성 둘 다 필요하다.

불안의 시기에 리더는 팀을 잘 이끌기 위해 고군분투한다. 팬데믹 때 한 주 만에 무려 660만 명 이상의 미국인이 실업수당을 신청했다. 2008년 대침체 때의 그 어떤 일주일보다 많은 숫자였으며 사람들의 증언에 따르면 1929년 대공황 시절과 비슷했다고 한다. 뉴욕시는 2001년 9월 11일 테러 공격 때보다 코로나바이러스 시기에 더 많은 사람을 잃었다. 백악관 코로나19 태스크포스에 소속된 파우치 박사는 사람들과 악수할 날이 다시는 오지 않을지도 모른다고 경고했다. 비상한 리더를 요구한 괴상한 시기였다.

코로나19가 발병하는 동안, 미국에는 팬데믹 같은 위기의 시대를 겪는 리더가 기억해야 할 사항을 요약해 놓은 다음과 같은 밈meme이 소셜미디어에 퍼졌다.

우리는 같은 상황을 만났지만 그렇다고 똑같은 어려움을 겪는 건 아니다.

누군가는 부슬비를 만난다. 잠깐의 휴식기이자 한숨 돌릴 수 있는 쉼표 같은 시간이다. 가족들과 다시 가까워질 수 있는 기회이다. 솔직하게 말하자면 평화롭다.

다른 누군가는 폭풍우를 만난다. 조금 무섭기도 하며 일상에 지장을 준다. 잠을 자지 않고 뉴스를 지켜보며 약간 걱정만 할 뿐이다.

또 다른 누군가는 허리케인을 만난다. 표지판이 뽑히고 지붕이 날아가며 이런 것들이 바다 쪽으로 휩쓸려 간다. 종잡을 수 없는 암흑의 시간이다. 삶을 완전히 바꿔 놓을 정도다.

부슬비를 즐기거나 폭풍우를 견딘다고 해서 이것이 잘못된 일은 아니다. 가족과 함께 휴식을 취해도 된다. 하지만 이웃을 삼켜 버리는 허리케인을 얕잡아 봐서는 안 된다. 밈을 보고 가볍게 넘겨도 되지만 허리케인을 만난 사람들이 잘 이겨 내기를 기도해 주자.

우리 조직도 사회적 거리두기 시기에 매출이 감소했던 것으로 보아 이 폭풍우를 제대로 경험한 듯하다. 그러나 훨씬 더 심각한 폭풍우를 맞닥뜨린 이들이 있다. 일자리를 잃은 사람들도 코로나19에 감염된 사람들도 있었다. 그리고 친구를 잃은 이들도 간혹 있었다. 더없이 기이한 시기였다.

리더가 요구받는 세 가지

다른 무엇보다 리더는 직원들의 기질이 모두 다르기 때문에 팬데믹 시기에 직원들이 보이는 반응도 각기 다르다는 사실을 기억해야 한다. 2020년에 나는 유능한 리더들을 지도하고 관찰하면서 특정 패턴을 발견했는데, 힘든 시기를 보내는 사람들은 리더에게 세 가지를 가장 많이 요구했고 현명한 리더는 직원들을 이해하면서 다음 세 가지를 제공하는 듯했다.

맥락Context

사람들은 온종일 뉴스를 보며 겁에 질리기 십상이다. 온갖 나쁜 소식과 어느 것도 확실하지 않은 시기임에 공포를 느낀다. 훌륭한 리더는 이슈의 맥락을 설명해 준다. 지금 시기가 우리가 직면했던 위기 중 최악은 아니지만 주의를 기울여야 할 필요는 있다고 말한다. 맥락을 제공한다는 것은 발생 중인 사건에 대한 관점을 제공하고 현재의 구체적인 사항들을 계속 인지시켜 주는 일이다. 특히 문제를 별일 아니라고 느끼는 사람과 하늘이 무너질 것처럼 받아들이는 사람, 이 양극단에 서 있는 이들에게 지혜의 원천이 되어 준다.

행동 지침Applications

험난한 시기에는 실질적인 행동 지침을 알려 주는 리더를 원한다. 어리석게 들릴지 모르겠지만 다 큰 성인들도 이따금씩 지침을 떠올리게 해주는 누군가가 필요하다. 하루에 수시로 손 씻기, 사람들과 180센티미터 간격 유지하기, 밖에서 마스크 쓰기, 외출하지 않기 등 코로나19 대응법을 안내받았듯 말이다. 최고의 리더는 사람들에게 각 상황에 알맞은 뚜렷한 행동 지침을 제공한다. 이것은 불확실한 시대에 리더가 팀원들에게 줄 수 있는 가장 큰 선물이다. 우리 모두는 불확실한 하루하루를 살아가고 있지만 확실성 없이는 잘 살아갈 수 없다.

믿음Belief

"리더는 희망을 파는 상인"이라고 나폴레옹 보나파르트Napoleon Bonaparte는 말했다. 리더는 더 나은 미래를 위해 사람들에게 언젠가 불투명한 이 시기는 지나고 정상으로 복귀할 것이라는 믿음과 희망을 주어야 한다. 팬데믹 기간 동안 한때 분열되었던 미국인은 서로서로 협력하기 시작했고 의료인들과 초기대응 인력들에게 박수를 보냈다. 몇 년 전, 사람이 맨발로 양동이 얼음물에 얼마나 오래 서 있을 수 있는지 알아보는 실험이 있었다. 가장 의미심장한 결과는 무엇이었을까? 누군가가 옆에서 용기를 북돋울 때 얼음물에서 두 배 더 오래 버틸 수 있었다는 사실이다.

이 세 가지의 영어 앞 글자를 따면 CAB이다. 팬데믹 기간 동안 나는 사람들에게 다가가기 위해 CAB를 전해야 한다는 생각을 습관처럼 지속적으로 상기했다.

당신은 험난한 시기의 리더로서 사람들을 이끌 때 CAB를 자연스럽게 실천하고 있는가?

협력에는 사회적 지능만 한 것이 없다

크리스토퍼 휴즈Christopher Hughes 중령은 2차 이라크전쟁 동안 이라크에서 군대를 지휘했다. 난민들을 위한 식량, 옷, 담요가 미국에서 도착했을 무렵 그는 물품들을 배포하기에 최적의 장소가 지역의 이슬람 예배당 모스크라고 판단했다. 그가 종교 지도자를 만나기 위해 군대를 이끌며 거리를 지나자 사람들은 그 무리를 보고 최악의 상황을 예상했다. 휴즈 중령과 병사들이 모스크에 도착했을 때 그곳은 시가전에 대비해 돌과 막대기를 든 현지인들로 가득했다. 큰 오해가 있었던 것이다. 다행히도 휴즈는 노련한 리더였다. 우선 그는 병사들에게 정지하라고 명령한 뒤 무기의 방향을 땅으로 향하게 하라고 지시했다. 그리고 누구에게도 위협적이지 않은 무릎앉아 자세를 취하라고 시켰다. 마지막으로 병사들에게 이라크인들의 얼굴을 올려다보며 미소를 지으라고 명령했다.

그러자 지역 주민들은 하나둘씩 돌과 막대기를 내려놓으면서 서서히 침착함을 되찾고 미소로 화답하기 시작했다. 그 사이 휴즈 중령은 쿠르드어와 이라크 아랍어를 할 줄 아는 병사를 찾아 상자에 들어 있는 물품들이 무엇이고 왜 가져왔는지 설명하도록 했다.[6] 이렇게 참사는 모면할 수 있었다.

휴즈 중령은 소위 말하는 사회적 지능을 보여 주었다. 책 초반에 정서적 지능의 일부를 언급한 것을 아마 기억할 것이다. 이는 복잡한 사회적 관계나 환경을 탐색하는 능력이자 오늘날 리더에게 절실히 필요한 요소로, 이 장에서 말하는 역설적 리더십을 가능하게 해준다. 일터에서는 세대가 다름에서 오는 성격 차이가 흡사 문화 차이처럼 느껴질 때가 굉장히 많다. 베이비붐 세대와 Z세대가 대화를 나눌 때, 양쪽 모두 서로 다른 가치관과 관습을 지니고 다른 언어를 사용하는 외국인과 대화하는 기분이 들 수 있다. 외향적인 사람과 내향적인 사람을 생각해 보자. 외향적인 사람이 파티에서 모든 사람과 대화하는 순간이 얼마나 행복한지 설명할 때, 내향적인 사람은 전혀 공감하지 못한다. 원래 타인은 다른 행성에서 온 사람처럼 느껴지기 마련이다. 피해를 막고 협력을 촉진하는 데 들여야 하는 노력은, 마치 다른 나라에서 온 누군가와 관계를 맺을 때 쏟아야 하는 노력과도 같다. 그러나 우리는 이러한 노력을 기울일 준비가 되어 있지 않은 경우가 많다.

전체를 위한 리더십과 개개인을 위한 리더십의 역설을 구현하려면 사회적 지능은 선택이 아닌 필수다. 사회적 지능이라는 용어는 1920년에 미국 심리학자 E.L. 손다이크E.L. Thorndike가 처음 사용했다. 연구자 다니엘라 와우라Daniela Wawra는 "사회적 지능은 다른 문화 간의 성공적인 소통가가 되기 위한 필수 전제조건이다."라고 주장했다.[7] 그녀가 말한 사회적 지능을 요약하자면 이렇다.

- 사회적 인지(사람들이 어떻게 연결되고 끊어지는지를 인지한다.)
- 감정 인식(경청과 관찰을 통해 상대의 감정과 행동을 인식한다.)
- 동기화(소통하는 순간에 우리의 감정을 상대의 감정과 정확히 일치시킨다.)
- 원초적 공감(상대의 감정을 느낀다. 이를 통해 상대에게 어떻게 접근해야 하는지 파악할 수 있다.)
- 관심(진심 어린 동정을 표현하고 상대가 가치 있는 사람이라고 말해 준다.)
- 자기 표현(상대가 지닌 의미와 잠재력에 대한 믿음을 보여 준다.)
- 영향(상대와 협력하면서 상대를 슬기롭게 움직이는 법을 안다.)

이와 같은 능력을 발전시키려면 분명 연습이 필요하다. 다만 그렇게 하라고 명령을 받는다고 해서 되는 일은 아니다. 보통 호텔이나 레스토랑에서 종업원들이 손님에게 형식적인 인사를 건네는데, 그들이 그렇게 하라고 지시받았기 때문에 하는 인사라는 사실을 우리는 안다. 진부한 인사말에 어떤 의미를 부여하기에는 오늘날 고객들의 감정적 눈치가 여간 빠른 것이 아니다. 정서적으로 연결될 수 있느냐가 핵심이지 행동만 바꿔서 되는 일이 아닌 것이다. 사람을 이끌기 전에 사람의 마음부터 읽어야 한다. 마음을 먼저 읽고 세심한 주의를 기울인 다음 리드하라.

리더라면 리더십의 기본 원칙을 따라야 한다. 수세기, 심지어 수천 년 동안 유능한 리더들은 원칙을 지켜 왔다. 하지만 리더가 필요한 순간에 나타나 자신의 관심이 단지 군중이 아니라 개개인에게도 향해 있다고 사람들이 느끼게끔 표현하는 일은, 전혀 다른 문제다. 이러한 리더에게는 진정성이 풍긴다. 이들은 형식에 개인적인 관심을 더한다.

누군가가 생일축하 카드를 보냈지만 그 안에 아무런 사적인 말도 담겨 있지 않았다고 상상해 보자. 카드를 보낸 것 자체는 멋진 일이지만 최소한의 기본만 한 것, 그러니까 인사말이 이미 적혀 있는 카드에 우표만 달랑 붙어 있었다면 어땠을까? 카드는 발신자가 긍정적이고 행운을 비는 개인적인 말들을 남길 때 새로운 의미를 갖는다. 따라서 발신자는 형식을 넘어서 한 사람 한 사람에게 전하는 인사말을 첨가해야 한다.

인사카드가 처음 사용된 것은 중국과 이집트에서였다. 후에 인쇄기와 우표가 등장하면서 인사카드는 대량생산될 수 있었다. 가장 초기에는 일반적인 인사말만 담긴 카드가 대량으로 인쇄되었으며 카드 아래쪽에는 발신자 서명만 있었다. 시간이 흐르면서 전통적인 방식은 진화했고 발신자가 수신자에게 사적인 생각이나 느낌을 카드에 추가해 전달하기 시작했다. 이에 따라 리더에 대한 기대치도 높아졌다.

모두를 포괄적으로 대하는 리더는 평범한 리더에 불과하다. 이들은 필요할 때 모습을 드러내어 자신이 함께할 가치가 있는 사람이라는 신호를 전달해야 함을 머리로는 알고 있다. 하지만 사적인 카드 발송은 평균 점수밖에 받지 못하는 최소한의 행동이다. 방에서 꿈쩍도 않고 인사카드만 우편으로 발송할 뿐이니 말이다.

마더 테레사 수녀처럼 감동을 주는 리더들은 모습을 드러내고 더 나아가 인사카드 하단에 개인적인 메시지까지 추가한다. 테레사 수녀는 교육자였을 당시 학교 규모가 점점 커졌어도 학생들 개개인을 직접 관리했다. 학생 수가 많아질수록 새로 입학하는 학생들은 소심해지고 위축될 수 있었는데, 그녀의 학생 중 한 명은 이렇게 기억했다. "그 도시를 한 번도 가본 적이 없었고 새 학교인 로레토 세인트메리에서 무엇과 대면하게 될지 몰랐기 때문에 조금 긴장했었습니다. 하지만 두려움은 그녀를 만나는 순간 완전히 사라졌어요. 입학식 날 그녀는 휴게실로 들어와 완벽한 벵골어로 제 이름을 불러 주며 벵골식 관습과 언어로 저를 반갑게 맞이했습니다. 저를 얼마나 환영해 주었는지 모릅니다!" 그녀는 모든 학생을 저마다의 관습과 모국어로 환영해 주었다.

스토리 전쟁에서 승리하기

개인을 깊이 위하면서도 본질적으로 전체를 위하는 리더십의 주요 이점 중 하나는 사람들의 마음에 가닿을 힘을 지닌다는 것이다. 이 역설을 실천하는 리더는 다른 사람들의 마음속에 감탄할 만한 이미지를 심는데, 이러한 리더를 생각할 때 떠오르는 스토리는 대단히 매력적이다.

결국 리더의 성공은, 팀원들이 리더에 대해 어떤 "스토리"를 기억하는지에 달려 있다. 최소한의 것만 하게 하는 리더와 그 이상을 하게 하는 리더, 팀원들은 자신의 리더가 둘 중 어느 쪽에 가깝다고 생각할까? 사실 그들이 이 질문에 답을 할 수 있든 없든, 리더는 끊임없이 팀원들의 마음속에 스토리를 창조하고 있다. 스토리는 긍정적이거나 부정적일 수 있고, 다정하거나 무뚝뚝할 수 있고, 믿음직하거나 못 미더울 수도 있다. 따라서 비상한 리더가 되려면 스스로의 말과 행동을 통해 늘 스토리가 형성되고 있다는 사실을 항상 의식하고 있어야 한다. 이것이 바로 스토리 전쟁이다. 이러한 리더는 스토리 전쟁에서 승리해 팀원의 마음을 사로잡는다.

조나 삭스Jonas Sachs는 2012년에 『스토리 전쟁(Winning the Story Wars)』을 저술했다. 리더가 목표 달성을 위해 동기 부여를 하는 과정에서 어떻게 사람들의 내면에 스토리를 형성하는지에 관한 책이다. 인간은 언제나 의사소통에 집착해 왔다. 역사를 통틀어 볼 때 누군가가 말하는 이야기는 그 사람을 규정했고 말하는 방식 역시 그 사람을 특징지었다. 그리고 능력 있는 리더는 자신이 살고 있는 시대의 이용 가능한 수단을 활용할 줄 안다. 조나 삭스는 인류가 커뮤니케이션의 세 가지 주요 시대를 경험했다고 역설한다.

구전 전통의 시대

아이디어가 집단 내부에서, 사람에서 사람으로 확산된다. 사람들은 아이디어를 잠시 보유하면서 수정하다가, 사회관계망 안에서 아이디어를 공유하거나 혹은 아이디어가 사라지도록 내버려 둔다. 아이디어가 구두로 전파된다는 면에서 가장 적합하고 설득력 있는 아이디어만이 살아남고 자라나는 적자생존과도 같았다. 이 시대에 메시지 내용은 개인적이지만 대중으로까지 확장되지는 않았다. 이야기는 입에서 입으로, 사람에서 사람으로, 가족에서 가족으로, 지역사회에서 지역사회로 전해졌지만 그 과정은 느리고 힘들었다.

방송 시대

세월이 흘러 메시지는 인쇄물과 전자미디어를 통해 확산될 수 있었다. 방송 시대에 들어서 대부분 아이디어는 기록될 수 있었으므로 의사 전달자도 모르는 군중에게 더 빠르고 더 널리 전달될 수 있었다. 문자언어를 이용해 사람들은 양피지에 글을 옮겨 적을 수 있었고 인쇄기를 통해 소책자나 책을 재생산할 수 있었다. 그리고 전자기술 덕에 라디오와 텔레비전으로 방송을 하고 그 내용을 저장할 수 있었다. 그야말로 광범위한 메시지 전달이 가능하게 된 것이다. 이제 메시지는 개인에 초점이 맞춰지기보다는 대중으로 확장되었다.

디지토럴 시대

오늘날 이야기나 메시지는 수많은 사람에게 전달될 수 있지만 이는 컴퓨터와 스마트기기 등 디지털 방식으로 이루어지기 때문에, 메시지 내용이 개인적이며 특정인에게 맞춤화될 수도 있다. 메시지는 디지털로 전달될 수 있으므로 마치 그들만을 위한 것처럼 수많은 틈새에 몇 번이고 복제되고 개인화될 수 있다. 이제 커뮤니케이션과 리더십은 개개인에 초점을 맞추면서 확장될 수도 있

—
이 세 가지 중 당신은
어떤 것을 가장 많이
활용하는가? 어떻게
해야 우리가 살고 있는
"디지토럴" 시대를 더 잘
활용할 수 있는가?

다. 메시지는 특정 그룹을 겨냥해 지정된 사람들에게 보낼 수 있다. 오늘날 이러한 기회를 활용할 줄 아는 리더는 마음만 먹으면 원하는 것 무엇이든 할 수 있다.[8]

다시 한번 강조하지만 가장 적합한 것이 살아남는 적자생존이다. 그렇다면 이 시대 리더십의 성공 열쇠는 무엇인가? 가능한 한 빠르게 디지토럴 시대를 활용하는 리더십으로 나아가야 한다. 마음만 먹으면 원하는 사람 모두에게 다가갈 수 있는 동시에 모든 이에게 개인적으로 느껴지는 메시지도 공유할 수 있다.

지금부터는 실용적인 이야기를 해보자. 전에 언급했듯 나는 리더십 트레이닝을 할 때 이미지를 잘 활용한다. 이 트레이닝 과정을 '해비튜드-리더십 습관과 태도를 형성해 주는 이미지'라 부른다. 당신의 리더십을 향상시킬 이미지 다섯 가지를 소개한다.

창과 거울

리더가 커튼을 걷고 자신의 영혼이 비친 창을 사람들과 공유할 때, 그 창은 사람들이 스스로의 모습을 비추어 볼 수 있는 거울이 된다. 다시 말해 리더가 사적인 고투과 인간미를 보여 줄 때, 사람들은 리더를 더 많이 존경하지 덜 존경하지는 않는다. 리더가 사람들에게 동질감을 전하면 그들은 자기 자신의 삶을 반추해 본다. 어떻게 하면 팀원들에게 더 진실성 있고 투명한 리더가 될 수 있겠는가?

망원경과 현미경

전에 언급했듯 유능한 리더는 망원경으로 멀리 그리고 넓게 내다보며 큰 그림을 조망한다. 하지만 동시에 현미경을 사용해 팀원들 삶의 작은 부분과 미묘한 차이도 살핀다. 이 덕에 신뢰가 더 깊어질 수 있는데, 팀원들은 리더가 미래 방향성을 내다보면서도 자신들이 어떤 영향을 받는지도 잘 알고 있다고 생각하기 때문이다. 그렇다면 당신은 어떻게 하면 당신이 큰 그림과 세세한 부분에 모두 신경 쓴다는 사실을 팀원들에게 더 효과적으로 전할 수 있겠는가?

몹시 마른 셰프

점심시간에 식당에 들어갔는데 내부가 텅텅 비어 있고 셰프가 야위어 보인다면 당신은 이곳에서 점심을 먹어도 될지 고민하지 않을까? 마찬가지로 사람들은 리더가 자신들에게 시킨 것을 과연 스스로도 실천할지 궁금해한다. 리더가 과연 본인이 가르친 내용을 행동으로 옮길까? 이렇게 생각하다 보면, 내가 한 행동이 팀원들에게 전달한 메시지를 확고히 했는지 아니면 훼손했는지 되돌아보게 된다. 그렇다면 팀원들과 더 깊은 신뢰를 형성할 수 있는 방법은 무엇이겠는가?

치과의사와 충치

충치가 생겼을 때 치과에 가면 의사가 충치를 되도록 빨리 때우려 한다는 사실을 눈치 챘는가? 왜 그럴까? 치과의사는 치아를 때우지 않으면 박테리아가 생긴다는 것을 알기 때문이다. 마찬가지로 불확실한 시기에 사람들은 정신적 "충치", 즉 부정확한 설명들로 채워지곤 하는 빈 공간을 갖게 된다. 따라서 리더는 치과의사가 되어 그 구멍을 진실되고 정확한 정보로 채워 주어야 한다. 당신은 어떻게 해야 전체와 개인 모두를 위한 이야기를 팀원들에게 더 잘 전달할 수 있겠는가?

청진기와 치료

그 어떤 의사도 처방전을 손에 들고 환자를 맞이하지 않는다. 진찰부터 하고 그 다음에 치료법을 제공한다. 마찬가지로 리더도 관계의 청진기를 사람들의 가슴에 대어 그들의 마음을 살피고 나서 어떻게 대해야 하는지를 결정한다. 소통하기에 앞서 공감이 우선이다. 리더십을 발휘하기에 앞서 경청해야 한다. 방향을 제시하기 전에 진단을 해야 한다. 그렇다면 당신은 어떻게 팀원들에게 관계의 청진기를 더 효과적으로 댈 수 있겠는가?"

전체와 개인의 역설 한눈에 보기

리더가 전체를 위할 때	리더가 개인을 위할 때
팀원들은 리더가 큰 그림을 바라보고 있다고 생각한다.	팀원들은 리더가 자신들의 이야기에 관심을 갖고 있다고 생각한다.
미션보다 중요한 팀원은 없다.	모든 팀원은 그들의 일보다 중요하다.
전문적 훈련을 제공한다.	자기계발 기회를 제공한다.
조직의 사명을 책임지고 관리한다.	팀원 개인의 재능과 능력을 책임지고 관리한다.
팀 전체는 목표를 중요하게 여기게 된다.	팀원들은 각자의 삶을 소중히 여기게 된다.

– 전체와 개인 사이 균형 잡기 실천법 –

1. 모두에게 호의를 베풀면 좋지만 한 사람에게만 베풀어도 괜찮다. 리더들은 누군가에게 호의 베푸는 것을 자제할 때가 굉장히 많은데, 그 이유는 모두에게 그렇게 해줄 수 없는 것이 결국 공평성을 해칠 수 있다고 생각하기 때문이다. 하지만 이건 솔직히 변명에 불과하다. 필요한 경우 친절을 베풀고 그냥 그렇게 상황을 흘려보내면 어떨까? 굳이 그 사실을 여기저기 말하지 말고 팀원 모두에게 멋진 선심을 쓸 수 없다는 것을 걱정하지 말자. 이렇게 생각하고 행동하다 보면 모든 직원에게 다가갈 수 있는 날이 언젠가는 올 것이다.

2. 말하기 전에 적극적으로 경청하자. 한때 아메리카 원주민들은 갈등을 해결할 때 발언 막대기인 "토킹스틱"을 활용했다. 대립되는 두 당사자가 자리에 앉아 있으면 토킹스틱을 든 한 사람만 발언할 수 있었다. 상대방이 자신의 말을 다 듣고 완전히 이해했다고 판단되면, 상대방에게 토킹스틱을 넘겨 그 사람의 관점을 귀 담아 듣는다. 이런 방식으로 문제를 풀어 나갔다. 상대방이 말하는 도중에 끼어들지 않고 적극적으로 경청할 때 사회적 지능이 발달된다. 타인이 말할 때 그 억양을 듣고, 뉘앙스를 감지하고, 말의 의미를 되짚어 봄으로써 우리는 실마리를 얻는다. 이때 메모를 하면 도움이 된다.

3. 주변에서 일어나는 일에 의식적으로 주의를 기울이자. 그날그날 주위 환경과 주변 사람들을 관찰하자. 당신이 다른 사람으로부터 받고, 사람들이 다른 이에게 보내는 미묘한 사회적

신호에 주목하자. 어떤 메시지가 오가는가? 각 개인이 상대방에 따라 어떻게 다르게 상호작용하는지 그 차이점을 주의 깊게 살펴보아라. 어떻게 내 말의 맥락이 상대방 행동의 원인이 되는지, 반대로 어떻게 상대방 말의 맥락이 내 행동의 원인이 되는지 알게 될 것이다. 그러면 당신이 하는 말은 개인에게 더욱 초점이 맞춰질 것이다.

4. 당신과 교류하는 사람들 개인의 가치를 높여 주려 애쓰자. 우리는 좋은 습관을 만들어 가야 할 필요가 있다. 나의 습관 중 하나는 '누군가와 개인적으로 10분 혹은 그 이상 상호작용할 때 상대의 가치를 높여 주는 무언가를 행동하거나 말하기'였다. 가령 격려의 말을 해준다거나 그 사람을 도울 수 있는 내 지인을 소개한다거나 아니면 책을 추천해 줄 수 있겠다. 내가 지금 무엇을 이야기하고 있는지 감지했을 것이다. 이러한 마음가짐으로 사람들과 상호작용을 하면 호기심이 발동되는데, 이때 우리는 상대방과의 유대 연결고리를 발견할 수 있다.

5. 매주 새로운 관계를 구축하자. 이 과정에서 우리 뇌는 특정한 영향을 받는다. 몇 주 동안 매일 무거운 웨이트를 들면 이두박근이 커지듯, 우리가 사람들과 개인적인 관계를 맺으면 우리 뇌도 유연성이 생기고 더 강해진다. 뇌에서 신경 사이의 연결 흐름이 보다 효율적으로 변하는 것이다. 참고로 우리가 새로운 사람들과의 연결고리를 강화할 때 두개골은 뇌부종을 예방해 주고 신경전달물질은 신경 이동의 흐름을 더 효율적으로 만든다. 새로운 관계를 형성하는 것은 감성 지능을 훈련시키는 일과 같다.

6. 전체적인 메시지를 전할 때마다 개인적인 메시지도 함께 넣자. 리더는 전체적인 메시지와 개인적인 메시지를 모두 전해야 한다는 사실을 잊어서는 안 된다. 당신의 강점이 한 사람 한 사람을 잘 위하고 더 나아가 친밀한 리더십을 보여 주는 것이라면, 전체를 위하는 리더십을 표현하고 비전을 전하는 데 집중하는 편이 좋을 것이다. 이번 주에는 당신이 전하는 메시지 안에 이 두 가지를 포함시키도록 노력해 보자. 그리고 사람들이 어떤 영향을 받고 사람들의 인지 수조와 감정 수조가 어떻게 채워지는지 지켜보자.

● **Check List** ●

- 큰 크림을 보고 행동하는 전체를 위하는 리더와 한 번에 한 사람만 살피는 개개인을 위하는 리더, 둘 중 당신은 어느 쪽에 더 가깝습니까? 그 이유는 무엇입니까?
- 이 장에 등장한 마더 테레사 수녀의 이야기나 다른 사례에서 어느 부분이 가장 인상 깊었습니까?
- 팬데믹 후유증 속에서 이 역설을 실천함으로써 얻을 수 있는 가장 중요한 이점은 무엇이라고 생각합니까?
- 역설을 구현하는 과정에서 어떤 점이 가장 어렵습니까?
- 역설을 고려해 볼 때 당신의 리더십을 어떻게 향상시킬 수 있겠습니까?

지도자와 학습자

배워라, 잊어라,
그리고 다시 배워라

배움에 대한 수용 능력은 선물이고,
배울 줄 아는 능력은 기술이며,
배우려는 의지는 선택이다.

- 브라이언 허버트

2006년 안젤라 아렌츠Angela Ahrendts가 버버리의 최고경영자 영입 제안을 수락했을 무렵 이 럭셔리 트렌치코트 회사의 매출은 수년째 감소하는 추세였다. 당시 약 150년의 역사를 이어 오던 영국 브랜드 버버리는 명품 이미지를 유지하면서 격자무늬 패턴의 트렌치코트를 중년 이상 부유한 여성층을 대상으로 판매하고 있었다.

안젤라는 지난날의 성공과 경험을 인정받아 버버리를 이끌어 달라는 부탁을 받았고, 그녀는 회사를 회복시킬 아이디어를 들고 현업에 합류했다. 그녀의 초기 행보는 호기심을 끌었다. 직속 부하직원과 회의를 마친 후 버버리에서 가장 어린 직원들과의 미팅을 연달아 잡았다. 유행에 민감한 젊은 전문가와 인턴도 모집하고 이들을 만나, 당시 버버리가 공략하지 못하고 있던 밀레니얼 세대의 목소리에 귀 기울여 그들에게 다가갈 생각이었다. "안젤라 아렌츠는 젊은 마케팅팀 직원들도 새로 뽑았는데, 대부분 25세 미만이었다. 버버리는 인스타그램과 핀터레스트, 트위터에 뛰어들어 과감한 사진을 선보이며 밀레니얼 세대의 영역에서 그들의 눈길을 사로잡았다."[1]

안젤라의 가장 영리한 행보를 꼽자면 전 크리에이티브 총괄 책임자이자 현 버버리 최고경영자인 크리스토퍼 베일리Christopher Bailey와 전 기술담당최고책임자인 존 더글라스John Douglas가 이끄는 사내 디지털 팀을 구성한 일일 것이다. 이 디지털팀은 젊은 고객의 흥미를 끌기 위해 자유롭게 토론하며 창조적인 아이디어를 끌어냈다.

가장 성공적인 움직임 중 하나는 "새 웹사이트를 개설하고 혁신적인 소셜미디어 캠페인을 시행한 일이었는데, 그 캠페인 중 하나가 모든 웹사이트 방문자가 버버리의 상징인 트렌치코트를 입고 찍은 사진을 올릴 수 있는 사진 플랫폼 「아트 오브 더 트렌치Art of the Trench」였다."[2] 그리고 놀랍게도 밀레니얼 세대들이 이곳에 사진을 포스팅하기 시작했다. 그것도 엄청나게 많이 말이다. 나도 이 웹사이트에 방문해 본 적이 있는데, 20대에서 30대쯤으로 보이는 젊고 세련된 사람들이 번화가에서 버버리 코트를 걸치고 있는 사진들이 넘쳐났다. 캠페인은 대성공이었다. 그녀는 버버리에 영입된 지 7년 만에 기업가치를 연 20억 파운드에서 70억 파운드 이상으로 끌어올렸다.

안젤라의 스토리 중 가장 인상 깊었던 대목은 그녀가 지도자이자 학습자였다는 사실이다. 그녀는 경영진을 이끄는 지도자로서 디지털로의 전환을 이룩하고 마케팅 접근 방식을 새롭게 바꾸며 젊은 친구들을 고용해야 한다고 강조했다. 그리고 실제로 브랜드를 탈바꿈할 수 있는 해답을 제시했다. 그렇지만 그녀가 내린 현명한 결정들 중 무엇보다 눈에 띄는 것은 스스로 학습자가 되었다는 사실이다. 버버리에서 근무하는 내내 그녀는 또래에게 다가가는 방법을 직감적으로 알고 있는 젊은 직원들의 말에 귀 기울였다.[3]

2014년 애플의 리테일 담당 부사장직으로 이직했을 때도 배움의 자세를 유지했다. 『비즈니스 인사이더』는 다음과 같은 내용을 전했다. "애플 같은 기술 기업에서 고위 임원으로 재직하는 동안에도 안젤라 아렌츠는 발 빠른 움직임의 중요성을 보여 주었다. 특히 인스타그램, 유튜브, 우버 등의 앱이 우리의 관심을 지배하는 시대에서 말이다." 안젤라 아렌츠는 이렇게 말했다. "저는 리더들에게 아주 초기에, 빠르게, 그리고 더 빠르게 대처하라고 지시했습니다. 그래서 우리는 매뉴얼 같은 것들을 모두 없애고 트렌드에 맞춰 유연하게 일하기 시작했죠. 이것이 바로 전 세계 7만 명을 통합하고 그들과 나란히 설 수 있게 된 비결입니다."[4]

그녀는 지도자인 동시에 학습자였다.

평생 학습은 커리어의 필수요건

끊임없이 변화하는 시대를 살아가는 리더는 지도자가 되어야 하고 조직은 이에 적응해야 한다. 강연자이자 강사 마이클 조셉슨Michael Josephson은 이렇게 말했다. "위대한 리더는 사람들을 강압하는 것이 아니라 그들을 가르쳐 이끈다. 자신을 따르는 이들이 더 많은 것을 보고 이해할 수 있도록 도우며, 그들이 더 많은 역할을 수행할 수 있도록 영감을 불어넣고, 그들이 더 많은 일을 할 수 있도록 동기를 부여한다." 이를 위해 리더는 평생 동안 학습자가 되어 자신이 알고 있는 지식에 절대 안주하지 않고 변화에 맞추어 항상 적응해야 한다. 리더는 정보의 저장소이자 정보의 도서관이다. 적어도 비상한 리더에게는 맞는 표현이다.

매년 혁신적인 제품과 서비스는 남들이 놓친 기회를 포착한 사람들이 출시한다. 루키의 이점을 많이 활용할수록 안젤라 아렌츠처럼 오늘날 치열한 경쟁 세계에서 더 크게 성공할 것이다. 안젤라는 일반적인 통념에 센세이션을 일으켰다. 보통은 임원들이 아이디어를 구상한 뒤 그 아이디어를 인턴들이 실행하지만, 안젤라는 팀에서 가장 어린 사원에게서 창조적인 아이디어를 끌어내고, 임원들에게 네트워크와 예산을 이용해 아이디어를 주도적으로 실행하라고 했다. 안젤라는 굉장한 경험을 보유하고 있었음에도 루키의 자세로 본분을 다하며 경험이 적은 팀원들에게도 배우려는 자세를 유지했다. 겸손하고 간절한 태도를 보였으며 자신의 영예에 안주하지 않았다.

지혜롭고 비상한 리더는 커리어를 이어 가는 내내 이와 같은 태도를 유지한다. 책 후반부에서도 보겠지만 월트 디즈니Walt Disney는 말년에 자신의 역할에 대해 설명하기를 즐겼다고 한다. "어느 날 꼬마 소년이 '지금도 미키마우스를 그리세요?'라고 물었을 때 나는 난처했다. 더 이상 그림을 그리지 않는다고 솔직히 말해야 했다. '그러면 그 모든 재미있는 이야기나 아이디어를 직접 떠올리시는 거예요?' '아니. 그렇게 하지 않아.'라고 나는 답했다. 아이는 나를 올려다보더니 이렇게 말했다. '디즈니 아저씨, 그러면 무슨 일을 하세요?' '글쎄, 나는 가끔 나 자신을 작은 벌이라고 생각해. 스튜디오를 이쪽저쪽 날아다니며 꽃가루를 모으고 모두를 격려하지. 이게 바로 내 일인 것 같아.'"[5]

—
당신의 팀원들은 당신이 지도자와 학습자 중 어떤 모습에 더 가깝다고 이야기하나요?

다시 한번 강조하지만 리더는 지도자인 동시에 학습자여야 한다.

60년 전 존 F. 케네디 대통령은 "리더십과 학습은 서로 떼려야 뗄 수 없는 관계이다."라고 슬기롭게 생각했다. 오늘날만큼 이 말이 딱 들어맞는 시절이 있었을까. 기업 혁신가이자 저술가인 제이 새밋Jay Samit은 "평생 학습은 더 이상 사치가 아닌 커리어의 필수이다."라고 말했다.

지식의 주인이라는 착각을 버려라

스티브 잡스가 2005년 스탠퍼드대학교에서 했던 졸업식 축사가 기억난다. 그곳은 온통 사람들로 꽉 차 있었다. 그날 사람들이 어떤 연설을 기대했는지는 잘 모르지만 짐작하자면 '애플 신제품을 공개하거나 기술의 미래를 예견하거나 애플에서 이룬 업적을 되돌아보지 않을까?' 했을 것이다.

하지만 그는 모두를 놀라게 했다. 15분 동안 연단 위에 서서 이 짧은 시간에 개인적으로 겪은 시련과 여기서 얻은 교훈을 이야기할 뿐이었기 때문이다.

잡스는 명문 스탠포드대학교 졸업식장에서 자신이 대학을 졸업하지 않은 이유를 연설했다. 또 본인이 창업한 회사(애플)에서 해고당한 일을 설명했다. 그러고는 자신이 암에 걸렸으며 머지않아 죽을지도 모른다고 얘기했다. 잡스가 연설을 마치고 자리에 앉자 관중들은 함성을 지르며 기립 박수를 보냈다.

내가 잡스의 연설에서 가장 눈여겨 본 것은 작아진 그의 모습이었다. 그 전설적 리더가, 그 어마어마한 영향력을 지닌 우상이 다시 평범한 사람이 되어 있던 것이다. 비유적으로 표현하자면 연단에 서 있는 동안 발 받침대에서 내려왔다고 할 수 있겠다. 갑자기 모든 상황이 동등하게 느껴졌다. 모든 사람이 배우고 있었다. 아마도 지도자와 학습자가 서로 다른 사고방식을 지니고 있을 것이므로 이 사실은 믿기 어려울 수도 있다. 지도자는 스스로를 지식의 소유자라고 생각하고 학습자는 자신을 지식의 소비자, 즉 프로테제protégé라고 여기기 때문이다.

현실 속에서 지도자가 자기 자신을 '항상 지식을 나누면서도 또 언제나 지식을 받아들이는 유연한 지식 저장소'로 생각하기만 한다면, 지도자와 학습자는 유사한 패러다임을 보일 수 있다. 나는 우리 팀을 포함해 강연을 듣는 청중에게 무언가를 가르칠 때마다 스스로 '이건 오늘의 내가 알고 있는 내용이야.'라고 되뇐다. 그리고 그들에게는 "이건 오늘의 제가 알고 있는 내용이지만, 저는 더 배워야 할 것이 있습니다."라고 이야기한다. 우리의 배움은 역동적이고 끝이 없다. 그렇기 때문에 내가 강연에서 더 큰 자신감과 열정을 보이면서도 질의응답 시간에는 청중들로부터 무언가를 배우는 것에 열려 있고 이를 열망할 수 있는 것이다. 그리고 이렇게 되기 위해서는 의식적인 결심이 필요하다.

배움의 자세는 일부 뛰어난 인물에게 흔히 찾아볼 수 있다. 『듄(Dune)』의 속편들을 집필한 소설가 브라이언 허버트Brian Herbert는 이렇게 역설했다. "배움에 대한 수용 능력은 선물이고, 배울 줄 아는 능력은 기술이며, 배우려는 의지는 선택이다." 역사를 통틀어 위대한 업적을 남긴 위인들의 관점도 이와 일치했다. 미켈란젤로Michelangelo는 87세가 되어서도 "나는 여전히 배우는 중이다."라고 말했다. 전설적인 첼리스트 파블로 카잘스Pablo Casals는 90세가 되어서도 왜 계속 연습을 하느냐고 묻는 질문에 "스스로 발전하고 있다고 느끼기 때문이다."라고 답했다. 마하트마 간디도 "내일 죽을 것처럼 살고 영원히 살 것처럼 배워라."라고 말했다.

학습하는 리더가 되는 3단계

1단계: 감정을 관리하라

지도자이자 학습자가 되는 전제 조건은 정서의 안정이다. 만약 당신이 정서가 불안정한 리더라면 머지않아 본인이 과거에 제시한 아이디어들을 옹호하기 시작할 것이다. 누군가가 더 좋은 해법을 갖고 있다면, 당신은 위협받거나 심지어 버림받는 기분까지 느낄지도 모른다. 나만의 영역을 계속 지키기 위해 다른 사람의 말을 더는 경청하지 않을 것이다.

가르칠 줄만 아는 리더들이 더 나은 식견을 제시하는 팀원 앞에서 당황하거나 굴욕감을 느끼는 모습을 지켜본 적이 있었다. 그들은 자신의 아이디어가 내몰릴 위기에 처할 때 본색을 드러내면서 방어적이고 비합리적이고 더 나아가 감정적으로 변한다. 왜 그럴까? 능력을 의심받으면 뇌의 편도체는 흥분하기 시작하고 그러면 그들은 뇌의 이성적인 부분에 의존하는 대신 투쟁 모드나 도피 모드로 전환하기 때문이다. 아이디어의 출처에 개의치 않고 최고의 아이디어를 확보하는 일보다는 타인의 눈에 자신이 어떻게 비치는지에 더 정신을 쏟게 되면서 생존 모드로 바뀌는 것이다. 이내 그들은 누군가가 제기한 의문에도 완강히 버텨야 한다고 생각하며 뜻을 굽히지 않을 것이다. 솔직히 말해 나는 배움의 의지가 있는 리더 중에 정서가 불안정한 사람을 한 명도 보지 못했다. 결국 1단계의 핵심은 정서적 지능 높이기이다.

리더와 지도자이면서 계속 학습자로 남으려면 감정을 관리할 줄 알아야 하고, 그러기 위해서는 정서적 지능이라고 정의하는 다음의 네 가지 능력 중 1번과 2번에 능해야 한다.

1. 자기인식
2. 자기관리
3. 사회인식
4. 관계관리

1번 자기인식과 2번 자기관리는 개인적인 발달을 필요로 한다. 특정 순간에 우리가 스스로 느끼는 감정을 알아차릴 수 있는지, 그 감정이 유발된 원인을 파악할 수 있는지, 그리고 발전으로 이어지도록 하는 반응을 관리하는 방법과 관련이 있다. 3번 사회인식과 4번 관계 관리는 관념을 사회적 상호작용으로 변환하는 과정이다. 감정이 나타나는 데는 다 그만한 이유가 있다. 감정은 삶에서 경험하는 것에 대한 반응이므로 항상 어딘가에서 생겨난다. 당신이 숙련된 베테랑일 때 "학습자" 태도를 유지하기가 더욱 힘든 이유는, 당신이 배우는 것들의 일부가 당신보다 훨씬 경험이 부족하고 심지어는 지성과 역량이 훨씬 부족한 사람들에게서 나오는 까닭이다.

비상한 리더들은 여기에서 발현되는 감정을 극복해 낸다. 내 딸 베서니Bethany는 열여덟 살 때 배심원 소환장을 받은 적이 있었다. 상점 강도 및 살인 재판이었는데, 10대가 경험하기에는 꽤 충격적인 사건이었다. 양측 변호사는 모두 내 딸을 설득하기 쉬우리라 생각하고 그녀가 배심원에 서주기를 원했다. 검사와 피고 측 변호인단이 사건에 대한 의견을 진술했고 평결은 몇 시간 동안 숙고하던 배심원단에게 맡겨졌다. 그러나 배심원단은 의견 불일치로 판단을 내리지 못했다. 베서니는 계속 조용하고 공손하게 있었다. 그러던 중 한 배심원이 베서니에게 이 사건을 어떻게 생각하느냐고 묻자 그녀는 "피고인이 증인석에 있는 동안 셔츠 깃을 만지작거리는, 초조할 때 보이는 습관을 다들 눈치 채셨나요?"라고 질문했다. 모두 고개를 끄덕이자 베서니는 강도 사건의 CCTV를 다시 시청해 보자고 제안했다. 아니나 다를까, 가게를 털던 그 남자는 베서니의 말처럼 똑같이 옷깃을 만지작거리고 있었다. 이내 판단이 명확히 선 배심원단은 평결을 내렸다. 재판이 끝나고 판사는 베서니에게 다가와 말했다. "학생, 관찰력이 굉장하더군요. 저는 이 재판에서 배심원들에게 공유할 수 없던 것까지 알고 있었어요. 학생이 그 단서를 알아차릴 정도의 통찰력을 보여 주어서 기쁩니다."

경험은 적지만 정서적 지능은 높은 10대의 말에 배심원단이 귀 기울여 줬다는 사실을 분명 피해자 가족도 기뻐했을 것이다. 나중에 베서니는 피해자 측 가족과 피고인 측 가족이 모두 소중한 사람을 잃었다는 사실에 감정이 이입되어 고통스러웠다고 말했다. 그렇지만 그녀는 자신의 감정을 세밀히 살핀 뒤 힘든 결단을 내렸다. 이것이 바로 정서적 지능이 이루어 낼 수 있는 일이다.

어떤 상황에서든 감정을 관리하는 능력, 즉 EQ(감성지수)가 높은 사람은 그렇지 않은 사람보다 연 29,000달러를 더 벌고 더 높은 지위로 올라간다.[6] 그리고 대부분 산업에서 더 높은 지위일수록 더 우수한 EQ가 요구된다. 정서적 지능을 확인해 볼 수 있는 명확한 방법 중 하나는, 높은 지위에 있을 때 부하 직원에게 배우려는 자세를 유지할 수 있느냐를 보는 것이다. 이처럼 나 자신의 감정과 타인의 감정을 의식해 사람들과 성공적으로 상호작용하는 능력이 바로 관계관리이다.

거의 40년 전 존 맥스웰의 팀에 합류했을 당시 나는 존에게서 이 주제에 관한 통찰을 얻었다. 존은 샌디에이고 스카이라인 교회에 27년 간 몸담았던 창립목사 오르발 부처Orval Butcher의 뒤를 이어 1981년에 담임목사가 되었다. 존은 부임했을 무렵 해리라는 나이 지긋한 신도가 자신이나 자신의 리더십 스타일을 좋아하지 않는 것 같다고 느꼈다. 해리 부부는 매주 일요일 아침 예배를 참석했는데 존이 해리에게 인사할 때마다 그는 거의 대답도 하지 않았고 존이 악수하자고 손을 내밀어도 받아 주지 않았다.

결국 존은 해리의 아내에게 혹시 잘못된 문제가 있는지, 자신이 해리의 기분을 상하게 한 일이 있었는지 물었다. 그러자 그녀는 웃으며 대답했다. "목사님은 아무런 잘못 없어요. 단지 그이가 오르발 부처 목사님을 너무 좋아했던 것뿐입니다. 그런데 목사님이 후임으로 오셨으니 그런 거예요." 그 다음 주에 존은 큰마음을 먹고 해리에게 잠시 만날 수 있는지 물었다. 그는 이에 동의했고 존의 사무실로 들어와 팔짱을 낀 채 인상을 찌푸리며 앉았다.

기분 좋은 만남이 될 리가 없었다. 존은 해리의 맞은편에 앉은 뒤 와줘서 고맙다는 말을 전했다. 그러고는 "괜찮으시다면 오르발 부처 목사와의 좋았던 기억 몇 가지를 말씀해 주실 수 있습니까?"라고 물으며 해리를 놀라게 했다. 해리의 얼굴에는 화색이 묻어났다. 그리고 수년간 쌓아 온 기억을 공유하기 시작했다. 오르발 부처 목사가 그의 가족들을 위해 결혼식 주례를 봐주고 장례를 치르고 세례를 해주었던 그간의 추억을 나누기 시작했다. 그가 말을 마치자 존은 몸을 앞으로 숙이고는 말했다. "아름다운 추억이군요, 해리. 부처 목사에 대한 감사의 마음이 잘 느껴집니다. 그리고 그것이 어떤 의미든 지금처럼 부처 목사를 계속 사랑해야 한다고 생각합니다. 훌륭한 리더이자 친구였으니까요." 해리는 존의 아낌없는 격려에 약간 흠칫했다. 존은 잠시 고민하더니 이렇게 덧붙였다. "하지만 해리, 부처 목사를 온 마음으로 사랑한 후에… 남은 사랑이 있다면 제가 그 사랑을 가질 수 있을까요?"

해리는 크게 감동했다. 해리의 새로운 리더가 부탁했던 건 단지 그에게 남아 있는 사랑이었다. 그날 두 남자는 눈물을 왈칵 쏟았다. 해리는 사무실을 나가며 처음으로 존에게 포옹을 제안했다.

만남 이후로 해리는 다시 웃음 띤 얼굴로 예전에 교회에서 활동했을 때의 모습을 되찾았다. 그리고 이는 모든 사람에게 '해리에게 무슨 일이 일어난 거지?'라는 의문을 남겼다. 내가 가장 생생히 기억하는 대목은, 해리가 일요일 예배 후 신도들이 거의 다 떠날 때까지 교회에 남아 있었다는 것이다. 해리는 존 맥스웰 목사에게 조심스럽게 다가가 푸근하게 안아 주며 귀에 대고 작게 말했다. "이것이 내가 남겨놓은 사랑입니다."

이 이야기의 요점은 무엇일까? 존 맥스웰이 다른 누군가를 위해 자신의 감정을 잘 관리했다는 점이다. 견고한 관계를 추구하고 이를 소중히 여겨야 한다는 데 대부분 공감할 것이며, 그 관계는 우리가 사람들을 어떻게 이해하고 대하는지에 대한 결과이자 발자취이다. 이것은 논리적이고 이해하기 쉬운 방정식으로 풀 수도 있다. 나의 감정을 잘 다스리면 관계가 더 좋아지는 경향이 있다. 관계가 더 좋아지면 상대의 말을 잘 받아들이곤 한다. 상대의 말을 잘 받아들이면 지속적으로 배움의 의지를 갖고 성장한다.

2단계: 패러다임을 적극 활용하라

알다시피 패러다임은 약이 될 수도 독이 될 수도 있다. 패러다임은 경계를 정하고 그 안에서 성공하는 법을 알려 주는 일련의 규칙이다. 사람의 뇌는 자연스럽게 프레임워크를 개발하기 때문에 우리는 온종일 모든 일을 의식적으로 생각하면서 할 필요가 없다. 하루 중 습관적으로 하는 일의 비중이 얼마나 될까?

신경생물학자와 인지심리학자의 연구에 따르면 우리가 생각하고 말하고 행동하는 방식인 인간행동 중 40~95%가 잠재의식 범주에 속한다고 한다. 그 비율이 50%밖에 되지 않는다 하더라도, 하루 중 절반은 양치질하고 우측통행 운전을 하고 매일 커피 한 잔씩 마시는 행위처럼 자동적으로 행동한다.[7] 만일 패러다임이 없다면 규칙적으로 하는 모든 일에 모조리 정신 에너지를 쏟아부어 정오도 되기 전에 지칠 것이다.

문제는 패러다임으로 인해 시야가 제한될 수도 있다는 점이다. 지금부터 이것을 설명해 보려 한다. 다음의 짧은 구절을 읽어 보자.

London in the the summertime.

이 문장에서 "the"가 두 번 나왔다는 사실을 포착했는가? 이를 놓치는 사람이 많은데, 그 이유는 문장 구조를 바라보는 패러다임으로 인해 우리가 그 구절의 의미를 이미 알고 있다고 간주하기 때문이다. 두 번째 "the"는 그 자리에 있으면 안 되지만, 설사 그렇다 하더라도 대개의 경우 문장을 정확히 읽는 데는 문제가 없다. 이렇듯 우리는 실수를 놓치거나 평소와 다른 방식으로 말하는 것을 못 보고 지나칠 수도 있으며, 더 나아가 다른 사람은 발견할 수 있는 명백한 결함을 놓칠 수도 있다. 으레 그럴 것이라는 추정과 예상은 우리를 안 좋은 쪽으로 눈멀게 한다. 결국 패러다임은 기대를 만들고 또 기대를 제한한다. 하지만 이 시점에 리더는 패러다임을 전환해야 한다. 패러다임 전환은 쌓여 온 규칙들이 바뀔 때 발생한다. 현실을 바라보는 렌즈를 교체하는 일이라 할 수 있다.

이 진실을 이롭게 활용한 적이 있다. 신경과학 분야에서 인간의 좌뇌와 우뇌에 관한 놀라운 사실이 발견된 직후인 2002년에, 나는 본격적으로 해비튜드 커리큘럼을 짜기 시작했다. 그 무렵 전통적인 교수법을 활용하는 학교와 연수원에서 강한 인상을 주는 단어는 많이 사용하지만 사진은 거의 사용하지 않는다는 사실을 관찰하게 되었다. 어찌 됐든 사진은 학술적이거나 학문적으로 느껴지지 않는다. 역사 수업은 날짜, 전투, 장군을 암기하는 시간이 아니었던가. 하지만 인간의 뇌는 이미지로 생각한다. 대뇌피질은 이미지를 통해 정보를 보유하고 편도체는 감정을 통해 경험을 간직한다. 그래서 나는 생각했다. '중요한 개념을 가르칠 때 생각과 감정을 모두 자극하는 이미지를 활용해 보면 어떨까?' 그리고 이것은 우리의 교육법, 즉 리더십에 걸맞은 습관과 태도를 형성해 주는 이미지 학습법인 해비튜드로 발전했다. 여기서 각 이미지는 세월이 흘러도 변치 않는 원칙을 보여 주고 감정과 대화를 유도한다. 이미지는 천 마디 말만큼의 가치가 있다.

나는 전통적인 교육자들이 흔히 얽매이는 기존 패러다임에 구속되지 않았다. 당신이 지도자이자 학습자가 되면 업계 외부에 있는 사람처럼 사고할 수 있다. 다시 말해 당신이 이미 알고 있는 정보나 선택된 소수로부터 선별된 정보만이 아닌 모든 정보를 더 열린 마음으로 받아들일 수 있게 되는 것이다. 수십 년 전 "나에게는 특별한 재능이 없다. 열렬한 호기심이 있을 뿐이다."라고 말한 알베르트 아인슈타인Albert Einstein은 그 사실을 지각하고 있었다. 배움에 대한 갈증은 그가 쌓아 온 지식을 넘어섰다. 그는 이어 이렇게 말했다. "배움을 멈추면 죽기 시작한다."

패러다임 전환에 다음 요소들은 필수적이다. 먼저 지금의 현실이 아닌 목표점을 염두에 두고 시작해야 한다. 당신은 "무엇을 성취하고 싶은가? 다른 업계에서 성공한 이에게 물어라. "당신 같으면 어떻게 하시겠습니까?" 혹은 문 밖으로 나갔다가 다시 들어와서 상상하자. "다시 시작해야 한다면 어떻게 해보고 싶은가?"

2016년 가을, 블랙베리는 스마트폰 생산 중단 계획을 발표했다. 블랙베리의 초창기 시절을 떠올리면 믿기 어려운 소식이다. 거의 20년 전 블랙베리는 상징적인 모바일 기기와 쿼티 키보드 그리고 정교한 소프트웨어로 업계를 선도했다. 한때 블랙베리의 시장점유율은 50%였다. 하지만 나중에 가서는 1%로 떨어졌다. 안타깝게도 블랙베리가 시장의 주요 변화를 예측하지 못하는 사이 아이폰과 안드로이드가 시장을 장악했다. 블랙베리는 새로운 패러다임에 적응하지 못했다. 새로운 정보를 듣고 학습하는 데 실패했다.

앨빈 토플러Alvin Toffler는 말했다. "미래의 문맹은 읽거나 쓰지 못하는 이들이 아

—
당신은 새로운 패러다임을 받아들이는 데 어떻게 열린 마음을 유지하는가?

니다. 배우지 못하고, 배운 것을 잊지 못하고, 새로 배우지 못하는 이들이다." 그렇다면 이 질문에 답해 보자. '배운 것을 잊어야 한다는 사실에서 무엇을 배울 수 있는가?'

3단계: 우주 왕복선의 결함을 피하라

이것은 우리 리더십 프로그램의 가장 최신 콘텐츠 중 하나다. 1986년 1월, 우주왕복선 챌린저호가 발사 73초 후 폭발해 탑승 비행사 7명 전원이 사망했다. 끔찍한 일이었다. 안타깝게도 이 비극은 엔지니어들이 시정해야 할 설계가 있다는 사실을 알고도 그렇게 하지 않은 실수에서 비롯된 일이었다.

2003년 우주왕복선 컬럼비아호도 임무 도중에 폭발해 비행사 7명 전원이 사망했다. 그 이전부터 거의 모든 이륙 시점에 발포단열재가 발사체에서 파손되어 떨어져 나갔는데 나사는 이 문제에 익숙해져 있었다. 그러다 끝내 실제 상황에서 발포단열재 파편들이 왕복선의 가장 취약한 부분을 때렸다. 테스트 비행에서 매번 지속적으로 발생한 문제였기에 그들은 그것을 프로세스의 정상 결과로 여겼다. 딱히 지장이 없었으니 괜찮다고 생각했던 것이다. 그러나 문제가 있던 것으로 판명되었다. 이번에도 7명의 우주비행사가 사망했다. 이처럼 때로는 결함이 정상이 된다.

두 우주왕복선과 관련된 나사의 관리자, 과학자, 엔지니어는 장애를 심각하고 엄격하게 의심하지 않았다. 품질관리 엔지니어가 왕복선의 결함을 경고했었지만 이는 무시되었다. 별달리 문제될 것이 없어 보였던 그 결함은 돈이 들어가는 재설계의 이유가 될 만큼 심각하지 않았다. 단열재 파손은 발사 프로세스에서 의도된 것은 아니었지만 일반적인 발사 프로세스의 일부로 간주되었다.

어떤 조직이든 결함의 정상화를 경험한다. 우리 조직의 신임 사장인 스티브 무어Steve Moore는 팀에 합류할 때 이와 관련된 통찰을 공개적으로 전했다. 우리는 차선책에 만족하여 효율적인 시스템을 만들지 못한 실패담을 주제로 토론하기 시작했다. 사실 일상생활에서도 이러한 일을 겪는다. 자동차가 오래되면 문제가 나타나기 마련이다. 조수석 문을 열려면 손잡이를 위아래로 몇 번 흔들어야 한다든가, 대쉬보드 불빛이 꺼지지 않는다든가 혹은 후드 밑에서 잡음이 계속 나는 것과 같이 말이다. 그러나 사람들은 이런 불편을 그럭저럭 참고 지내는 법을 찾는다.

어떤 분야든 반복되는 문제를 고치기보다는 묵인하는 법을 배운다. 이는 조직 계층의 상하부 할 것 없이 언제나 발생하는 비용편익 분석 과정에서 생긴다. 조직의 업무 흐름에서 되풀이되는 문제를 예상하고 눈감고 받아들이려 하는 것을 정확히 말해 "결함의 정상화"라고 한다.

팀에서는 왜 그런 일을 방치할까?

우리는 무언가를 여전히 작동시킬 수 있으며 본래의 방법이 아직은 적절하다고 오판할 때 결함을 정상화한다. 우주왕복선 컬럼비아호의 사례를 생각해 보자. 스티브 무어는 우리 팀과 이야기하면서 정상 작동에서 반복되는 문제를 묵인하게 되는 네 가지 상황을 설명했다.

먼저 아직까지 성공적일 때다. 컬럼비아호는 1981년 4월에 최초로 발사되어 미션을 수행했고 이후 참사가 발생하기 전까지 스물여섯 번이 더 발사되어 미션을 성공시켰다. 여기서 리더가 마주하는 유혹은, 전반적인 결과가 그런대로 괜찮으면 차선의 상태를 수용하는 것이다. 그 상태가 "만족할 만하게" 보이기 때문이다.

둘째, 결함의 영향이 묵인할 만할 때다. 결함이 정상 과정으로 받아들여지면 이를 해결해야 하는 긴급성이 사라진다. 컬럼비아호가 발포단열재에 의해 파손되었다는 사실이 확실해졌을 때 나사 내부의 몇몇 사람은 궤도에서 구멍 뚫린 날개 사진을 입수하려 노력했다. 미국 국방부에서는 궤도용 카메라를 사용해 더 자세히 관찰할 계획이었다. 그러나 안타깝게도 나사 관계자들은 그 제안을 거절했다.

셋째, 실행 가능한 차선책이 있을 때다. 임무를 성공적으로 수행한 왕복선은 향후 있을 발사를 위해 몇 달 동안 정기적인 유지보수를 받았다. 왕복선의 가장 취약한 부분을 때렸던 발포단열재 조각들에 관한 복구 작업은 차선책 중 하나였다.

넷째, 비용편익 분석이 수용 가능할 때다. 종종 품질관리 전문가는 "그걸 다시 할 시간은 있으면서 왜 처음부터 제대로 할 시간은 없었습니까?"라고 질문한다. 우리는 차선책을 실행하기 위해 반복적으로 시간을 들이는 것이 문제를 해결하기 위해 장기적으로 더 많은 양의 에너지를 투자하는 것보다 낫다고 굳게 믿는다.

잠시 곰곰이 생각해 보자. 우리가 자주 결함을 정상화하는 큰 이유는 전형적인 성장주기 때문이다. 아이착 에이디제스 박사는 자신의 저서 『기업 생애주기 경영(Managing Corporate Lifecycles)』에서 모든 조직의 첫 출발점인 "유아기"를 설명했다.[8] 새로운 팀을 조직하거나 프로젝트에 착수할 때면 대개 그 시발점은 흥미로운 아이디어다. 이 단계에서 팀과 팀의 미션은 갓난아이 수준이며 당신은 살아남기를 희망한다.

—
당신은 결함의 정상화를 어디서 경험해 보았는가?

그 다음 단계로는 모멘텀을 경험하기 시작하는 "급격한 발달기"로 진입한다. 제품이나 서비스가 판매되고 있고 당신은 성공적인 사업가가 된 것 같은 기분을 느낀다. 이 단계에서는 생존 능력을 얻고 동료들 사이에서 신뢰를 받는다. 한편 일이 진행되는 속도가 빨라지고 그 양이 많아지면서 여러 문제가 발생하며 이때 신속히 해결책을 제시해야 한다. 여기서 해결책은 장기적이지 않고 임시변통인 경우가 많은데, 당장 눈앞의 문제를 모면하는 일이 중요한 탓이다. 이제 당신은 더 이상 갓난아이가 아닌 걷고 뛰기 시작하는 어린 아이다. 여기서 문제는, 당신이 구축한 시스템이 당장에는 잘 작동해도 장기적으로는 최고의 시스템이 아닐 수 있다는 것이다.

"청소년기"로 진입하면서는 새로운 시스템을 확장해야 할 필요성이 생긴다. '그런대로 상황이 괜찮다.'라고 생각하며 차선책을 택하는 행동을 반드시 멈춰야 하는 것이다. 리더와 팀은 꾸준히 제품과 서비스를 업데이트하고, 프로세스와 시스템을 업그레이드 해야 한다.

다행히 결함을 정상화하는 것과 관련된 위험은 컬럼비아호 또는 챌린저호의 비극만큼 심각하지 않다. 그러나 어느 팀이나 우수한 결함, 그러니까 더 악화되는 것 같지 않은 반복적인 문제를 마침내 정상화한다. 종종 리더는 결점을 해결해야 할 문제라고 판단하지 못한다. 그리고는 끝끝내 업데이트와 업그레이드를 하는 데 실패한다.

"풍랑이다. 이제 파도를 타자"

잭 웰치Jack Welch는 몇 년 전 나에게 모종의 가르침을 주었다. 1981년 그는 제너럴일렉트릭GE 회장으로 취임한 직후 임원들과 만나 모종의 활동을 했다. 그들은 믹서기에서 토스트오븐, 가스레인지, 냉장고에 이르기까지 GE에서 판매하는 전 제품을 나열한 뒤 이 제품들이 회사와 고객에 어떤 가치가 있는지 논의했다. 각 제품에 대해 이야기하면서 이렇게 자문했다.

- 소규모 개선이 필요한가? (제품은 괜찮지만 업데이트가 필요할 뿐이다.)
- 대규모 정비가 필요한가? (제품의 목적은 좋지만 기능 방식이 바뀌어야 한다.)
- 단종이 필요한가? (한때는 우수한 제품이었으나 이제 쓸모가 없다.)

GE는 업계에서 1위 또는 2위가 될 수 있는 제품만 유지하기로 결정했다. 변화의 바람이 불고 있었기 때문에 그렇게 하지 않으면 안 되었다. 과연 이 판단이 옳았을까? 물론 그랬다. 잭 웰치가 경영하는 동안 GE의 가치가 무려 4,000% 증가했으니 말이다.[9]

나는 회사나 기관이 지금 같은 시대에 조직이나 구성원을 이끌 때 위와 같은 활동을 해야 한다고 생각한다. 조직의 제품이나 서비스 종류를 쭉 나열한 다음, GE 임원들이 그랬듯 "무엇을 바꾸고 무엇을 없애야 할까?"를 주제로 대화하는 시간을 가져야 한다. 앞서 언급하지 않은 단계를 한 가지 더 추가하겠다.

4단계: 방해물을 새로운 도입부로 만들어라

책 초반에서 언급했듯 코로나19 팬데믹이 우리 삶의 다양한 영역에 새로운 습관과 태도를 몰고 왔다. 수많은 사람은 이것을 하나의 거대한 장애물로 봤지만, 여기서 나는 "뉴노멀New normal"에 다가가는 더 좋은 방법을 제안하고 싶다. 최근 세 명의 미래학자가 오늘날 팬데믹을 새로운 날씨 패턴에 비교한 글을 읽었는데, 그들은 팬데믹을 '꽤 오랫동안 견뎌야 하는 혹독한 날씨'로 표현했다. 저자 중 한 명인 사회과학자는 다음과 같은 비유로 뉴노멀을 설명하는 것이 가장 도움이 된다고 설명했다.[10]

처음에 우리는 눈보라를 만났다. 몇 달 내내 격리가 이어졌고 코로나 여파로 대부분 계속 스트레스를 받을 것이다. 우리를 모두 집 안에 가두는 악천후를 만난 것 같았다. 코로나바이러스 희생자들의 소식을 텔레비전으로 보고 들었다.

그것은 유난히 긴 겨울철의 일부분이다. 우리가 진입한 뉴노멀은 1년에서 2년 혹은 그 이상 지속될 가능성이 크다. 2020년 3월부터 의사와 과학자와 유명인들은, 코로나19 장기화에 대비해야 하며 이로 인해 나타나는 새로운 생활 방식에 익숙해져야 한다고 떠들기 시작했다.

그것은 전부 새로운 빙하기의 일부분이다. "빙하기"나 한 시대는 겨울보다 분명 긴 기간이다. 구체적인 모습은 확실하지 않지만 향후 4년에서 6년 사이에 우리는 새 시대에 들어설 수 있다. 한동안 사람들 간의 상호작용, 업무, 쇼핑 등 삶의 여러 방면에서의 방식이 달라질 것이다.

그렇다면 우리는 이것을 어떻게 잘 헤쳐 나갈 수 있을까?

내가 아는 리더 중 가르침과 배움을 모두 실천한 사람들은, 장애물을 새로운 도입부로 인식하는 습관을 길러 왔다. 원래의 환경에 계획되지 않은 변화, 달갑지 않은 변화가 일어나도 여기에 잘 적응하며 그런 변화들을 발판 삼아 자신의 길을 개척할 줄 안다.

우버 테크놀로지스 사례를 보자. 우버의 이야기는 2008년 파리에서 시작되었다. 친구 사이인 트라비스 캘러닉Travis Kalanick과 가렛 캠프Garrett Camp가 르웹 컨퍼런스에 참석한 날이었다. 르웹 컨퍼런스는 『이코노미스트』 표현에 의하면 "미래를 구상하기 위해 혁신가들이 한자리에 모이는" 연례 기술 컨퍼런스다. 전해지는 이야기에 따르면 우버의 콘셉트가 탄생한 것은 컨퍼런스가 진행 중이던 추운 겨울밤 두 남자가 택시를 잡지 못하고 있을 때였다. 답답한 노릇이었다. 행사장에서 호텔까지 택시 한 대 잡는 것이 왜 그토록 어려웠을까? 바쁘게 돌아가던 그들의 하루가 낡은 택시 시스템 때문에 갑자기 멈추었다. 하지만 트라비스와 가렛은 이 틈을 타 아이디어를 궁리했다. 처음에 두 사람의 아이디어는 앱을 통해 리무진 한 대를 시간 단위로 공유하는, 타임셰어 리무진 서비스였다. 컨

당신은 장애물을 만났을 때 어떤 반응을 보이는가? 이때 당신이 진전을 이룰 수 있도록 해준 것이 있었는가?

퍼런스가 끝나고 두 사람은 흩어졌는데, 가렛은 그 아이디어에 계속 꽂혀 있었고 마침내 Ubercab.com이라는 이름의 도메인을 구매하기에 이르렀다.

다른 많은 스타트업과 마찬가지로 우버의 아이디어가 처음 착안된 것은 늘 똑같은 방식으로 운영되던 기존의 택시회사 시스템이 트래비스와 가렛의 눈에 구식으로 보였을 때다. 두 사업가는 누구나 흔히 맞닥뜨리는 상황에 직면했다. 택시를 더 수월하게 잡기 위해 택시들이 밀집되어 있는 조금 더 알려진 장소로 나가 기약 없이 오랫동안 손을 흔들다가 포기 직전에 겨우 한 대 잡아 마침내 택시에 올라타면, 택시비가 얼마나 나올지 가늠할 수 없는 그런 상황. 이 모든 것이 두 사람 눈에는 "시대에 뒤떨어지는 모델"이었다. 당시 부상하는 기술에 밀려 낡은 택시 서비스 모델은 그야말로 도태되고 있었다. 스마트폰을 언제 어디서나 이용할 수 있게 되고 앱이 사람들에게 친숙해졌으며 온디맨드 방식이 이미 대중에게 널리 받아들여지고 있던 때였다.

앱에서 차량을 호출할 수 있는 편리함과 단순함은 상승하고 있던 우버 앱의 인기에 불을 지폈다. 버튼 하나만 누르면 승차를 예약할 수 있고 차량이 내가 있는 곳까지 온다. GPS가 알아서 위치를 식별하며 미리 승차요금을 알 수 있고 그 비용은 사용자 계정에 등록된 카드에서 자동 결제되는 세상이지 않은가.

이러한 사업 모델이 마음에 들지 않을 이유가 있겠는가? 그렇다면 왜 기존 택시 회사들은 인력과 기반 시설을 이미 갖추고 있었는데도 새로운 패러다임으로 더 일찍 전환하지 않았을까? 이유는 간단하다. 그들은 기존의 택시사업 모델이 바쁘게 살아가는 사람들에게 방해물이 될 것이라고 생각하지 않았기 때문이다. 다시 말해 배움을 멈추었다. 운전석에만 있었으므로 고객이 어떤 어려움에 직면할지 전혀 이해하지 못했다. 우버는 이제 21세기 긱 이코노미의 일부분이 되었다. 완벽한 아이디어는 아니었지만 전통적인 택시 산업의 외부에 있던 두 남자가 기존의 택시 모델로부터 방해를 받았을 때 떠올리기는 쉬운 아이디어였다.

지도자이자 학습자의 역설 한눈에 보기

평범한 리더는	비상한 리더는
자신이 이야기할 테니 팀원들에게는 들으라고 말한다.	듣고 있을 테니 팀원들에게 의견을 이야기해 보라고 말한다.
본인이 이미 답을 알고 있다고 생각한다.	새로운 대안을 찾는다.
자신의 판단에 누군가가 질문하는 것을 싫어한다.	누군가가 질문하는 것에 항상 열려 있다.
전문가에게 해결책을 구하려 한다.	누구에게나 답을 구하려 한다.
다른 사람의 존경을 받고 싶어 한다.	다른 사람의 의견을 듣고 싶어 한다.
기존에 해오던 방식을 고집한다.	개선할 수 있는 방법을 찾는다.
혼자 고민하려 한다.	사람들과 협력해서 최고의 아이디어를 찾으려 한다.
자신이 얼마나 노력했는지 절대 드러내지 않는다.	자신의 진실성 있고 도움이 필요한 사람임을 보여 준다.
자신이 더 경험자인 만큼 가장 잘 알고 있다고 생각한다.	연장자로서 상황에 적응하기 위해 노력한다.
스스로 이 팀의 유일한 지도자라고 믿는다.	스스로 평생 학습자라고 믿는다.

– 지도자와 학습자의 균형 잡기 실천법 –

1. 리더십 팀 전체에 걸쳐 리버스 멘토링을 실시하라. 리버스 멘토링은 안젤라 아렌츠가 버버리에 처음 들어왔을 때 한 일이다. 그녀는 자신과 다른 직원들, 즉 젊고 색다른 능력을 갖추고 있으면서 배경이 다양한 직원들과 만나 그들의 시각을 얻었고 동시에 그녀도 자신의 통찰을 제공했다. 숙련된 경력자에게 가장 어린 팀원과 짝을 지어 주고 서로 경험을 공유하라고 해보면 어떨까? 그리고 어떤 부분에서 상대의 가치를 높여 줄 수 있는지를 발견하게 한 다음 서로 그 부분을 코칭하게 하자. 세대에 상관없이 누구나 타인에게 배울 점이 있기 마련이다. 피터 트러커Peter Drucker는 이렇게 말했다. "사람들에게 배우는 법을 가르치는 일이 가장 시급하다."

2. 배움을 주간 혹은 월간 목표로 삼아라. 1월만 되면 성장하고 싶은 대여섯 가지 영역을 정한다. 금융 투자에서 행복한 결혼 생활, 협상 기술에 이르기까지 그 주제는 다양하다. 그리고 각 분야의 멘토를 찾는다. 한 사람이 소크라테스가 되어 모든 분야를 지도할 수 있다고 생각하지 않는다. 단지 그들은 특정 분야에서 나보다 앞서가는 전문가일 따름이다. 그리고 나는 멘토와 정기적으로 만날 때 질문지를 들고 가 무언가를 배우려 노력한다. 당신의 목표를 달성하는 데 조력해 줄 전문가 멘토들을 찾아보면 어떨까?

3. 팀원들 개인의 성장과 커리어 성장을 위한 시간을 팀에서 정기적으로 마련하라. 상투적인 말을 하자면 너무나 자주 우

리는 업무 능력을 향상시키는 대신 주어진 일을 하는 데만 시간을 소비한다. 나는 배움과 발전의 시간을 일부러 계획함으로써 개인의 성장곡선과 팀의 성장곡선을 개선시켰다. 매주 우리 팀은 성장시간에 모였고 때에 따라 월간 리더십 세션을 주최해 일대일 코칭 시간도 마련했다. 여기서 핵심은 식사 시간처럼 일부러 시간을 정해서 성장을 꾀한다는 점이다. 내 멘토 중에 "가장 최근 무언가를 처음으로 시도했을 때가 언제인가?"라는 질문을 자주 던진 분이 있었다. 훌륭한 질문이다. 미국의 철학자 존 듀이John Dewey는 이렇게 표현했다. "교육은 삶을 위한 준비가 아니다. 교육은 삶 그 자체다."

4. 통찰을 얻을 때마다 그것을 공유할 사람을 찾아라. 재미있는 활동이 될 수 있다. 나는 매일매일 읽고 듣고 관찰함으로써 누군가로부터 배운다. 핸드폰을 들고 배운 점을 적어 내려간 다음 그 통찰에서 도움을 얻을 수 있는 사람을 찾아 내용을 공유한다. 이를 통해 통찰을 기억할 수 있을 뿐만 아니라 다른 누군가의 가치를 높여 주고 그들이 계속 배움을 유지할 수 있도록 도울 수 있다. 작가 T.D. 제익스T.D. Jakes는 이렇게 말했다. "세상은 대학이고, 세상의 모든 사람은 선생님이다. 아침에 일어나면 반드시 수업에 들어가라."

5. 분기별로 '우주왕복선 결함' 사례의 교훈을 적용해야 하는 업무 기능을 논의하라. 이 내용에 대해서는 앞서 논의하기도 했다. 리더들과 모여 제품과 시스템을 쭉 나열한 뒤 다음의 조치가 필요한 것이 있는지 답해 보자.

- 소규모 개선(목적 자체는 알맞지만 외관이 새로워져야 한다.)
- 대규모 정비(목적 자체는 좋지만 기능 방식이 개선되어야 한다.)
- 단종(몇 년 전만 해도 가치가 있었지만 이제는 무용하다.)

그 다음 어떤 임시방편을 취해 왔는지 면밀히 검토하라. 온전히 해결하거나 고쳐 발전을 가속화할 수 있었음에도 그냥 묵인했던 문제는 무엇인가? 가르침과 배움의 역설을 실천하는 리더라면 기억하라. 우리는 매번 교실을 고를 수 없다. 번번이 선생님을 선택할 수 없다. 수업도 정할 수 없다.
당신이 지도자이자 학습자라면 남은 생애에 가치 있는 사람으로 남을 것이다.

● Check List ●

- 지도자이자 학습자인 리더를 알고 있습니까? 그들은 누구입니까?
- 그들에게는 어떤 공통점이 있습니까?
- 지도자나 학습자가 되는 것에서 가장 힘든 점은 무엇입니까?
- 앞서 설명한 다섯 가지 실천 방법 중 당신에게 가장 도움이 되는 항목은 무엇입니까?
- 어떻게 이 역설을 더 잘 실천할 수 있다고 생각합니까?

엄격함과 너그러움

엄격한 잣대만 들이댄다면
누가 리스크를 감내하겠는가

평균적인 선수에게는 경기를 잘 하라고 하고,
잘하는 선수에게는 경기를 훌륭하게 하라고 합니다.
그래야 이깁니다.

- 범 필립스

그때그때 상황에 따라 다른 종류의 리더십 접근이 필요하다. 이를테면 프랭클린 루스벨트Franklin Roosevelt 대통령은 대공황과 제2차 세계대전 당시 미국인들을 이끌며 수많은 사람을 포용해야 했던 선출형 리더였다. 그는 민주주의를 이끌었다.

반면 이와는 전혀 다른 목표를 성취하기 위해 일반 대중투표의 개념을 거부하는 리더들도 있다. 그들은 혁명적이다. 그들의 추종자 수는 더 적을지 몰라도 성향만큼은 더 열성적일 것이다. 작가 게리 윌스Garry Wills에 따르면 혁명적 리더는 "자신을 지지하는 사람들에게는 선지자인 데 반해 자신을 비평하는 사람들에게는 광신 집단의 교주일 뿐이다."[1] 혁명적 리더는 어떤 모습인가?

이들은 한 가지 목표에 집중한다. 다른 이슈들에 주의를 뺏기고 싶어 하지 않고 목표 달성을 위해 끝까지 싸울 각오가 되어 있다. 혁명적 리더는 책임을 다하지 않는 사람을 용납하지 못하며 열정이 덜한 사람들이 함께하지 않는 사실에 전혀 개의치 않는다.

아마린타 터브먼Amarintha Tubman 같은 스타일의 리더가 바로 이랬다. 동료들은 터브먼을 민티Minty라 불렀지만 그녀는 본격적인 해방 운동의 리더로 활동로써 하기 시작할 즈음 스스로에게 해리엇Harriet 이라는 이름을 지어 주었다. 우리는 역사책에서 그녀를 해리엇 터브먼이라는 이름으로 알게 되었다.

1825년에 노예로 태어난 해리엇은 메릴랜드에서 속박된 노예 생활을 했고 이후 북부 지역으로 탈주했다. 이때부터 평화로운 삶을 살아갈 수도 있었던 그녀지만 자신만 자유로운 상황에 만족하지 않았다. 따라서 남부로 돌아가 남북전쟁 이전부터 시작해 전쟁이 시작된 후에도 노예들을 모으고 그들 역시 탈출할 수 있도록 도우며 다시 한 번 불가능에 도전했다. 그녀는 "지하철도Underground Railroad"○를 이용해 아프리카계 미국인들이 견뎌야 했던 극악무도한 노예 생활에서 벗어나 자유를 얻을 수 있게 해주었다.

○   19세기 초 미국에서 흑인 노예들의 탈출을 돕기 위해 결성된 비밀 조직

리더의 이중성은 모순이 아니라 전략이다

해리엇은 군 지휘관 스타일의 리더로 유명해졌다. 그녀는 당시 소수자 중의 소수자인 유색인종 여성이었음에도 절대 양보할 수 없는 원칙을 정해 놓고 자신의 "팀"에 들어온 모든 사람이 그 원칙을 지키게 했다. 아래에 나오는 해리엇의 특징적인 모습은 그녀의 리더십 스타일을 분명히 보여 주며 다른 형태의 리더십과 구분 짓는다.

해리엇 스타일의 리더는 합의를 구하지 않고 합의를 이끌어 낸다. 마틴 루서 킹 주니어 박사의 유명한 발언 중에는 "진정한 리더는 합의를 찾는 사람이 아니라 만들어 내는 사람이다."가 있다. 그의 말에 따르면 리더들은 사람들이 무엇을 지지할지 먼저 확인한 다음 행동하지 않고 자신의 인생에서 추구하는 바를 먼저 밝힌 다음 함께 나아갈 사람들을 찾는다. 마거릿 대처Margaret Thatcher는 이렇게 역설했다. "나에게 합의란, 아무도 믿지 않지만 누구도 반대하지 않는 지점을 찾아 신념과 가치, 원칙, 방침 등을 저버리는 과정을 의미한다. 앞으로 걸어갈 길에 대해 사람들의 동의를 구하지 못했다는 이유만으로 해결해야 할 문제를 피하는 과정인 것이다. '나는 합의를 옹호한다.'라는 기치 아래에서 과연 어떤 대의가 싸움에서 승리할 수 있겠는가?"

이러한 리더는 무엇이 중요한 가치인지 인지하고 그 어떤 것에도 타협하지 않을 것이다. 해리엇은 허술한 작전을 펼치면 성공할 가능성이 없다고 믿었다. 대의가 너무나 중요하므로 어설프게 노력할 수 없었다. 탁월함에 미치지 못하는 일이라면 행할 수 없었다.

대개 사람들은 자신이 할 수 있는 일에 대해 확신을 심어 주는 리더를 필요로 한다. 그리고 이러한 리더는 타인이 모방하고 싶어 하는 가치를 중심에 둔 삶을 살아간다. 존 스튜어트Jon Stewart는 가치의 힘을 명확히 설명했다. "당신이 시험에 들 때 당신의 가치를 수호하지 않는다면 그것은 가치관이 아니라 관심사일 뿐이다." 가치는 선택을 단순화하고 우리를 올바른 길로 인도하는 강력한 가드레일이다.

그들은 호감을 사는 일보다 존경받는 일에 더 신경을 쓴다. 스티브 잡스는 이렇게 말했다. "품질이 척도가 되어야 한다. 어떤 이들은 탁월함이 기대되는 환경에 익숙하지 않다." 이 같은 유형의 리더가 지닌 장점 중 하나는 사람들을 설득하는 데 별로 관심이 없다는 것이다. 그들은 인기 대회가 아닌 성과 경연 대회에 나간다. 이것이야말로 그들이 아주 확고하고 영향력 있는 인물이 될 수 있는 비결이다. 그들은 다른 사람들의 말에 설득당하지 않고 오히려 다른 사람들을 설득시킨다. 대의만이 그들을 인질로 잡아 둘 수 있다. 돈이나 뇌물, 공감 또는 여론은 그들을 동요시키지 않는다. 덧붙여 말하자면 이 특징은 훌륭한 부모를 만들기도 한다. 그들은 자녀를 사랑하지만 10대 자녀가 과연 자신을 좋아할까를 수시로 걱정하지 않는다. 이렇게 함으로써 나이를 먹어 가며 자녀에게 존중과 사랑을 받는다.

그들은 많은 것이 걸려 있는 중대한 일을 수행하는 만큼 열정이 넘친다. 사람들의 내면을 깊숙이 들여다보면 대개는 매우 중요하지만 불가능할 것 같은 일에 참여하기를 원한다. 해리엇 터브먼은 이 진실을 십분 활용했다. 스스로 모든 것을 걸 각오가 되어 있는 대의만을 위해 노력했고 그러한 조직만 이끌었다.

해리엇 같은 리더들은 조그마한 성과에 만족하지 않고 커다란 이익이 되어 돌아오는 일에 시간을 투자한다. 비열한 근성이 있어서가 아니라 그토록 높은 기준을 세우고 그만큼 큰 리스크가 따르는 일을 수행하려 고군분투하기 때문에 그들은 강인하다. 다른 사람들도 이와 같은 경험을 열렬히 원한다.

스티브 잡스가 펩시콜라의 CEO였던 존 스컬리John Sculley에게 애플에 합류하기를 제안했을 때 던졌던 말을 기억하는가? 그는 이렇게 말했다. "설탕물이나 팔면서 남은 인생을 보내고 싶습니까? 아니면 저와 함께 세상을 바꾸겠습니까?" 스컬리는 그 질문이 복부를 가격한 주먹처럼 자신을 강타했다고 털어놓았다.

이 유형의 리더는 "선출형 리더"가 아니라 대개 "혁명적 리더"다. 알렉산더 대왕Alexander the Great은 말했다. "나는 양이 이끄는 사자 무리를 두려워하지 않는다. 내가 무서운 건 사자가 이끄는 양 떼다." 말하자면 모든 것의 흥망성쇠는 리더십에 달려 있는 것이다. "선출형 리더"는 헌법에 근거한 환경에 가장 적합하며 시민들에 의해 공직에 선출되어 그들의 대표 격으로 그들의 소망을 달성하기 위해 그 자리에 앉아 있다. 보통 선출형 리더는 정치인이다. 반면 "혁명적 리더"는 해리엇 터브먼 같은 인물이다. 이들은 투표로 뽑히는 경우가 드물며 앞장서서 용감한 역할을 수행한다. 사람들은 혁명적 리더의 길에 합류하고 리더와 계속 함께함으로써 기존의 질서를 거부하고 리더를 지지한다. 혁명적 리더는 어딜 가든 기준을 높인다.

추종자들을 곁에 두려면 반드시 관용이 필요하다는 사실을 급진적 리더는 잘 알고 있다. 비상한 리더의 역설은 바로 사람들을 너그럽게 보아주는 성향에 있다. 리더가 기준을 낮춘다는 의미가 아니다.

스스로 기준을 충족시키지 못했다는 사실을 인정하고 개선의 의지를 밝히는 구성원에게는 리더가 면죄부를 줄 수도 있다는 뜻이다. 용서한다고 해서 이미 일어난 일을 괜찮다고 생각하는 것이 아니라 더 도약할 수 있는 길을 택하는 것이다. 용서는 과거를 지우는 행위가 아닌 미래를 확장하는 행위다. 비상한 리더는 더 나은 미래에 집중하는 덕에, 지난 실패에서 교훈을 얻고 위기를 넘길 줄 아는 습관을 형성한다. 또 그들은 가장 소중한 팀원이 성공으로 가는 길목에서 실수할 수도 있으며 이것이 대업을 위해 치러야 하는 대가임을 잘 알고 있다.

더 깊이 파고 들어가 보자. 해리엇 터브먼은 보다 개개인을 대상으로 관대함을 베풀었다. 언젠가 그녀는 동료 노예의 구타를 막으려다 그 주인이 던진 1킬로그램짜리 쇳덩이에 머리를 맞아 쓰러졌다. 머리뼈가 부서졌고 맞은 부위가 함몰되었다. 이로 인해 몇 주 동안 사경을 헤매기도 했다. 동료의 상황에 개입하는 결단은 인간 가치에 대한 내적 확신에서 비롯된 것이었다. 그녀에게는 나름의 기준이 있었는데 그 기준이 위배될 때 행동을 취했다. 그녀는 자신의 전기를 출간한 작가인 사라 브래드포드Sarah Bradford에게, 그 사건 이후 가해자였던 주인의 갱생을 위해 사랑의 마음으로 오랫동안 기도했다는 내용을 전했다. 그녀가 엄격한 기준을 세우면서도 그 기준에 미치지 못한 이들을 너그러이 용서한 모습을 보았는가?

터브먼이 동료 노예들을 이끌고 지하철도를 통해 북부 지역으로 이동하는 동안 그들에게 몇 번이나 총을 겨눈 일이 있었는데, 그들이 두려움과 의구심을 보일 때 그녀는 이렇게 반응하곤 했다. 하지만 스스로 나약함을 솔직히 터놓는 모습을 보면 터브먼은 몇 번이고 그들

을 용서했다. 동료의 약한 마음이나 동요
가 다른 동료들을 위험에 처하게 할지도
모른다고 우려했기 때문에 그녀는 마음
약해진 이들의 결심을 더 굳건히 해야 했

—
당신은 이와 같은 비상한
리더십을 목격한 적이
있는가?

다. 동료들이 '정신 차리고 다시 일어서야겠다.'라고 결심하면 그녀는
잠시 의지가 약해졌던 이들을 바로 용서하고 이어서 함께 나아갔다.

한번은 자신을 수색하러 다니는 추적대의 일원과 정면으로 마주
친 적이 있었다. 그녀의 머리에는 현상금이 걸려 있었으므로 몇몇 공
모자는 그녀를 포획하거나 죽여야겠다고 단단히 벼르고 있었다. 적
을 맞닥뜨린 순간 해리엇은 그의 손에 총을 쐈고 무장하고 있지 않은
적을 노려보는 자신을 발견했다. 격분에 싸인 해리엇은 상대를 처단
해 버릴 수도 있었다. 설상가상으로 상대는 자신에게 총을 쏜다면 더
많은 사람이 당신을 뒤쫓을 거라고 경고하면서 완강하고 거만하기까
지 했다. 하지만 이 상황에서 해리엇은 상대를 풀어 주었다. 오늘날까
지도 그 이유는 정확히 모른다. 이것이 바로 비상한 리더의 자질이다.
엄격한 기준과 너그러운 관대함.

뭇매를 맞더라도 나아가라

오늘날 우리는 그러한 보기 드문 특별한 리더들을 만났다. 그들은 탁
월함에 대한 까다로운 기준을 제시하면서 팀원들이 제공할 수 있는
능력 그 이상을 요구한다. 이런 의미에서 인간미가 거의 없다고 볼

수 있다. 하지만 그들은 높은 기준을 설정함으로써, 뛰어난 제품이나 서비스를 모방할 줄만 아는 외부 경쟁자와 자신의 조직을 구분 짓는다. 자신만의 리그를 형성할 수 있게 해주는 상상 이상의 높은 기준점을 갖고 있다. 애플, 아마존, 자포스, 구글처럼 말이다. 그들은 이렇게 자신의 기준을 지키면서도 팀원의 실수에 대한 관용을 균형 있게 베푼다. 부족한 팀원들에게 너그러움을 보이며 그들이 기운을 되찾고 나중에는 위기를 헤쳐 나갈 수 있게끔 힘을 실어 준다. 이러한 모습은 그들을 인간미 있는 사람으로 만든다.

이 두 가지 면모의 조합이 바로 특별함의 비결이라 할 수 있다. 한편 지금 이 시대를 살아가는 리더는 전부 현미경 아래에 놓여 있다. 리더의 면면이 조사되고 촬영되고 소셜미디어에 게시되며 그 게시물을 보는 사람은 끊임없이 "좋아요"나 "싫어요"를 누르거나 혹은 지적하고 판단하는 댓글을 남긴다. 이런 식으로 리더들은 자신이 끊임없이 표결에 부쳐지고 있음을 느낀다. 우리는 여론이 얼마나 빠르게 바뀌며, 한번 나쁜 쪽으로 쏠릴 시 배심원단의 재판과 다를 바 없는 여론의 뭇매를 맞는 현실을 잘 알고 있다. CEO나 대학 총장 또는 운동선수 코치 중에는 악의는 없었어도 딱 한 번 대중의 의견과 일치하지 않은 판단을 내렸다는 이유로 직업을 잃은 이들도 많다. 리더의 반응이 꼭 정치인의 반응처럼 받아들여지는 경우가 너무 흔하다. 이 탓에 진정한 리더십의 의미는 퇴색될 수밖에 없다.

이러한 유형의 리더가 절대로 도달할 수 없는 목표들이 존재하는데, 이를 달성하려면 해리엇 터브먼 스타일의 리더가 필요하다. 다수의 의견을 의식하지 않고도 결국에는 옳음을 증명해 보이는 그런 리더 말이다. 이 역설적 리더는 남다른 구석이 있어 여론의 저항에도 꿋꿋이 버티는 것은 물론 더 많은 일에 헌신할 수 있는 추종자를 찾는다. 추종자들은 자신의 모든 것을 내던지므로 리더에게 단지 찬성 표를 던지는 것 이상의 지지를 보낸다.

헨리 데이비드 소로Henry David Thoreau는 이렇게 표현했다. "투표는 체커나 주사위 놀이 같은 일종의 도박이다. 다만 약간의 도덕적 색채를 띠고 있어 도덕적 질문을 하며 옳고 그름을 따지며 하는 놀이라 할 수 있다. (…) 투표자는 인격을 판돈으로 걸지 않는다. 나는 내가 옳다고 생각하는 쪽에 표를 던지지만 그쪽이 반드시 승리해야 한다고 생각하면서 깊게 관여하지 않는다. 문제를 다수에게 맡기려는 것이다. 그러므로 투표에 대한 책임의 무게는 편의의 정도를 결코 넘어서지 못한다. 정의에 투표했지만 정의를 위해 하는 일은 아무것도 없다. 정의가 승리했으면 하는 바람을 미약하게나마 표시할 뿐이다."[2]

흔히 비상한 리더는 남들보다 미리 앞서가고 다른 사람으로 하여금 자신을 따라오도록 한다. 스티브 잡스는 '애플 제품에 대해 무엇을 원하는지 왜 대중에게 묻지 않느냐'라는 질문에 이렇게 대답했다. "어떤 사람들은 '고객이 원하는 바를 해주라고' 말하지만 이건 저의 접근 방식이 아닙니다. 우리의 임무는 고객이 좋아할 것을 미리 예상하는 일입니다."

1982년 워크숍에서 맥Mac 팀의 어떤 직원이 "고객이 무엇을 원하는지 파악하려면 시장 조사를 해야 합니다."라고 발언했다. 그러자 스티브 잡스는 "그건 틀렸습니다. 고객은 우리가 보여 주기 전까지 스스로 무엇을 원하는지 모르기 때문이죠."라고 맞받아쳤다.

스티브 잡스가 매킨토시를 공개하던 날, 과학잡지『파퓰러사이언스(Popular Science)』기자가 잡스에게 어떤 유형의 시장조사를 했었는지 물었다. 그러자 잡스는 조소를 띠며 "알렉산더 그레이엄 벨Alexander Graham Bell이 전화기를 발명하기 전에 과연 시장 조사를 했을까요?"라고 대응했다.

그래도 아직 세상은 다수를 대표하는 선출형 리더를 필요로 한다. 동시에 팀원들에게 허공에 손가락을 대보고 변화의 바람이 어디서 불어오는지 확인하는 것 이상의 일을 하라고 지시하면서 변화를 추진하는 비상한 리더도 필요로 한다. 미국의 자동차 회사 포드의 설립자 헨리 포드는 말했다. "고객에게 무엇을 원하는지 물어봤다면 '더 빠르게 달리는 말을 원합니다!'라고 대답했을 것입니다. 사람들은 누군가가 먼저 어떤 것을 선보이기 전까지는 스스로 무엇을 원하는지 모릅니다. 그래서 저는 시장조사에 절대 의존하지 않습니다. 우리의 역할은 아직 페이지에 없는 내용을 읽어 내는 것입니다."[3]

이 사실이 비즈니스와 조직에서는 어떻게 보일까?

안락함의 노예가 되지 마라

1983년부터 2006년까지 존 맥스웰 박사와 함께 일하면서 그가 높은 기준을 세우면서도 무언가에 시도했다가 실패한 사람들을 관대히 바라봐 주는 비상한 리더임을 알게 되었다. 거의 대학을 졸업한 직후였던 스물세 살의 나이에 맥스웰 박사의 팀원으로 일하기 시작했던 나는 비범한 리더 맥스웰 박사의 심기를 불편하게 하고 싶지 않았다. 하지만 너무 어린 나이에 일을 시작했던 터라 업무를 해나가는 과정에서 시행착오가 많이 발생했다.

맥스웰 박사와 동료들에게 신임을 얻고 싶은 마음이 간절했지만 그때의 나는 경험이 부족했다. 맥스웰 박사가 나에게 해낼 수 있다고 말하며 언제나 확신을 주었던 모습이 떠오른다. 그는 내가 실패했을 때 이렇게 말해 주었다. "나는 자네가 아무것도 시도하지 않는 것보다 일단 부딪쳐 보고 실패했으면 좋겠네. 그 일에서 무엇을 배웠는지 생각해 보게." 팀원들에게는 다음과 같이 말하곤 했다. "사람은 자신의 실수를 인정할 수 있을 만큼 성숙해야 하고 실수에서 교훈을 얻을 수 있을 만큼 영리해야 하며 실수를 바로잡을 수 있을 만큼 강인해야 합니다." 그는 발전하려 부단히 애쓰는 나를 지켜보는 과정에서 타인의 단점을 너그럽게 봐주는 스스로를 발견하게 되었다고 한다.

하지만 좀처럼 참지 않는 경우가 있었다. 직원들이 대단한 일보다 "평범한" 일에서 실패할 때, 예상했던 일을 수행하고 인정받을 것이라고 생각할 때, 나아가서는 신중을 기해야 한다는 명목하에 아무 시도조차 하지 않는 직원을 보았을 때였다. 그는 생존모드를 싫어했다.

여기에 역설의 심리학이 있다. 팀원들은 리더가 높은 기준을 세우면서도 실수를 용서하려 한다는 사실을 알고 있을 때, 원래 같으면 주저하다가 안전한 길을 택할 것도 자신을 밀어붙여 적절한 리스크를 감수하고 일에 착수한다. 리더가 엄격하다면 팀원들은 의무감을 느끼며 일할 것이다. 한편 리더가 높은 기준을 세우면서도 실수를 용서해 주는 관대함을 보인다면 팀원들은 헌신을 다해 업무를 수행하고 싶은 의욕을 느낄 것이다. 이처럼 의무감이나 헌신, 이 두 가지는 팀원들을 동기 부여 해주는 가장 일반적인 요인이며, 리더는 자신의 리더십 스타일에 따라 동기 부여 요인을 취한다. 이때 용서는 리더가 높은 기준을 견지하고 노력을 기울이고 팀원들을 잃지 않도록 해주는 정서적 연결고리 역할을 한다. 부모와 자녀, 코치와 선수, 팀장과 팀원의 관계에도 적용되는 이야기다. 그렇다면 두 가지 특징이 한데 어우러져야 하는 이유를 알아보자.

리더가 높은 기준을 확립하지 않은 채 넓은 아량만 보인다면 팀원들은 최선을 다해 일하도록 자극받지 않을 것이다. 보통 수준의 기대를 받으면서 쉬운 목표만 이루는 것은 그저 그런 평범함을 낳을 뿐이다. 팀원들은 자동차의 정속주행 장치 크루즈컨트롤 또는 항공기의 자동조종 장치 오토파일럿 모드로 일하며 예상되는 최소한의 작업만 할 우려가 크다.

반면 리더가 엄격한 기준은 있지만 관대함을 베풀지 않는다면 팀원들은 안전한 일만 하려 할 것이다. 누가 리스크를 감수하고 확실하지 않은 일을 시도하고 싶겠는가. 자신의 자리가 위태로워지지 않도록 안심할 수 있는 영역 안에서만 머물 것이다.

둘 중 어느 쪽이 됐든 사람들이 기대치를 넘어서지 않는 것은 동일하다. 사람들은 거의 대부분 다른 누군가가 자신의 기준을 설정해 주기를 바란다. 하지만 안타깝게도 원칙적인 것에만 기대어 무엇을 해야 하고 어떻게 생각해야 하는지만 제시하는 이들이 대다수다. 더 원대한 목표에 도전하는 특별한 누군가가 없다면 사람들은 안락한 지대만 추구할 것이다. 비상한 리더는 "편안함에 자신을 가둔다면 스스로 할 수 있는 일도 부정하게 될 것이다."라고 말한 돈 서먼Don Thurman의 견해에 동의할 것이다. 그러므로 리더는 더 많은 것을 위해 자신을 채찍질해야 한다.

이러한 비상한 리더십이 왜 그토록 중요한지 더 자세히 살펴보자.

가만히 있으면 중간이라도 간다는 말

작년에 마이너리그 야구 감독이 나에게 이렇게 말했다. "요즘 젊은 선수들을 이해할 수 없어요. 싱글 A에서 타율 0.221을 기록했음에도 더블 A로 콜업되기에 충분하다고 생각하거든요." 그리고 잠시 뒤 큰 깨달음을 얻었다는 듯 씩 웃더니 말을 이었다. "아마 그 자체가 문제였던 것 같네요. 선수들이 하나같이 '적당한 수준'을 목표로 삼는 것 말입니다."

오늘날 우리 사회는 무의식적으로 아이들에게 그저 중간에 묻어가도록 부추긴다. 아이들은 요구되는 바를 수행하지만 딱 거기까지 할 뿐이다. 최소한의 요구사항만 달성하고 지름길과 쉬운 길만 찾게끔 길들여져 있다. 또 시험에 나오는 주제만 공부하거나 소셜미디어에 포스팅할 수 있는 선행만 하기 일쑤다. 우리는 아이들에게 표준에서 벗어나 모험에 뛰어들기를 종용하지 않는다. 평균이면 족하고 평균 이상이면 꽤나 만족한다.

여기서 잠깐, 학교에서 학생들이 그 어느 때보다 A 학점을 많이 받고 있지 않느냐고 반문할 수도 있을 것 같다. 대답을 하자면 맞는 말이다. 그렇지만 내막을 들여다보면 그 사실은 의미를 잃는다. 탁월함의 정의가 바뀌었다. 학생들의 점수는 지난 40년 간 쭉 상승해 왔는데, 수십 년 전 학생들보다 똑똑해서가 아니라 학교에서 성적을 부풀려 왔기 때문이다. 1960년대의 평균 학점은 C였다. 이렇게 낮을 수 있을까? 사실 C가 평균이다. 이에 반해 오늘날 평균 학점은 A다.[4] '학생들이 C 점수를 맞으면 그 가혹한 현실을 받아들일 수 있을까?'라고 어른들은 우려한다. 나는 교육청에서 강연하던 날 교사들로부터 빨간색 잉크로 시험지를 채점하는 것이 허용되지 않는다는 얘기를 전해 들었다. 지나치게 빡빡한 일이라고 생각했다. 심지어 어떤 교사는 '안 돼'라는 말이 너무 부정적으로 들리기 때문에 그 말을 사용하는 것도 허락되지 않는다고 말했다.

오늘날 사회에 담겨 있는 메시지는 이렇다. "다 끝내기만 해. 그러면 잘했다고 칭찬해 줄게." 재능 있는 젊은 운동선수와 학자 등 각 분야의 내로라하는 인사들도 "적당히" 사고방식을 보인다. 그들은 "평균"에 머물러도 괜찮다고 여긴다. 미국의 시인 월트 휘트먼 Walt Whitman은 "거대한 평균의 대중들"이 떠오르는 것을 보고 이렇게 썼다.

온 역사를 통틀어 일류의 사람은 그다지 많지 않고 그런 적도 없었던 반면, 평균적인 사람은 어마어마하게 많다. 때때로 나는 이러한 사실이 문학과 예술을 포함한 전 분야에서 인간의 우월성을 보여 주는 방식이 될 것이라 생각한다. 위대한 개인들 혹은 리더들은 없을 테지만 평균의 대중들은 전례 없이 거대할 것이다.

긴장감과 압도감 사이의 줄다리기

평균이 된다는 것에는 어떤 문제점이 있을까? 왜 우리는 더 많은 것을 위해 자신을 밀어붙여야 하는 걸까? 너무 쉬운 질문이다.

- 오늘날 미국인의 평균 체중은 표준 체중보다 10킬로그램 더 나간다.
- 평균적인 미국인은 수입의 103%를 소비한다.
- 미국인은 평균 90,460달러의 채무가 있다.
- 평균적인 미국인은 하루에 4가지, 일 년에 1,460가지의 거짓말을 한다.
- 미국인은 평균 일주일에 27.5시간을 오락물에 소비한다.
- 미국인은 평균적으로 대학을 졸업하는 데 6년이 걸리며 전공을 네 번 변경한다.

평균 또는 그 이상에 점점 만족하게 되는 것 자체는 나빠 보이지 않는다. 다만 다른 사람이 우리의 만족 기준을 정하도록 내버려 둘 때 이것이 얼마나 해로운지에 대해 생각해 보자.

- 평균이 된다는 것은 사회에서 점점 뒤처지는 사냥감이 됨을 의미한다.
- 평균 수준의 목표가 우리의 재능을 최대한으로 사용하게 하는 경우는 거의 없다.
- 평균은 우리 자신을 다른 사람과 비교하게 한다(하지만 우리는 저마다의 개성과 특별함이 있다).
- 평균은 우리가 어떤 것을 뛰어나게 잘 하게끔 의욕을 솟구치게 하지 않는다. 우리는 "평균"에 속해도 괜찮다고 여긴다.

평균은 최고와 최악의 중간임을 의미한다. 최고 중의 최악이며 최악 중의 최고인 셈이다. 이것이 진정 당신인가? 당신은 평균을 뛰어넘는 능력이나 야망을 가지고 있지 않은가? 당연히 가지고 있을 것이다. 이제는 그것을 활용할 차례다. 사람들은 자신의 내면에 있는 특별한 강점을 끌어내 주는 리더를 필요로 한다. 이러한 조력자가 없다면 대부분은 평균으로 잡아끄는 중력에 굴복하고 말 것이다.

비상한 리더가 되는 행동 원칙은 실천하는 사람이 드물 뿐이지 새롭거나 불가능한 것이 아니다. 평균에서 비상함으로 나아가기 위한 원칙을 소개해 보겠다.

첫째, "평균"을 출발점으로 삼아라.

평균에 속한다는 것은 중간 정도 성취했음을 나타낸다. 평균에 안주하지 않되 다른 사람들이 이룬 일을 참고하면 좋다. 모든 세대의 사람들은 이전 세대에 같은 길을 걸었던 사람을 딛고 설 수 있다. 육상선수 로저 배니스터Roger Bannister(282쪽 참조)는 당시의 기록을 출발점으로 삼고 연습했다.

둘째, 강점을 찾고 평균 이상의 실력을 발휘할 수 있는 분야를 찾아라.

최대의 성장, 그리고 두각을 나타낼 수 있는 최고의 기회는 타고난 강점이 있는 영역에 있다. 마이클 조던Michael Jordan은 이렇게 말했다. "확실히 말할 수 있는 건, 나는 평범해지고 싶지 않았을 뿐이다. 평범한 선수가 되려고 여기까지 온 게 아니다." 우리는 자신만의 특색을 반드시 파악하고 이를 활용해야 한다.

셋째, 이상을 품을 수 있을 만큼 충분히 탐구하고 새로운 기준을 세워라.

루스벨트 대통령의 영부인 엘리너 루스벨트Eleanor Roosevelt는 다음과 같이 말했다. "위대한 사람들은 이상에 대해 논하고, 평범한 사람들은 사건에 대해 이야기하며, 마음이 좁은 사람들은 사람에 대해 떠든다." 그녀의 말은 옳다. 이미 한 일을 반복하는 것에서 만족해서는 안 된다. 새로운 지평을 찾고 "안 될 게 뭐가 있겠어?"라고 자기 자신에게 묻자. 다음번이 지난번보다 더 좋아지기를 원한다면 그 사이에 새로운 일을 시도해야 한다.

넷째, 당신의 본질과 일치하는 대의를 추구하라.

"열정을 찾으려고 하지 말라. 대의를 좇다 보면 열정은 자연스럽게 발견하게 될 것이다."라는 말이 있다. 탁월함은 자기 자신보다 더 큰 책임과 대의에 헌신하는 사람들만이 발휘할 수 있다. 우리는 중요한 명분과 변화를 위한 움직임, 뛰어난 업적을 추구함으로써 위대함을 이룰 수 있다.

다섯째, 매일 당신이 한 일을 1% 더 향상시키기 위해 노력하라.

당신을 평균 이상으로 끌어올려 주고 매일 새롭게 내딛을 수 있는 한 걸음을 찾아라. 미식축구 감독 범 필립스Bum Phillips는 승리 비결을 묻는 질문에 이렇게 답했다. "평균적인 선수에게는 경기를 잘 하라고 하고, 잘 하는 선수에게는 경기를 훌륭하게 하라고 이야기합니다. 그래야 이깁니다." 우수함은 한 발짝 더 나아가 노력할 때 나타난다.

여섯째, 탁월하게 할 때까지 전력을 다하라.

꿈을 꾸는 것은 자유지만 꿈을 이루기 위해서는 노력이 필요하다. 꿈만 꾸는 사람과 행동하는 사람을 구분 짓는 한 가지 요소는 노력이다. 샤워를 하면서 누구나 한번쯤 이상적인 생각을 떠올려 봤을 터다. 여기서 중요한 것은 샤워 후에 물기를 바싹 말리고 그 생각을 뒤쫓는 일이다.

일곱째, 야망을 나눌 수 있는 사람들을 찾고 그들과 어울려라.

짐 론Jim Rohn은 이를 가장 잘 표현했다. "당신과 가장 많은 시간을 보내는 다섯 사람의 평균이 당신이다." 평균 이상으로 월등한 사람은 다른 훌륭한 이들과 시간을 보낸다. 헨리 포드와 토마스 에디슨, 하비 파이어스톤Harvey Firestone은 함께 낚시 여행을 떠났다. 세 명은 모두 우리 삶의 방식을 바꾼 인물들이다.

여덟째, 낮은 기대치에서 나오는 관대함을 피하라.

당신을 나태하고 비도전적이게 만드는 사람을 멀리하자. 휴식이 필요한 날도 있지만, 최선을 다하는 모습은 엄격한 기대가 주어질 때 발현된다. 나는 긴장감과 압도감 사이의 어딘가에서 온 힘을 다해 일한다. 우리는 마치 고무줄처럼 팽팽해져 있을 때만이 능력을 발휘한다.

—
꼭 타고난 능력은 아니더라도 남보다 뛰어난 능력을 발휘하는 사람을 알고 있는가? 탁월함을 가능하게 하는 그 사람의 자질은 무엇이라고 생각하는가?

"탁월함은 모든 사람이 손닿을 수 있는 위치에 있다."라는 말이 흥미롭게 들리지 않는가? "평균 이상"이 되는 일은 드물 뿐이지 꼭 어렵지는 않다. 평균적인 사람이 가라테 검은띠를 따려면 얼마나 걸린다고 생각하는가? 적당히 노력하는 사람은 검은띠를 따지 못한다. 체구가 크든 작든, 재능이 있든 없든 상관없이 평균에 안주하기를 거부하는 사람이 검은띠를 쟁취한다. 다시 말해 탁월함은 사람마다 다르게 보일 수는 있겠지만 누구나 탁월해질 수 있다. 진심으로 무언가를 원한다면 길을 발견할 테고 그렇지 않으면 변명거리만 찾을 것이다.

해비튜드 커리큘럼 중에 "앙코르 효과"라는 것이 있다. 콘서트에서 밴드는 공연의 마지막 곡을 부른 후 다시 무대로 올라와 관객들을 자리에서 일어나게 할 만큼 멋진 곡을 열창한다. 이것이 앙코르다. 비상한 리더도 팀원들에게 이렇게 행동한다.

비상한 리더는 팀원들이 자신에게 요구하는 바를 전부 해내고도 한 발 더 나아간다. 조금 더 많이 공헌하고 조금 더 크게 웃고 조금 더 많은 가치를 부여한다. 비상한 리더는 다음과 같이 생각하곤 한다. '나는 오늘 아침에 일어나, 편하게만 앉아 적당히 하는 사람이 되지 말아야지.'

팀원의 발밑에 "안정망"을 놓아 주어라

안타깝게도 사람들이 더 많은 일을 해낼 수 있게끔 만드는 것은 쉽지 않은 문제다. 남들보다 우월해야 한다고 설득시키기만 하면 되는 일이라면, 이 세상 모든 팀원들은 조직의 기준을 만족시킬 수 있을 것이다. 하지만 실상은 그렇지 않다. 평균적인 사람들은 리더의 "높은 기준"이 무엇인지 알고는 있다. 하지만 재능이나 의욕이 부족해서가 아닌 불안감을 느끼는 탓에 그 기준을 만족하지 못하는 경우가 허다하다. 평균적인 사람들의 내면에는 어떠한 기준을 달성하려고 고군분투하는 행위를 방해하는 정서적 결핍이 있기 때문이다. 따라서 리더는 해비튜드 커리큘럼에 등장하는 "금문교의 역설"을 반드시 이해할 필요가 있다.

금문교 건설은 공학 분야에서 달성한 놀라운 위업이었다. 다리 건설은 대공황이 한창이던 1933년에 착수되었다. 그 무렵 무려 25%에 달하는 실업률 탓에 일자리를 찾아 헤매는 사람이 많았는데 고도의 전문성을 요하는 몇몇 작업을 제외하고 금문교는 현지 노동자들에 의해 지어졌다. 노동자들은 산업혁명의 가장 위대한 업적 중 하나에 기여한 것을 자랑스럽게 여겼다.

금문교가 안전기준에서 깜짝 놀랄 만한 성과를 거두었다는 이야기는 아마 많이들 모를 것이다. 강교 건설 당시 예상했던 사망자는 비용 100만 달러당 1명이었다. 이 기준에 의하면 금문교의 안전기록은 가히 인상적이었다. 3500만 달러 규모의 프로젝트를 완수하면서 발생한 사망자 수는 11명밖에 되지 않았다. 어떻게 가능했을까?

보통은 교량 건설 중 사람이 추락해 사망하면 공사 속도가 느려졌다. 남은 노동자들이 불안해하고 두려워했기 때문이다. 프로젝트를 성공시켜야 한다는 생각보다 살아남아야 한다는 걱정에 에워싸인 나머지 공사 마감일이 지켜지지 못했다. 노동자들이 이렇게 몸을 사릴 때 현장 감독들은 그들을 강압적으로 밀어붙였다. 시간이 결국 돈이었기 때문이다.

하지만 건설 책임자 조셉 스트라우스Joseph Strauss는 기한을 지키지 못하는 한이 있더라도 노동자들이 안전하게 일해야 한다고 굳게 믿었다. 그래서 그는 미국 최초로 공사 현장 노동자들 아래에 안전망을 설치했다. 13만 달러나 드는 결정이었지만 효과가 있었다. 그물망은 추락한 19명의 생명을 구했다. 노동자들이 목숨을 유지한 것은 물론이거니와 자신의 안전보다 작업 완수에 더 집중할 수 있게 되면서 공사에 속도가 붙었다. 안전망 비용이 비쌌음에도 불구하고 프로젝트는 인명 피해를 최소화하고 예산에 맞춰 제때 완료될 수 있었다.

역설을 보았는가? 현장에 안전망을 매다는 것은 비용과 시간이 모두 드는 일이었다. 비용을 들일 가치가 없다고 생각하는 리더도 있을 수 있다. 하지만 아이러니하게도 돈과 시간을 절약할 수 있다. 노동자들이 스스로 안전하다고 느끼고 일을 끝마치는 데 집중하면 생각하면 힘을 얻어 작업 속도는 빨라진다. 생명을 잃을까 전전긍긍하지 않는다. 팀에 의욕을 불어넣는 리더는 이러한 결정을 내릴 줄 안다.

비상한 리더는 팀 구성원들이 추락하거나 휘청이거나 혹은 실패하기를 겁내는 환경을 조성하지 않는다. 팀원들 아래에 가상의 "안전망"을 두는 것이다. 실패한다고 해서 막다른 상태에 이른다거나 치명적인 상황에 부딪치는 것이 아니므로 성공은 어느새 더 빠르게 찾아 온다. 그물망 덕에 팀원들은 일을 성공시킬 수 있고 성공의 속도에도 탄력이 붙는다. 그리고 일을 그냥저냥 해나가는 것이 아니라 어떻게 하면 더 잘 해낼 수 있을까에 관심을 둔다.

1956년부터 1971년까지 IBM의 CEO로 있었던 톰 왓슨 주니어Tom Watson Jr.에 얽힌 유명 일화를 기억하는가? 그는 정보혁명계 주요 인사였다. 언젠가 IBM의 젊은 임원 중 한 명이 회사에 수백만 달러의 비용을 초래한 잘못된 결정을 내린 적이 있었다. 왓슨의 방으로 불려 가게 된 임원은 자신이 분명 해고되리라고 예상했다. 방에 들어가서 먼저 말을 꺼내기로 결심했다. "그런 실수를 했으니 저를 해고하고 싶으실 것 같습니다." 하지만 왓슨은 다음과 같이 답하며 그를 놀라게 했다. "그런 건 전혀 아니라오. 다만 수백만 달러가 든 교육이었을 뿐이었다네."**5**

몇 년 동안 우리 기관의 심층조사를 수행해 준 집단이 전하길 요즘 팀원들이 실패를 극도로 두려워한다고 했다. 그 이유 중 하나가 "무엇을 하든 간에 실수는 하면 안 된다." "틀려서는 안 된다."라고 외치는 문화가 사람들에게 잘못된 메시지를 전하기 때문이 아닐까 생각한다. 사람들은 종종 불안을 심하게 느끼고 모든 면에서 일을 완벽히 수행해야 한다는 압박을 받는다.

『실험심리학저널(Journal of Experimental Psychology)』에 실린 2012년도의 한 연구에서는 이러한 압박이 학습에 부정적 영향을 미칠 수 있다는 점을 발견했다. 몇 가지 실험을 통해 발견한 사실에 따르면 사람들은 자기보호 행동을 취할 것이며, 배울 요소가 있다 하더라도 실패할 수 있는 위험한 도전을 모두 기피할 것이라고 한다.[6] 또 다른 연구에 따르면 불안은 유연한 의사결정에 중요한 역할을 담당하는 뇌의 부위인 전두엽 피질을 비활성화한다고 한다.[7] 우리는 결과를 초조해할 때 현명한 선택을 잘 하지 못한다.『교육심리학저널(Journal of Educational Psychology)』에서 발표한 새로운 연구 결과는 다음과 같았다. "이러한 학생들은 낮은 기준을 설정하고 스스로 달성할 수 있다고 확신하는 안전한 목표만 세운다. 이들은 만성적인 부진아다."[8] 이것이 당신의 팀 이야기가 아니기를 바란다.

내가 아는 대부분 리더는 실수해도 괜찮은 환경을 실제로 조성해냈다. 하지만 그들의 팀원들은 다르게 말할지도 모른다. 당신의 팀원들은 당신에 대해 어떻게 말할까? 우리 기관의 조사 면접관들이 밝힌 바에 의하면, 일을 그르칠까 봐 극도로 두려워하는 사람이 너무 많다고 한다. 이들은 평균 수준에도 못 미치게 업무를 수행하면서 머뭇거리거나 그냥 될 대로 되라는 식으로 행동한다. 2015년 갤럽이 발표한 보고서에서는 미국 노동자의 51%가 업무에 "깊이 관여하지 않는다."라고 전했다.

실패에도 넉넉히 웃어 보여라

금문교의 역설을 잘 실천하는 조직이 여기 있다. 몇 년 전 쓰리엠3M 기업이 리스크테이킹Risk taking을 독려하는 것은 물론 팀원들에게 일주일의 15% 만큼의 시간을 제공해 그들 스스로 고안한 프로젝트를 실험할 수 있게 해주었다는 이야기를 들었다. 윌리엄 맥나이트William McKnight 회장은 현장을 돌아다니다가 엉뚱한 아이디어로 실험하는 직원을 발견할 때면 걱정보다는 기대감에 차 흥분하곤 했다. 결과적으로 이 활동은 성공을 거두었다. 포스트잇에서 스카치테이프, 스카치투명테이프, 웻오드라이 내수성 연마포지, 고무시멘트에 이르기까지 우리가 자주 사용하는 많은 제품이 엉뚱한 아이디어에서 나온 것들이다. 이 모든 제품의 탄생 뒤에는 활기를 돋우는 특유의 문화와 마음 놓고 실수할 수 있도록 마련된 공간이 있었다.

나는 무엇이 쓰리엠을 위대하게 만들었는지 곰곰이 따져 보다가 맥나이트 회장의 역설적 경영 원칙 때문이라고 판단했다. 그는 직원들이 충족시킬 기준을 엄격하게 설정했다. 이는 더 뛰어난 능력을 발휘하게 하는 효과가 있다. 그럼에도 직원들이 실패했을 때 관대한 모습을 일관되게 보여 주었다. 이는 위험을 감수하게 하는 효과가 있다.

로이 리겔스Roy Riegels의 "역주행" 사건을 들은 적이 있는가? 미국대학체육협회 미식축구 선수였던 그는 1929년 권역별 1위 대학팀끼리 맞붙는 로즈볼 경기에서 공을 놓쳐 당황한 나머지 상대편의 엔드존End zone으로 역주행한 것으로 유명해졌다. 같은 팀 선수가 그에게 태클을 걸었지만 결국 상대 팀에게 점수를 내주고 말았다. 그는 엄청난 굴욕을 느끼면서 넘어진 그 자리에서 일어났다. 그리고 나중에 그날이 자신의 인생에서 최악의 날이었다고 밝혔다.

뜻밖에도 닙스 프라이스Nibs Price 코치는 중간 휴식시간에 이 사건에 대해 어떠한 언급도 하지 않았다. 코치는 선수들에게 격려의 말을 활기차게 전한 후 이렇게 말했다. "자, 그럼 전반전 뛰었던 팀이 후반

전도 뜁시다."

리겔스는 그 상황이 믿기지 않았고 경기장으로 돌아가기를 거부하며 자리에 털썩 주저앉았다. 그러자 코치는 그와 둘이 앉아 이렇게 얘기했다. "로이, 난 자네를 믿어. 밖에 나가서 후반전을 치르지 않으면 방금 자네가 한 실수를 모두가 기억할 거야. 자네가 어떤 선수인지 사람들에게 보여 줘야 해."

나중에 프라이스 코치는, 그날 후반전에서 보여 줬던 리겔스의 경기만큼 열정적이고 지능적인 경기를 보여 준 선수는 지금껏 없었다고 말했다. 역주행한 로이 리겔스에게 필요했던 것은 안전망을 제공하는 비상한 리더였다.

엄격한 기준과 너그러움의 역설 한눈에 보기

리더가 엄격한 기준을 세울 때	리더가 아량을 베풀 때
팀원들은 탁월함을 위해 힘쓴다.	팀원들은 업무 도중에 발생하는 리스크를 감수한다.
팀원들은 일을 더 잘 수행할 수 있다.	팀원들은 스스로를 더 강하게 밀어붙인다.
어떤 팀원도 평범한 결과에 안주하지 않는다.	어떤 팀원도 리더를 실망시킬까 봐 걱정하지 않는다.
팀원들은 의욕적으로 우수한 결과를 끌어내려 한다.	팀원들은 스스로 안전하다고 느끼고 여기에서 의욕을 얻는다.
도달할 목표를 제시할 수 있다.	실패에 대비할 수 있는 안전망을 제공할 수 있다.
팀원들은 스스로 가능하다고 생각하는 것보다 더 많이 노력한다.	팀원들은 스스로 가능하다고 생각하는 것보다 더 많이 노력한다.

– 엄격한 기준과 너그러움의 균형 잡기 실천법 –

1. 팀원들에게 비전을 명확하게 보여 주어라. 팀원들이 "성공"의 모습을 확실히 그릴 수 있도록 하자. 당신은 프로젝트가 끝날 즈음 어떤 구체적인 결과를 생각하는가? 뚜렷한 목표는 무엇인가? 팀 전원이 반드시 같은 목표를 바라볼 수 있게 하자. 팀원들은 목표를 통해 합심하고 열정을 얻어야 한다.

2. 완벽함을 목표로 하고 탁월함을 추구하라. 이 말은 수년 동안 이어져 온 우리 팀의 신념이다. 우리는 언제나 완벽을 기할 것이다. 계획은 행사나 제품이나 서비스를 완벽하게 성공시키기 위해 세워지지만, 우리는 사람의 실수가 업무를 진행하는 데 있어 응당 치러야 할 대가라는 것 역시 알고 있다. 행여 본래의 목표를 달성하지 못하더라도 다른 방향으로 성공하는 일도 생긴다. 그 결과가 탁월하기만 하다면 괜찮다.

3. 높은 기대치를 알리되 관대함을 보여라. 이 장의 역설을 말로만 실천해서는 안 된다. 팀원들은 당신이 말로만 떠드는 것보다 역설을 행동으로 실천하는 모습을 더 많이 봐야 한다. 그러기 전까지는 아마 당신의 말을 믿지 않을 것이다. 실험 대상이 되고 싶은 사람은 아무도 없으니 말이다. 원대한 목표를 밝히고 아량 있는 태도를 보일 수 있을 만한 적절한 타이밍을 찾자.

4. 엄격한 기준과 자기 용서, 모두에 책임지는 모습을 팀원들에게 보여라. 심각한 실수를 저질러 끔찍한 기분을 느낀 적이

있었다. 내 실수는 언론의 이목을 끌고 브랜드 가치에 타격을 가해 회사의 홍보를 위해 애쓴 수많은 노력을 깎아 먹었다. 나는 스스로 책임지는 모습을 팀원들에게 보여 주고 이를 통해 그들에게 교훈을 제공해야 한다고 생각했다. 그래서 내가 저지른 실수를 스스로 용서하기 위해 눈에 띄게 노력하며 열심히 일했고, 팀원들이 지켜보는 가운데 실수한 부분을 다시 되돌려놓았다.

5. 안전망 원칙을 확장하라. 팀의 미션을 완수하는 데에는 팀원들에게도 동등한 책임과 자율성이 있음을 알리자. 구성원 모두가 프로젝트에 "주체적"으로 임하도록 하면서 시도할 자유와 실수할 자유를 주어야 한다. 궁극적으로 팀원들에게는 일을 완수하기 위한 방법을 찾아나가는 과정에서 자유롭게 실패할 자유가 있다.

6. 도전한 다음 논의의 시간을 가져라. 팀원들은 마음껏 새로운 일을 시도하고 결과를 기록한 뒤 리더와 함께 그 결과를 주제로 논의할 수 있다는 것을 알고 있을 때, 실수하고 실패해도 안전하다고 느낀다. 그로잉리더스에서는 팀원들이 무언가를 도전하도록 용기를 심어 주지만, 프로젝트가 끝날 때마다 늘 다음번에 어떻게 더 잘 할 수 있을지에 대해 신중히 이야기를 나눈다. 짐 콜린스가 "포탄보다 총알을 먼저 쏘아야 한다."라고 말한 대로 프로젝트를 본격적으로 수행하기에 앞서 작은 시범 프로젝트를 해보며 목표를 달성할 수 있는 방법이 무엇인지 확인해 보자.

7. 현장경영을 하라. 6번과 같은 환경에서는 창의력과 실수가 모두 겉으로 드러나기 마련이다. 하지만 리더는 이 둘을 모두 수용할 줄 알아야 한다. 세계적인 경영컨설턴트 톰 피터스^{Tom} Peters가 주장한 현장경영을 실천한다면 그 손실을 최소화할 수 있다. 매 현장을 돌아다니며 무슨 일이 일어나고 있는지 체크하자.

8. 적합한 인재를 채용하고 프로세스를 신뢰하라. 적재적소에 인재를 확보했다면 당신이 구축한 프로세스와 이를 운영하기 위해 고용한 직원들을 최선을 다해 신뢰하자. 문제가 생기더라도 그 대가는 그만한 가치가 있다. 직원들은 무언가를 배우고 좋은 결과물을 탄생시킬 것이며 결국 이득은 대가보다 클 것이다.

9. 실수에서 배우기 위해 올바른 질문을 던져라. 결론을 내거나 설교를 늘어놓는 대신 팀원들에게 질문을 하며 리더십을 발휘하자. 실수의 원인은 무엇이었을까? 팀원들에게 더 명확한 지시와 방향성이 필요한가? 추가적인 도움이 있어야 하는가? 질문들을 통해 당신이 팀원들에게 관심이 있고 그들의 능력에 확신하고 있음을 확실히 보여 주자.

10. 믿음을 표현하라. 리더 쪽에서 취해야 할 중요한 액션이다. 당신의 말과 행동에서 팀원들을 향한 믿음이 반드시 전해지도록 하자. 팀원들에 대한 강한 확신과 높은 기대치 그리고 희망을 어떻게 하면 전할 수 있는지 파악하자. 강력한 믿음은 강력한 행동을 만든다.

11. 끝까지 신뢰를 보여 주어라. 당신이 어떤 믿음을 표현했든 그 마음을 끝까지 행동으로 보여 주자. 부정적이거나 앞뒤가 맞지 않는 말로 당신이 한 말의 힘을 잃게 해서는 안 된다. 말과 행동을 꼭 일치시키자. 그러면 팀원들은 주인의식을 갖고 업무에 임할 것이다.

● **Check List** ●

- 엄격한 기준과 너그러움을 균형 있게 유지하는 리더를 알고 있습니까?
- 당신은 리더십을 발휘할 때 엄격한 기준과 너그러움 중 어떤 것 때문에 어려움을 겪고 있습니까?
- 혁신적 리더가 드문 이유는 무엇이라고 생각합니까? 당신은 스스로 혁신적 리더라고 생각합니까?
- 이 역설을 잘 실천하려면 무엇을 해야 한다고 생각합니까?

시대를 초월하는 원칙과 시의적절한 발전

세상이 민첩해질수록
불변의 가치는 더욱 중요해진다

흔들림과 발전을 혼동하지 마라.
흔들 목마는 계속 움직이지만 조금도 나아가지 않는다.

- 알프레드 몬타퍼트

문화역사가 워런 서스먼Warren susman은 정치역사가들은 1930년대를 프랭클린 루스벨트의 시대라고 부를 것이라고 기술했다. 만약 문화역사가들이라면 1930년대를 아마 월트 디즈니의 시대라고 칭하지 않을까 싶다.[1] 10년 동안의 경제 불황에도 디즈니는 적절한 메시지로 대중을 즐겁게 하고 용기를 불어넣기 위한 방법을 찾으며 사람들을 감동시켰다. 디즈니 만화는 미국 경제의 미친 듯한 기복을 닮은 기발한 이야기로 가득했지만, 갈등을 해결할 때는 세월이 흘러도 변하지 않는 전통으로 항상 돌아갔다. 그는 과거를 현재에, 현재를 미래에 연결했다. 수많은 사람은 그를 엔터테인먼트계의 천재로 여겼다.

월트 디즈니의 천재성은 그가 과거와 미래를 사랑한 모습에서 일부 드러났다. 그는 고유한 정서와 미래의 희망을 간직한 사람이었다. 그래서 스토리를 통해 과거의 변치 않는 미덕을 지키면서도 미국의 더 나은 내일을 향한 희망을 품어야 한다는 생각을 사람들에게 불러일으켰다.

과거를 잊은 리더에게 장밋빛 미래는 없다

월트 디즈니는 상상력으로 불타올랐고 자신이 상상력을 발휘할 수 있을 때 최대의 기량을 냈다. 상상력으로 빠르게 내달리는 그를 따라잡을 사람은 거의 없었다. 그의 핵심 신념은 단 두 가지였다. 첫째 과거의 것을 존중하고 배울 것. 둘째 바람직한 미래를 상상하고 이를 위해 노력할 것.

많은 이에게 월트 삼촌으로 불리던 월트 디즈니는 1950년대에 보수적이고 건전한 가치관을 지닌 인물로 유명해졌다. 그에 관해 쓴 글도 많았다. 언론인들은 월트 디즈니를 두고 전통적 가치와 대중미학의 화신化身이라고 표현했다. 그는 애국심을 기리는 홀오브프레지던트Hall of Presidents°와 가족의 가치를 반영하는 미키마우스클럽the Mickey Mouse Club°° 그리고 미국 서부시대의 개척 정신을 반영하고 1955년 미국 전역을 휩쓴 미니 시리즈 데이비크로켓 등을 제작했다.

°　역대 미국 대통령들의 로봇이 전시된 장소

°°　미국의 어린이 텔레비전 프로그램

1950~1960년대에 세계가 더욱 현대화되면서 월트는 상상력이 만들어 낸 진보의 일선에 선 동시에 미국인에게 전통의 가치를 다시 불러왔다. 이런 그의 모습은 진보적이면서도 보수적인 사람으로 보일 것이다. 그는 자신의 집에 모형기차를 설치했는가 하면 과학과 우주여행, 컴퓨터 기술, 로봇에도 관심이 대단했다. 월트 디즈니는 전통과 진보 양쪽을 모두 아우를 줄 아는 이례적인 인물이었다. 그의 리더십은 역설적이었다.

디즈니는 미래적인 것에 매혹되었다. 1965년 11월 15일 기자회견장에서 플로리다 주지사 헤이든 번즈Haydon Burns와 만나 월트디즈니랜드의 미래 구상을 소개했다. 사실 월트의 관심은 테마파크보다 테마파크와 관련된 실험도시에 더 쏠려 있었다. 미국 올랜도 디즈니월드에 자리한 테마파크 앱콧은 미래의 실험적 프로토타입 커뮤니티를 의미한다. "도시"와 "커뮤니티"가 한곳에 결합되면 이런 모습일 것이라고 월트 디즈니가 상상한 미래의 유토피아 도시이다. 줄여서 앱콧이라고 알려진 앱콧센터는 인생 후반기 월트의 상상력을 사로잡은 것이 무엇인지를 보여 준다. "앱콧은 월트디즈니랜드의 개발 초기에 월트가 착상한 아이디어로, 미국의 혁신과 도시 생활의 중심 역할을 하게 될 계획실험 커뮤니티이다."[2] 앱콧 입구에는 커뮤니케이션의 역사와 미래를 상징하는 우주선지구 조형물이 있다. 문화와 엔터테인먼트계의 리더로서 월트는 우리들의 생각과 마음에 특별한 의미를 전했다. 이 독창적인 테마파크를 거닐다 보면 전통을 간직하면서도 미래를 조망하는 데 집중한 그의 노력을 느낄 수 있다.

디즈니랜드에는 몇백 년 전 미국의 마을 풍경을 떠올리게 하는 것들이 있는 동시에 테마파크는 미래의 삶이 어떤 모습일지에 대한 상상력을 점화시킨다.

향수가 느껴지면서도 유혹적이다. 두 가지 모두 우리의 상상력을 유발한다. 월트는 모든 이에게 전통적인 것과 미래적인 것을 향한 깊은 관심을 전하려 했다. 테마파크의 초기 안내책자에는 이러한 내용이 적혀 있었다. "디즈니랜드에 입장하면 어제와 내일 그리고 환상의 나라에 와 있는 나를 발견하게 될 것입니다. 현재와 관련된 그 무엇도 디즈니랜드에는 존재하지 않습니다."[3] 월트는 현재가 과거와 미래로부터 영향을 받는다고 보았다. 몇십 년 동안 디즈니 테마파크에는 지난 100년에 걸쳐 미국인의 삶이 어떻게 진화했는지, 미래에는 어디로 나아갈지를 보여 주는 짧은 시간 동안 상연하는 공연물 캐러셀오브 프로그래스가 있었다. 전형적인 미국 가정집 풍경이 어떻게 개선되고 바뀌는지 알려 주면서도 관계, 사랑, 소통의 한결같은 필요성을 사람들이 계속해서 느낄 수 있는 방법에 대해서도 세심한 관심을 기울였다. 비상한 리더는 이 모습들의 균형을 유지한다.

옛것과 새것을 동시에 추구하라

21세기의 비상한 리더가 되려면 매우 어려운 이 역설의 균형을 반드시 이루어야 한다. 우선 지속적인 성공을 이끄는 불변의 원칙, 즉 오랜 세월을 견뎌 왔으며 모든 세대와 상황에 적용할 수 있는 가치를 수용하고 제시해야 한다. 그러면서도 문화적인 방법과 미래적인 자원을 활용해야 한다. 비상한 리더들은 늘 푸르른 상록수처럼 변하지 않는 가치를 전달하기 위해 문화 요소를 이용한다. 그리고 자신의 변치 않는 핵심 정체성과 달리 이것을 구현하는 양식은 최첨단이며 가장 앞서 나간다. 그들은 미래의 기회를 찾는 데 열과 성을 다하지만, 진보를 향한 열망 속에서도 핵심 미덕과 가치 그리고 규율을 결코 저버리지 않는다. 미래 발전만 갈망하기에는 불완전하고 전통 보존에만 매달리기에도 불완전하기 때문이다. 탁월함을 위해 조직은 양쪽을 모두 받아들여야 한다.

탁월함은 디즈니의 영원한 가치 중 하나로 디즈니 초창기부터 시작된 그의 모험을 특징지었다. 1940년대에 월트는 딸들을 데리고 지역에 있는 유원지로 가 회전목마를 타곤 했는데, 회전목마의 외관과 작동 상태가 영 시원치 않다고 생각했다. 몇몇 목마는 흠집이 나 있어 페인트 덧칠이 필요해 보였다. 그리고 그는 회전목마를 탈 때마다 위아래로 문제없이 움직이는 목마를 찾는 딸들을 보게 되었다. 벤치에 앉아 그 광경을 지켜보며 훗날 자신이 지을 놀이공원의 모습을 메모했다. "페인트칠이 벗겨진 목마가 없어야 하며, 모두 위아래로 제대로 움직이는 목마여야 할 것."

월트는 영화를 제작할 때 전개와 줄거리에 방해되는 요소를 전부 잘라내는 데 가차 없었다. 영화는 흠잡을 곳 없이 완벽해야 했다. 디즈니 애니메이션 「백설공주와 일곱난쟁이(Snow White and the Seven Dwarfs)」의 애니메이터 중 한 명이었던 워드 킴볼Ward Kimball은 4분 30초짜리 장면에서만 240일을 매달려 일한 나날을 기억한다. 난쟁이들이 백설공주를 위해 수프를 만들면서 부엌을 온통 부수다시피 하는 장면이었다. 월트 디즈니는 그 장면이 재미있다고 생각했지만 영화 전체의 흐름을 방해한다고 판단했다. 많은 직원의 재능과 에너지가 투입된 데다 그 장면에만 일 년의 절반 이상이 소요된 상황이었다. 그럼에도 월트는 그 장면을 삭제했다.

탁월함을 추구하는 집념과 과거를 향한 애정 덕택에 미국인들은 미지의 미래를 탐험하는 월트의 여정에 편안함을 느끼며 동참할 수 있었다. 월트는 이들 중 한 사람일 뿐이었지만 앞장서 있었다.

이렇게 월트는 과거와 미래를 융합시켰다. 그는 과거의 전통과 시대의 흐름을 모두 눈여겨보면서 옛것을 사람들에게 상기시키고 새것을 받아들였다. 1960년 ABC 방송사에서 NBC 스튜디오로 파트너십을 이전했던 사례는 이를 실감나게 보여 준다. 이 시기는 TV 화면이 흑백에서 컬러로 전환되고 있던 때였다. NBC는 「월트디즈니 프레센츠(Walt Disney Presents)」라는 그의 프로그램을 가져와 「월트디즈니 원더풀월드 오브 컬러(Walt Disney's Wonderful World of Color)」로 프로그램명을 변경했다. NBC는 그에게 과거와 미래에 대한 상상력을 이용해 25가지의 컬러 프로그램을 자유롭게 제작할 수 있게 해주었다.

어떤 동기에서 그랬던 걸까? NBC 모회사인 RCA는 컬러 TV 제조에 거액의 돈을 투자한 상태였고 월트는 미국이 나아가는 방향의 표본을 보여 주었다. NBC 측에서는 월트가 책임지는 쇼 프로그램의 제목에 "컬러"라는 단어를 넣음으로써 텔레비전 판매가 향상되리라 확신했던 것이다. 그리고 그 예상은 옳았다. 「월트디즈니 원더풀월드 오브 컬러」의 첫 방영 직후, NBC 스튜디오의 홍보 책임자 카드 워커 Card Walker는 월트에게 컬러 텔레비전의 판매가 지난 9월보다 105%

앞서면서 급증하고 있다는 소식을 편지로 알렸다.[4]

전기 작가 닐 개블러Neal Gabler는 월트 디즈니를 다음과 같이 요약했다. "월드 디즈니는 미국 대중문화계의 제왕이었다. 디즈니랜드의 성공과 텔레비전 쇼를 통해 선보인 그의 존재감 덕에 월트 디즈니의 개인적 위상은 그 어느 때보다 그리고 그 어떤 미국인보다 높아졌다. 미국 제작자조합은 '미국 영화에 대한 역사적 공헌'을 기리며 만장일치로 루이스마일스톤상을 월트에게 수여했다. 미국 올림픽위원회는 그를 1960년도 동계올림픽행사위원회 의장으로 임명했고, (…) 그는 올림픽 성화 봉송과 개막식·폐막식 의식 그리고 메달 수상식을 기획하고 감독했다. 아이젠하워Eisenhower 대통령은 그를 대통령 직속 교육위원회 멤버로 지명했는가 하면, 케네디 대통령은 국가 간 문화, 과학, 체육에 관한 교류를 촉진하기 위해 계획된 피플투피플 프로그램의 집행위원회 아홉 명 중 한 명으로 그를 임명했다."[5] 정규 교육을 8학년까지밖에 마치지 않았음에도 불구하고 그의 이름을 딴 학교들과 그에게 명예박사 학위를 수여한 대학들이 생겨났다. 이 리더를 비상하게 만들어 준 양립 가능한 역설적 발상을 자세히 살펴보자.

2017년에 나는 동료 앤드류 맥피크Andrew McPeak와 함께 『지도 밖으로 행군하라(Marching Off the Map)』라는 책을 썼다. 이 책은 리더가 단지 현재 자신이 소유하고 있는 영역을 지배하는 것이 아니라 팀원들을 새로운 세계로 인도해야 한다는 생각에 기반한다.

알렉산더 대왕 이야기를 살펴보자. 그는 이미 알려진 세계를 정복하는 데 만족하지 않고 그 당시 아직은 지도상에 없는 영토를 향해 군대를 지휘했다. 그리고 일부 병사를 "지도제작자"로 변모시켜 처음

보는 땅을 발견할 때마다 새로운 지도를 그리고 강과 언덕, 평야, 산, 계곡 등을 스케치하라고 지시했다.

감히 상상하기 어려운 일이다. 병사들은 그야말로 행군하는 동시에 지도도 그려야 했다. 분명 신나면서도 두려운 일이었을 것이다. 병사들은 행군하면서 지도를 만들었고 앞으로 걸어가면서 기록을 했다. 이동하는 중에 지도 만드는 법을 배워 갔다. 새로운 영토에서 오래된 지도를 계속 사용하는 건 무용한 일이었을 것이다. 이렇게 해서 발견한 영토들이 바로 지금 우리가 살고 있는 곳이다. 그리고 이러한 작업은 오늘날 수행한다고 해도 쉽지 않다.

결코 쉬웠던 적이 없었다. 고대인들은 당시 탐험할 것이 너무나 많았음에도 익숙한 것을 좋아했다. 사람들은 코페르니쿠스Copernicus나 뉴턴 또는 갈릴레오Galileo 같은 지도제작자를 받아들이지 않았다. 심지어 크리스토퍼 콜럼버스Christopher Columbus는 횡단하는 데 자국에서 어떠한 자금 지원도 받지 못했다. 고대인들은 세상이 평평하다고 믿었다. 그러나 콜럼버스 시대 이후로 지도들이 빠른 속도로 새롭게 확장되었다.

특히 계몽주의 시대 이후 사람들이 몸서리쳤던 변화가 일어났다. 새로운 것들이 발견되었지만 아직 사람들은 이를 의심하고 외면했다. 어떻게 보면 인간은 무엇이 다가오고 있는지 "알아볼 수" 없는 것도 같다. 2006년 마크 저커버그Mark Zuckerberg는 CNN에서 선정한 "중요하지 않은 10인"에 올랐었다. 2004년 빌 게이츠는 "지금으로부터 2년 뒤 스팸이 해결될 것이다."라고 단언했었다. 그리고 1997년 마이크로소프트 전 최고기술경영자 네이선 미어볼드Nathan Myhrvold는 "애플은 이미 죽었다."라고 발언했었다. 20년 전 디지털 이큅먼트사의 창립자 켄 올슨Ken Olsen은 "모든 가정에 컴퓨터가 필요할 이유가 전혀 없다."라고 말했었다.

미지의 것은 우리 안에 두려움을 낳는다. 코로나19 팬데믹 위기를 넘기고 살아가는 오늘날 유독 더 그렇다. 그 어느 때보다 과학적 지식이 더 풍부해지고 기술이 더 좋아졌음에도 삶은 여전히 불확실하다. 수세기 전에 그려진 지도들을 본 적이 있는가? 지도를 만든 사람들은 지도상의 바다 한쪽 모퉁이에 용이나 바다뱀을 그려 넣곤 했다. "우리는 여기 밖에 무엇이 존재하는지 모른다. 위험하다. 몹시 위험하다."라고 외치는 듯했다. 그렇지만 알렉산더 대왕은 행군을 이어나갔고 그의 군대는 오늘날 우리가 유용하게 사용하고 있는 지도들을 만들어 냈다.

하지만 알렉산더 대왕은 병사들과 처음 보는 영토를 통과하면서 익숙한 것도 취했다는 사실을 잊어서는 안 된다. 그들은 마실 물과 먹을 음식이 필요했으며 시간과 계절을 인식하기 위해 늘 변함없는 태양을 관찰했다. 다시 말해 새로운 발견을 해나가면서도 시대에 상관없이 언제나 필요한 자원들을 받아들였다. 한결같은 조합이었다. 이처럼 리더는 물과 식량을 뒷전으로 미루지 않는 동시에 새로운 영역으로 진출할 방법을 모색해야 한다. 새로운 것은 수용하고 필요한 것은 계속 유지해야 한다.

영화배우 린 마누엘 미란다Lin-Manuel Miranda가 가르침과 즐거움을 모두 선사하기 위해 전통적인 것과 새로운 것의 조화를 이루었던 모습은 가히 인상적이었다. 미란다는 2015년 브로드웨이에서 막을 올린 뮤지컬 「해밀턴(Hamilton)」의 작사, 작곡, 극본을 맡았다. 「해밀턴」
은 상연된 첫 해에 미국 브로드웨이의 연극상 토니어워즈 16개 부문
에서 후보로 거론되었고 11개 부문에서 수상했다. 나는 미란다의 천
부적 재능의 비결이, 무일푼에서 부자가 되는 시대를 타지 않는 서사
그리고 랩 음악이라는 시대에 맞는 장르 이 둘의 조합에 있다고 생각
한다. 인상적인 조화가 아닐 수 없다. 어제의 이야기와 오늘의 문화.
시대를 초월하는 것과 시대에 부합하는 것.

이제부터는 역설 실천에 도움이 되는 훈련을 해보자.

그네와 다림줄

이 역설을 행동으로 옮기려 노력할 때 그네와 다림줄, 두 가지 비유
가 나에게는 유효했다. 자세한 내용을 검토해 보고 이를 통해 올바른
결정을 내릴 수 있도록 하자.

그네를 한번 떠올려 보자. 어릴 때 집에 혹은 이웃집에 그네가 있
었는가? 나의 경우 아이들이 어렸을 적 살았던 애틀랜타 집에 그네가
있었다. 우리 부부는 그네에 탄 아이들을 밀어 주며 시간 가는 줄 몰
랐다.

여기서 그네가 앞뒤로 왔다 갔다 움직이는 이미지에 주목해 보자.
이 장면은 오늘날 우리가 효과적인 리더십을 발휘하기 위해 어떤 태
도를 취해야 할지 알려 준다. 그네를 신나게 타는 모습처럼 당신은
최대한 뒤로 갔다가 앞으로 저 멀리 나아가야 한다. 아이들이 낄낄거

리며 "더 높이요! 더 높게 밀어 주세요 엄마!"라고 소리치던 모습을 기억하는가?

현명한 리더는 과거와 미래를 모두 바라보는 비전을 활용한다. 과거를 반추하고 과거로부터 배우며 지난 실수를 반복

—
당신은 전통적 가치와 미래 발전 중 어떤 것을 더 자연스럽게 수용하는가?

하지 않으려 실수에서 교훈을 얻는다. 온전하고 불변한 가치를 추구하고 이를 간직한 채 미래로 전진한다. 이렇게 해야만 멀리까지 나아갈 수 있다. 이것이 그네타기의 묘미다. 하지만 너무나 자주 리더들은 두 요소 중 하나만 취한다. 지난날을 돌이켜보며 소중한 것들을 잃을까 봐 안절부절못하고 과거를 꽉 움켜쥐려고만 한다. 아니면 앞날을 내다보면서 발전을 지나치게 원하는 나머지, 그것이 사람들에게 도덕적으로나 사회적으로 어떤 영향을 미치는지는 좀처럼 신경 쓰지 않는다. 하나는 주로 신중함과 보존에 관한 것이다. 하나는 주로 진보와 이익에 관한 것이다. 다시 한번 강조하지만 다른 하나가 없다면 둘 다 완전하지 못하다.

이러한 리더십을 행사하려면 일부러라도 "멈추어 서서" 과거와 미래를 모두 곰곰이 생각해봐야 한다. 분기에 한 번씩은 아니더라도 일 년에 한 번씩 시간을 내서 지속적인 그네타기 이미지 트레이닝을 통해 삶과 리더십을 효과적으로 통제하고 관리해 보는 것이 어떨까? 펜을 잡고 아래의 질문들에 답해 보자.

뒤로 그네 흔들기

과거의 유산과 뿌리, 즉 우리의 근본과 지금 여기까지 올 수 있도

록 해주었던 것들에 연결되어야 함을 의미한다. 긍정적이든 부정적이든 우리의 근원을 확인하자. 아래의 질문들을 스스로에게 물으면 도움이 될 것이다.

- 무엇이 우리의 토대와 유산인가?
- 왜 사명을 추구하기로 했는가?
- 어떤 가치를 우리의 공동체에 더하기로 했는가?
- 어떤 파괴적 요소를 버리려고 하는가?
- 지탱하는 데 필수적이라고 생각한 원칙들이 있었는가?

앞으로 그네 흔들기

자신의 존재 이유를 잊지 않은 채 미래로 나아가면서 사명감을 잃지 말아야 함을 뜻한다. 새로운 현실을 확인하고 오늘날 문화에 어울리게 사명을 변경해야 한다. 스스로에게 물어보면 유용한 질문들은 다음과 같다.

- 현재 어디로 나아가고 싶은가?
- 우리 앞에 가장 필요한 것은 무엇인가?
- 지금의 전망은 과거 때와 어떻게 다른가?
- 미래에 필요한 새로운 방법이나 전략은 무엇인가?
- 사명의 내용을 새롭게 함으로써 어떻게 우리 조직은 의미를 유지할 수 있는가?

다음 단계의 비유는 다림줄이다. 오늘 날 우리에게 필요한 두 번째 이미지인 다림줄이 무엇인지 기억하는가?

다림줄은 끝에 추가 달린 긴 줄로 과거

당신은 어떻게 과거를 활용해 미래를 발전시킬 수 있는가?

에 깊이와 정확한 수직을 측정하기 위해 사용되었다. 바다나 호수의 깊이를 측량하는 데 가장 자주 이용된, 납이 매달린 줄이다. 어부는 납을 물에 떨어뜨려 그 깊이를 알아내기 위해 다림줄을 이용한다. 다림줄은 기울기도 측정한다. 수세기 동안 사람들은 다림줄을 건물의 벽면 옆에 매달아 보고 수직 구조인지 점검했다. 줄을 아래로 끌어당기는 중력의 법칙을 활용해 벽이 기울었는지 쉽게 확인할 수 있었다. 물의 깊이와 벽의 기울기를 측정해야 했기에 수세기 동안 다림줄은 필수품이었다. 수년 동안 다림줄은 문학 작품의 상징으로 사용되기도 했다. 무엇이 잘못되었고 기준에 어긋나는지 평가하는 잣대를 의미했다.

2020년 집수리를 위해 건축업자들이 우리집 부엌을 개조하고 창문을 확장하고 새 바닥을 깔고 벽을 세웠다. 나는 매주 공사 현장을 방문해 진행 상황을 살펴볼 기회가 있었고 벽이 비뚤어졌는지 곧은지 관찰하려고 하중을 지지하는 기둥에 맞춰 다림줄을 잡아 보았다. 건축업자가 수평자를 사용하는 것은 알고 있었지만 직접 벽이 바닥과 완벽한 수직인지 확인하고 싶었다. 하중을 견디는 벽이 조금이라도 기울어 무너질까 염려하고 싶은 사람은 없을 테니 말이다.

리더와 팀도 마찬가지다. 사실 우리가 새로운 무언가를 구축할 때면 그것이 우리의 가치와 일치하는지 확인하기 위해 그 옆에서 "다림줄"을 잡아 봐야 한다. 우리의 깊이를 측정하거나 행여 우리가 비뚤어져 있지는 않은지 확인하도록 도와주는 다림줄은 산업과 학교, 운동팀, 가정 등에 모두 필요하다.

비유적으로 다림줄은 우리가 인격과 행동을 판단하는 올바른 척도라고 여기는 불변의 기준이다. 역사적으로 미국의 사법 시스템은 권리장전을 다림줄로서 이용해 오고 있는데, 그 이유는 선례들을 확인하고 범죄 행위가 가치에서 어긋났는지 검토하기 위해서다. 심지어 범죄자를 두고 사기꾼이라고 부르기도 했다. 여하간 내가 하고 싶은 질문은 이렇다. "당신은 일을 할 때 다림줄을 재보는가?"

오늘날 리더십을 행사할 때 다림줄은 어떤 모습일까? 당신의 팀에서 다림줄은 무엇인가? 스스로에게 아래 질문을 해보라.

- 탁월함을 측정하는 다림줄은 무엇인가?
- 혁신적인지 가늠하는 다림줄은 무엇인가?
- 윤리와 가치를 판정하는 다림줄은 무엇인가?
- 변화의 속도를 재는 다림줄은 무엇인가?
- 팀에 대한 신뢰를 보여 주는 다림줄은 무엇인가?
- 포용과 다양성을 평가하는 다림줄은 무엇인가?
- 공동체의 가치가 얼마만큼 증가했는지 나타내는 다림줄은 무엇인가?

작가 C.S. 루이스C.S. Lewis는 이를 잘 요약했다. "우리는 모두 발전을 원한다. 하지만 잘못된 길로 들어섰을 경우 발전은 180도 방향을 틀고 올바른 길로 되돌아가는 것을 의미한다. 제일 빨리 돌아가는 사람이 가장 진보적이다."

세상의 속도에 겁먹지 마라

리더들은 과거 어느 때보다 "시의적절한 발전"을 추구하고 "시대를 초월하는 가치"를 지키기 어려운 시기에 처해 있다. 왜일까? 첫째, 모든 사람이 남들보다 앞서가려 새로운 혁신을 향해 질주하기 때문이다. 둘째, 스마트기술이 변화의 속도를 촉진시키는 까닭이다. 안타깝게도 코로나19는 너무 많은 사람을 시의적절한 발전과 시대를 초월하는 원칙이 무시되는 생존 모드로 몰아넣었다. 이는 오늘날 많은 리더와 조직이 새롭게 닥쳐오는 현실에 충분히 빠르게 대응하기 어렵게 만들었다. 어느 업계든 절대 이전과 같아질 수 없을 것이다. 다수의 기업은 격리기간 초반에 요구되었던 변화에 준비되지 않아 문을 닫을 수밖에 없었다. 하지만 아마존, 줌, 클로락스, 슬랙, 닌텐도, 쓰리엠을 비롯한 다른 기업들은 어느 때보다 강력해졌다. 비결은 무엇이었을까? 바로 새로운 디지털 시대에 만반의 태세를 갖추었기 때문이다.

같은 이유로 불변의 가치를 유지하기도 어려울 것이다. 발전에 대한 욕구와 시장의 속도를 따라잡아야 하기 때문이다. 우리는 휴대용 기기들과 자동차, 집, 전자상거래가 똑똑해진 세상에서 살아가기에 그 문제는 더욱 악화된다. 리더들은 계속 윤리적일 수 있을까? 발전이 더 중요한 탓에 도덕적 의식이 약해지지는 않을까? 솔직히 말해 인공지능은 윤리적으로 준비되지 않은 세상으로 우리를 이동시킬지도 모른다. 기술문화잡지 편집장을 지낸 기술전문가 케빈 켈리Kevin Kelly는 이것을 "스마트기술은 상당히 빠르게 진화하고 있다. 그 속도는 인간이 기술을 문명화하는 속도를 추월한다."[6] 라고 표현했다.

시대에 상관없이 리더들은 리더십의 주요 지향점이 번영이라는 사실을 인지해야 한다. 번영의 핵심 요소는 세월이 흐르면서 바뀌므로 이동 목표물이라고도 할 수 있다.

몇 년 전 있었던 마이클 블룸버그Michael Bloomberg의 대학 졸업식 연설을 듣고 이에 대해 숙고해 보았다. 그의 초기 생각을 바탕으로, 세월이 흐르면서 나타난 산업의 변화와 당시 중요하게 여겼던 요소를 표로 간략히 정리해 보았다. 표의 왼쪽 열에는 인류가 경험한 네 가지 주요 시대가 있고 오른쪽에는 번영에 필요한 핵심 요소가 있다. 우리는 스마트 기기를 어디서든 사용할 수 있는 "인텔리전스 시대"에 살고 있으므로 시대를 아우르는 도덕과 윤리의 필요성이 중요하게 대두되고 있다.

시대	번영의 핵심 요소
농업 시대	체력
산업 시대	기계
정보 시대	생각하는 힘
인텔리전스 시대	도덕성

남보다 앞서기 위해 수천 년 전에는 튼튼한 체력이 필요했고 수백 년 전에는 좋은 기계가 필요했다. 수십 년 전 정보 시대로 들어서면서는 대부분 체력이 아닌 생각하는 힘을 통해 돈을 벌었다. 하지만 지금의 컴퓨터는 매우 똑똑하며 종종 사람의 머리를 능가한다. 이러한 시대에 가장 필요한 것은 도덕적 나침반이다.

우리는 다림줄이 있을 때 스스로의 모습을 잘 파악할 수 있기에 민첩하게 변화할 수 있다. 아무리 변화의 속도가 빠르다고 해도 근본과 윤리 의식이 전혀 훼손되지 않기 때문에 변화는 덜 무서운 것이 된다. 지그재그식으로 변화하는 것이 아니라 새로운 현실에 적응하면서 나아가므로 시장에 발 빠르게 대응할 수 있다.

버버리 전 CEO였던 안젤라 아렌츠가 2012 리더캐스트 청중에게 남긴 마지막 인사말은 다음과 같았다. "세상의 속도에 겁먹지 마세요. 우리가 더 민첩하게 움직일수록 우리의 가치를 간직하는 일은 더 중요해집니다." 재미있다고 해서 항상 더 좋은 것은 아니듯 확장한다고 해서 늘 발전하는 것도 아니다. 홍수가 나면 물이 불어나지만 이는 피해를 초래하기 마련이다. 철학자이자 저술가인 알프레드 몬타퍼트Alfred Montapert는 이렇게 말했다. "흔들림과 발전을 혼동하지 마라. 흔들 목마는 계속 움직이지만 조금도 앞으로 나아가지 않는다." 성장하면 늘 변화하지만 변화한다고 항상 성장하지는 않는다. 우리의 움직임은 발전으로 이어져야 한다. 결국 핵심은 리더들이 다음의 두 가지를 고취시키는 것이다. 시의적절한 발전 그리고 시대를 초월하는 원칙.

불과 50년 전 월트 디즈니는 지상에서 가장 행복한 곳으로 알려질 디즈니랜드를 건설하겠다는 포부를 알리기 위해 측근들을 모았다. 월트의 비전은 뚜렷했고 한곳에 집중되어 있었다. 팀원들이 그의 비전에 흥분하기 시작했을 때 어떤 팀원이 "디즈니랜드를 누가 지을 건가요?"라고 물었다. 월트는 자신감에 차 이렇게 대답했다. "생각해 둔 사람이 있습니다. 진주만이 폭격을 당한 후 미 해군을 태평양으로 다시 복귀시키는 데 공헌한 사람이 있습니다. 그가 디즈니랜드 건설을 잘 해내리라고 생각합니다."

얼마 지나지 않아 팀원들은 그 사람이 누군지 알게 되었다. 그의 이름은 조 파울러Joe Fowler. 미 해군 제독으로 당시 은퇴한 상태였다. 월트는 조 파울러의 집 앞에 나타나 테마파크를 짓자고 제안했을 때 조는 웃었다. "당신이 잘 모르시는 것 같군요. 저는 은퇴했고 이제 일할 생각이 없습니다." 그러나 월트가 벽에 사진들을 붙여 놓고 테마파크의 느낌과 모양, 냄새, 소리 심지어는 맛까지 아주 상세히 설명하자 결국 조는 그 제안을 승낙했고 은퇴 생활에서 다시 복귀해 디즈니랜드 건설의 감독자가 되었다.

몇 년 후, 디즈니월드도 건설될 예정이었는데, 프로젝트 감독자로 누가 고용되었는지 추측할 수 있겠는가? 바로 77세의 조 파울러였다. 디즈니 팀이 그에게 두 번째로 접근했을 때도 똑같은 대답이 돌아왔다. "전 은퇴했고 이제 일은 안 할 겁니다." 하지만 그들이 사진들을 보여 주며 대규모 프로젝트의 비전을 제시하자 조는 다시 그 제안을 승낙할 수밖에 없었다.

10년 후 디즈니 경영진은 앱콧 건설 건으로 또 다시 조 파울러에게 건설 현장을 지휘해 달라고 요청했다. 87세의 은퇴자인 그는 한숨을 푹 내쉬며 다시 한번 그들을 거절하려 했다. "당신이 잘 모르는군요. 저는 은퇴했어요. 이제 정말 끝났습니다." 하지만 모두가 알았다. 조가 그 주인공이라는 사실을 말이다. 디즈니 팀이 한곳에 집중된 명확한 비전을 전달하자 조는 다시 은퇴 생활을 포기하고 세 번째 프로젝트에 참여할 수밖에 없었다.

훌륭한 비전에 따라오는 힘을 이보다 잘 보여 줄 수 있을까. 조가 했던 말인 "전 은퇴했고 이제 끝났습니다."는 "끝날 때까지 끝난 게 아니다."로 바뀌었다. 조 파울러는 월트 디즈니의 영원한 가치 그리고 미래에 달성될 수 있는 것에 집중하는 미래지향적인 태도에서 용기를 얻었다고 말했다. 이는 누구에게나 에너지를 전하기에 충분한 태도이다.

"시의적절한 발전"은 어떤 모습일까?

1945년 노아 맥비커Noah McVicker는 신시내티에 있는 비누 제조회사인 쿠톨 프로덕트에서 근무했다. 어느 날 쿠톨 프로덕트는 크로거 식료품점으로부터 벽지에 묻은 석탄 찌꺼기를 닦아 낼 수 있는 제품을 만들어 달라는 요청을 받았다. 당시 미국 가정집은 석탄으로 난방을 했기 때문에 석탄이 타면 벽에 검은 얼룩이 남았다. 맥비커는 벽에 생긴 어떤 그을음도 다 없앨 수 있는 접착제처럼 끈적이는 물질을 개발했다.

하지만 제2차 세계대전 이후 석탄으로 난방을 하던 집들이 천연가

스를 사용하게 되면서 벽지클리너 제품의 필요성이 급격히 줄었다. 게다가 비닐로 된 벽지가 개발되면서 벽을 닦아 주는 제품의 수요가 감소했다. 쿠톨 프로덕트는 쇠퇴하기 시작했고 몇 년 만에 파산 직전에 이르렀다.

노아 맥비커의 조카였던 조Joe는 쿠톨 프로덕트에 합류해 회사를 구조했다. 조 맥비커의 가족 케이Kay는 보육원 교사였는데, 어느 날 벽지 클리너를 이용한 아트 프로젝트에 대한 신문 광고를 봤다. 무관한 제품을 전혀 다른 용도로 사용한 기발한 방법이었다. 그래서 그녀는 노아와 조에게 아이들 장난감 용도로 접착제를 제조해 보는 것이 어떻겠느냐고 설득했다. 실제로 그녀가 아이들과 함께 벽지 클리너로 놀아 봤는데 아이들의 반응이 좋았다. 그리고 케이와 케이의 남편은 제품명으로 플레이도우라는 이름을 제안했다.

조는 학용품 제조업체 대상의 교육 컨벤션에 플레이도우를 소개했는데, 이후 우드워드 앤드 로스로프라는 백화점은 플레이도우를 판매하기로 결정했다. 1956년 노아와 조는 플레이도우를 제조하고 판매하기 위해 레인보우크래프트컴퍼니를 세웠다. 그해 말 메이시스 백화점과 마셜필드 백화점도 플레이도우 매장을 열었고 회사는 순조롭게 나아갔다. 시간이 지나면서 레인보우크래프트는 식품 제조업체 제너럴밀스를 비롯해 장난감 회사 케너와 통카와 같은 다른 기업들과 합병했다. 그리고 1991년 장난감 회사 해즈브로에 인수되었다. 이과정에서 플레이도우 펀 팩토리와 크리에이티비티 테이블을 보면 알수 있듯 제품을 판매하는 새로운 방식이 등장했다. 플레이도우는 현재까지도 잘 팔리고 있다.

이 사례에 제시된 시의적절한 발전에 관해 배울 점은 무엇일까? 먼저 고객에게 필요한 것이 무엇인지에 귀 기울이면서 사업을 시작했다. 필요가 변할 때 낡은 방식에 얽매이거나 엉뚱한 목표를 고집하지도 않았으며 마음을 열고 제품의 용도를 변경하는 방법에 대한 아이디어를 귀담아 들었다. 완전히 새로운 고객과 관계를 맺기 위해 변화를 꾀하기도 했다. 고객이 제품을 원할지 채 알기도 전에 고객이 좋아할 제품을 만들었다. 이는 새로운 산업을 공부하고 제품을 용도에 맞게 바꿀 각오가 되어 있었다. 마침내 파트너십을 형성하고 제품을 세계적으로 알렸다.

저술가 맥스 맥코운Max McKeown은 "모든 실패는 적응하지 못하기 때문에 발생하며 모든 성공은 적응에 성공하는 덕에 이룰 수 있다." 미국 최대 세무법인 H&R블록은 시기적절한 행보를 보여 주었다. 다만 쿠톨과 달리 목표는 유지하되 제품만 변경했다. H&R블록의 임무는 미국인들의 재무 관련 일을 돕는 것이었다. 처음 시작은 풀타임 회계장부 담당자를 고용할 여력이 없는 소기업을 대상으로 하는 회계장부 아웃소싱 회사였다. 그러다가 고객을 끌기 위해 무료 세무 서비스를 제공하기 시작했다. 미국 국세청에서 시민들에게 세법상담 서비스를 중단하자 회계장부 담당자들의 수요는 계속 주춤했던 한편 세무 서비스를 필요로 하는 고객은 세 배 증가했다. 그러자 H&R블록 창립자 헨리Henry와 리처드 블록Richard Bloch은 세무 서비스에 집중했고, 일 년 만에 매출을 세 배 증가시켰다. 오늘날 우리는 H&R블록을 회계법인이 아닌 세무법인으로 알고 있다. 임무는 같지만 그 종류가 달라졌다.

제품이나 서비스를 다른 목적에 맞게 변경하는 일은 그때그때 흐름에 지속적으로 대처하기 위해 꼭 필요한 능력일 것이다.

멀리, 오래가도록 다잡아 주는 촉진자

비상한 리더는 스스로 변화에 잘 적응하고 시기적절한 태도를 유지할 수 있도록 해주는 다른 리더를 찾는다. 업계에서 잘나가는 다른 사람을 찾고 그 사람에게서 정보를 모은다. 우리가 어떤 일에 성공할 때도, 성공에 눈이 멀어 다음번의 필수적이고 대대적인 변화에 대응하지 못하는 일이 생기지 않게끔 다잡아 주는 이들이 필요하다.

흔하게 벌어지는 시나리오를 살펴보자. 성장 중인 회사는 자신들이 이룬 성공의 희생양이 될 수 있다. 회사는 발전을 이룩하면서 목표를 뛰어넘고 기록을 갱신한다. 그러면서 점점 규모를 키우고 이를 자랑스럽게 여기기 시작한다. 그 다음 단계에서는 어느 때보다 발전된 현 상태에 안주하게 된다. 하지만 이제 핵심 제작자는 관리자가 되어야 하며 전처럼 판매에 집중할 시간적 여유가 없어진다. 그들은 팀을 관리하게 되는데, 이때 팀원들은 회사 설립 초창기 때와 같은 기업가 정신을 지니고 있을 수도 있고 아닐 수도 있다. 2세대 이후 팀원들의 열정과 몰입은 1세대 때보다 부족할지도 모른다. 그렇기 때문에 촉진자가 필요하다.

육상선수 로저 배니스터의 이야기는 셀 수 없이 회자되고 있다. 그는 1마일을 4분 이내에 달리면서 세상이 불가능하다고 한 일을 해냈다. 이는 같은 팀 선수들의 노력 덕택에 가능했다. "촉진자"들이 있었기에 그러한 위업을 달성할 수 있었던 것이다.

로저만큼 빨랐던 두 명의 선수 크리스 차타웨이Chris Chataway와 크리스 브레셔Chris Brasher는 로저가 더 높은 목표를 향해 뛸 수 있도록 했다. 우선 크리스 차타웨이가 처음 0.5마일 동안은 로저의 페이스를 맞추다가 힘에 부칠 즈음 크리스 브레셔가 그 다음 0.5마일 구간에서 속도를 높여 로저를 앞질렀다. 두 명의 크리스가 페이스메이커 역할을 했고 로저는 자신의 속도를 유지함으로써 3분 59.4초의 기록을 달성해 냈다. 바로 직전 신기록 보유자인 글렌 커닝엄Glenn Cunningham이 인간으로서는 불가능하다고 말한 그 일을 로저는 해냈다. 이 육상 팀 이야기는 워낙 큰 자극이 되었기에 신기록은 46일 만에 깨졌다. 그 후에도 끊임없이 신기록이 갱신되었고, 1마일을 4분 안에 달린 사람들이 오늘날 무려 900명이 넘는다. 로저 배니스터와 그의 촉진자들은 전 세계 단거리 육상계의 패러다임을 전환했다.

촉진자는 당신보다 앞서가며 당신의 성장을 고무하는 사람들이다.

매년 1월이 되면 나는 성장하고 싶은 대여섯 가지 분야를 정하는데, 각 분야에서 내가 적응하고 성장하는 데 도움을 줄 수 있는 촉진자를 찾는다. 그들은 동일 업계에서 나보다 앞서가는 사람이거나 나에게 필요한 기술을 이미 통달한 사람이다. 나는 준비한 질문지를 들고 그들과 만나고 그들은 통찰과 아이디어를 나에게 쏟는다.

칙필레의 최고운영책임자 팀 타소폴로스는 몰입을 돕는 촉진자이고 존 맥스웰은 리더십을 가르쳐 주는 촉진자이며 스티브 무어는 데이터의 이해와 적용법에 도움을 주는 촉진자이다.

시대의 흐름에 맞는
태도를 유지하기 위해
밟아야 할 당신의 다음
단계는 무엇인가?

촉진자는 당신보다 앞서가며 당신이 더 발전하도록 영감을 준다. 때때로 촉진자는 개인적으로 알지는 못해도 지속적으로 보고 들을 수 있는 사람이기도 하다.

그들의 경력과 나의 경력이 겹치거나, 적어도 그들이 하는 일의 일부는 내가 하는 일과 유사하여 바로 주변에서 그들은 나에게 모범을 보인다. 종종 그들은 한 분야에서 풍부한 경험을 쌓았으며 앞서 나가기 위해 기존의 관습이나 프로세스를 떠나 발돋움하며 성공을 이루었다.

촉진자는 당신이 승리하기를 바라고 당신의 성공을 조력하고 당신과 협력하는 사람들이다. 나는 20년 동안 존 맥스웰 옆에서 일했다. 업무적인 성장을 한 단계씩 밟아 나갈 때마다 그는 나의 촉진자 역할을 했다. 앞장서서 우리가 목표로 삼아야 하는 비전을 뚜렷하게 제시했고 목표 달성에 필요한 전략이나 철학을 몸소 보여 주었다. 내가 그로잉리더스를 연 후에도 그는 나의 촉진자였다. 그로잉리더스에 기부를 한 최초의 인물이었으며 그가 나의 성공을 기원한다는 것에 한 치의 의심도 없었다. 내 인생에 이런 사람이 있다는 것은 크나큰 행운이다.

"시대를 초월하는 원칙"은 어떤 모습일까?

2014년에 래리 멀로Larry Merlo가 내린 결정을 다시 떠올려 보자. 래리는 CVS헬스드러그스토어의 CEO다. 그해 그는 "CVS가 건강과 웰빙을 역설해 놓고 왜 담배를 판매합니까?"라는 질문을 받았다(이 문제에 대해서라면 다른 대형 드러그스토어들도 해당된다). 그래서 그는 며칠 동안 CVS의 목적선언문을 검토해야 했다.

리더는 목적선언문을 들여다보면서 CVS가 난국에 빠졌다고 생각했다. CVS의 목적은 '사람들을 더 건강한 길로 인도한다.'였다. 담배는 매년 수십억 달러의 매출을 일으켰을지라도 목적선언문의 길과 일치하지 않았다. 얼마 지나지 않아 그는 CVS 매장의 담배 판매를 중단해야 한다는 제정신이 아닌 생각을 가지고 이사진과 경영진을 만났다. 담배를 파는 행위를 위선적이라고 생각했기 때문이다.

말할 것도 없이 그의 결정은 큰 파장을 불러 왔다. 사람들은 담배 판매가 목적선언문에 부합하지 않는다는 사실을 알고 있었고 매출과 수익률에 어떤 타격이 가해질지는 더 잘 알고 있었다. 이해관계자들이 이탈할지도 몰랐고 담배를 구매하던 고객이 더는 CVS에서 쇼핑하지 않을지도 몰랐다. 위험천만한 판단이었지만 결국 래리의 발언대로 CVS 매장은 수십억 달러 매출 규모의 담배 판매를 중단했다.

이 결정은 오로지 변하지 않는 원칙을 고수하기 위함이었다. 그는 수십 년 전 고심해서 정한 기업 목적을 지켰다. 만약 담배 판매에 대한 의문 제기를 못 들은 체했다면 자신이 책임지고 맡고 있는 조직의 청렴함과 목적에 진실되지 못했을 것이다. CVS는 그의 뚜렷한 다림줄에서 어긋났고 다른 드러그스토어도 예외는 아니었다.

결과적으로 어떤 일이 발생했을까? 온갖 역경에도 많은 CVS 매장에서는 매출을 꾸준히 유지했다. 흡연 고객 중 일부가 담배를 끊었는가 하면, 사람들이 담배 판매 중단이라는 용감한 결정을 듣고 난 뒤 도리어 CVS를 지지하기 위해 다른 드러그스토어를 지나치고 이곳에서 제품을 구매하기 시작했다. 이렇게 CVS는 계속 성장해 갔다.

비상한 리더는 성적표를 변화시키고, 고객은 이러한 리더를 높이 평가하는 경향이 있다.

시대를 초월하는 원칙과 시의적절한 발전의 역설 한눈에 보기

리더가 시대를 초월하는 가치를 고수할 때	리더가 시의적절한 발전을 추구할 때
곁길로 빠지지 않을 수 있다	미래로 나아갈 수 있다.
도덕적 잣대를 잃지 않는다.	미래에 계속 초점을 둘 수 있다.
가치는 계속 중심에 남아 있다.	개선하는 일은 계속 중요하다.
팀원들은 안정감을 느낄 수 있다.	팀원들은 의미를 느낄 수 있다.
과거의 유산에 가닿을 수 있다.	희망적인 가능성에 가닿을 수 있다.

– 시대를 초월하는 원칙과 시의적절한 발전의 균형 잡기 실천법 –

뷰티BEAUTY는 "시대를 초월하는 가치를 고수하는" 동시에 "시의적절한 발전을 추구하는" 라이프스타일을 의미한다. 이는 당신을 인도해 주는 기준들의 머리글자를 딴 단어이다.

새로운 제품이나 서비스를 생산할 때마다 그것이 뷰티에 부합하는지 확인해 보아라. 다림줄 역할을 하는 불변의 가치를 수용할 때 미래에 제공할 제품이나 서비스에 다음의 잣대를 대어 보자.

개선(Better): 이전의 것과 단순히 그냥 달라서는 안 된다. 고객의 달라진 필요나 욕구를 훌륭하게 충족시킬 수 있는가?

기업가 정신(Entrepreneurial): 새롭고 신선해야 한다. 당신이 그것을 제공하는 최초의 사람인 듯한가?

조정성(Adaptable): 고객이 맞춤화하고 개인화할 수 있는 제품이나 서비스인가?

특이성(Unique): 기존에 존재하는 것과는 완전히 달라야 한다. 눈에 띄는 차별성이 있는가?

시기적절성(Timely): 사람들이 살아가고 있는 현실의 부족한 점을 즉각적으로 메울 수 있는가?

지속성(Yearly): 리뉴얼이 가능한가? 그리고 매년 업그레이드 및 업데이트를 통해 지속적인 수익을 창출할 수 있겠는가?

──────── ● Check List ● ────────

- "시대를 초월하는 가치"와 "시의적절한 발전"의 균형을 잘 갖춘 리더를 알고 있습니까?
- 원래 당신은 둘 중 어느 쪽으로 더 기울어져 있습니까? 다른 하나는 왜 어렵다고 느낍니까?
- 당신의 리더십과 조직의 "다림줄"은 무엇입니까?
- 어떻게 해야 이 역설을 잘 실천할 수 있습니까?

평범한 리더를 넘어 위대한 리더로

과거의 리더는 말하는 법을 아는 사람이었다.
미래의 리더는 묻는 법을 아는 사람일 것이다.

- 피터 드러커

애석하게도 오늘날 자기 잇속만 차리며 스캔들에 연루되는 리더들이 너무 흔해졌다. 21세기에 들어서면서 엔론, 타이코, 월드컴과 같은 기업이 부패, 공모, 특수절도죄, 기록 조작 등의 혐의로 고발되었다.

엔론의 주가가 최고가일 때는 90달러를 넘어섰지만 스캔들이 폭로된 직후에는 0.67달러로 곤두박질쳤다. 더불어 같은 해에 회계법인 아더앤더슨은 엔론의 회계감사 관련 서류를 파기해 공무집행방해죄로 유죄 판결을 받았다. 이는 우리가 쉽게 떠올리는 기업 리더들의 모습들이다. 그들은 스스로를 감시하지 않을 것이기 때문에 안타깝지만 그들을 지켜보는 내부고발자가 필요하다. 어쩌다 이렇게 되었을까?

1970년대에 경제학자 밀턴 프리드먼Milton Friedman은 비즈니스의 "기준"을 제시했다. 그는 기업 리더들의 책무가 법의 테두리 안에서 이익을 최대화하는 것이라고 설명했다.[1] 그가 의도한 것은 아니었지만 이 정의에 따른다면 기업 리더들이 매우 느슨한 기준을 세워도 된다고 허락한 것이나 다름없다. 드러그스토어들이 고객의 건강을 개선시키자는 목적이 있음에도 담배를 판매할 수 있는 이유가 바로 이것이다. 드러그스토어 측에서 말로는 고객의 건강을 소중히 여긴다고 할 수 있겠지만 그들이 실제로 중시하는 건 이윤이다.

다음 사례를 짚어 보자. 타이타닉호는 건조建造되었을 당시 다른 어떤 배보다 컸기에 더 많은 구명정을 장착하고 있어야 했다. 하지만 법에 따르면 일반적인 연락선에 장착되어야 하는 구명정 개수 정도만, 그러니까 타이타닉호에 필요했던 개수의 25%만 구비하면 됐었다. 그래서 그들은 어떻게 했을까? 실제 필요한 개수의 25%만 설치했다. 결국 타이타닉호가 빙산에 부딪혔을 때 탑승자의 25%를 제외한 나머지는 전부 사망하고 말았다. 그들은 법을 어기지 않았다.

나는 자유시장 경제를 믿는다. 다만 자유시장 경제가 원활하게 작동하기 위해서는 이윤 창출보다 사람을 우선시하고 지역사회의 가치를 증진시키는 비상한 리더들이 장기적으로 함께해야 한다.

상장 기업을 운영하는 경우 그러한 가치를 따르면서 신뢰를 지탱하기는 어렵다. 주주들에게는 수익을 늘리는 일이 옳은 일을 하는 것보다 더 중요하기 때문이다. 리더들은 수익 향상이라는 성적표에 집착한다. 이것은 비즈니스의 일반적인 기준이며, 엔론이 그랬듯 기업 리더들이 불명예스러운 결정을 은폐하는 이유이다. 정리하자면 리더들은 고객이 아닌 주주, 장기적 사고가 아닌 단기적 사고, 부가가치 창출이 아닌 수익 창출에 중점을 두고 일한다.

역사학 교수 제임스 P. 카스James P. Carse에 따르면 이러한 것을 추구하는 리더는 확장된 사고방식보다 제한된 사고방식을 지닌 보통의 리더일 뿐 뛰어난 리더는 아니라고 한다.[2]

하지만 오늘날에는 이 책에서 다룬 비상한 리더들이 부상하고 있다. 이들은 이윤에 대한 집착에서 벗어나 긴 안목을 갖고 움직이며 자신의 리더십 뒤에는 이윤이 뒤따라올 것이라고 믿는다. 밥 아이거가 자신감과 겸손을 보였을 때 그렇지 않았는가. 세라 블레이클리가 자신의 비전과 블라인드 스팟을 모두 활용했을 때도, 마틴 루서 킹 주니어가 보이는 리더십과 보이지 않는 리더십을 함께 발휘했을 때도, 트루엣 캐시가 뚝심 있는 태도와 수용적 태도를 동시에 보였을 때도, 테레사 수녀가 전체를 위한 리더십과 개개인을 위한 리더십을 모두 행사하며 사람들을 이끌었을 때도, 안젤라 아렌츠가 지도자이자 학습자였을 때도, 해리엇 터브먼이 높은 기준과 아량을 보여 주었을 때도, 마지막으로 월트 디즈니가 시대를 초월하는 원칙을 고수하면서도 시대에 적합한 발전을 추구하며 리더십을 발휘했을 때도 그랬다. 모두 새로운 유형의 리더를 대표하는 인물들이다.

기업과 스포츠, 비영리조직, 의료기관, 교육기관, 교회 등 거의 전 분야에 걸쳐 새로운 스타일의 리더가 떠오르고 있다. 그들은 보다 넓은 관점으로 미래를 내다보면서도 "진솔한 모습을 보이는" 독특한 리더들로, 목표를 좇는 방식을 달리한다. 팀의 조화로운 분위기를 활용할 수 있는 방법을 모색한 뒤 그 방법을 자신만의 고유한 강점과 결합해 목표를 달성해 낸다.

진정성 있는 리더로 거듭나라

옛날 스타일의 리더는 통제권을 장악하고 모든 답을 알고 있는 천하무적으로 보인다. 반면 새로운 유형의 리더는 책에서 논한 역설들을 실천한다. 다시 말해 누군가와 상호작용할 때 미묘한 분위기를 읽고 타인과의 관계에서 정서적 유대를 유지하며 주변 상황을 사회적 관점에서 의식한다. 그들은 실수와 약점을 인정하지만 존경심을 잃지 않는다. Z세대 언어를 빌리자면 그들은 보다 넓은 의미에서 "깨어 있다."라고 말할 수 있다. 상당히 인간적인 면모를 보이면서도 가치 있는 미션을 추구하기 위해서라면 인간의 잠재력을 한계까지 밀어붙이기도 한다. 또 정서적으로 안정되어 있고 사람들에게 안정감을 느끼게 해주는 환경을 조성하려 한다.

위대한 리더들이 진정성을 보이고 실수를 인정하는 이유는 무엇일까? 솔직하게 자신의 실수를 받아들인다고 해서 다른 사람들이 자신을 덜 존중하지는 않는다는 사실을 알고 있기 때문이다. 오히려 더 많은 존중을 받게 된다. 그리고 그들은 부하직원들이 자신의 행동을 모방한다는 것을 알고 있다. 리더가 실수를 자백하지 않으면 팀원들도 똑같이 행동할 것이다. 그들은 숨기고 거짓말하고 속이는 전형적 행동양식을 피하고 투명한 모습을 보임으로써 합리화와 은폐 문화를 용인하지 않는다. 원래 사람은 자신이 보는 대로 행동하는 법이다.

새로운 유형의 리더가 떠오르기 시작한 초기의 사례로 육군 장군 토미 프랭크스Tommy Franks를 들 수 있겠다. 20년 전 프랭크스 장군은 2001년에 세계무역센터와 펜타곤을 직격했던 9.11 테러에 대응해 아프가니스탄의 탈레반 공격을 이끌었고 2003년에는 이라크 침공을 지휘했다. 그가 기자회견장에서 어려운 질문을 받았을 때 기자들은 분명한 답을 모르는 사항

당신은 이와 유사한 리더십 스타일의 전환을 관찰한 적이 있는가?

에 대해 잘 모르겠다고 시인하는 그의 모습에 놀랐다. "확인해서 다시 말씀 드리겠습니다."라는 뻔한 대답 대신 자신이 모든 것을 알 수는 없다는 사실을 빠르게 인정했다. 군 장교에게서 보기 힘든 뜻밖의 인정이었다.[3]

과학기술의 시대	관계의 시대
기술력	대인관계 능력
명령과 통제	연결과 협업
경쟁에 의한 동기 부여	공감에 의한 동기 부여
사실 수집에 중점	의미 발견에 중점
제품 판매에 집중	문제 해결에 집중
상의하달 위계질서	수평적 평등주의
리더가 자신의 노고를 팀에게 보여 주지 않음	리더가 자신의 진실되고 약한 모습도 팀에게 보여 줌
주로 IQ(지능지수)와 관련	주로 EQ(감성지수)와 관련

20년 전 수많은 사상가는 이런 유형의 리더들을 발견하고 새로운 언어를 통해 그들을 묘사하기 시작했다. 2006년경부터 우리는 리더

들의 팀 관리 방식이 변화하는 모습을 포착했다. 진정성 있는 리더가 체면 차리는 리더를 앞질러 인정받기 시작하자 많은 조직은 전환점을 맞이했다. 리더들이 "모던 세계"에서 "포스트모던 세계"로 이동하는 사회의 변화를 인식함에 따라 유기적으로 발생한 전환이었다. 즉 "과학기술"의 시대는 "관계"의 시대로 바뀌었다.

그렇다고 해서 기술력이나 제품판매 욕구, 높은 IQ가 오늘날 같은 관계의 시대에 전혀 필요하지 않다는 뜻은 아니다. 초점과 우선순위가 바뀌었을 뿐이다. 이 시대에 결핍된 것은 지능이나 인공지능이 아닌 높은 정서적·사회적 지능의 사람들이 맺는 건강한 관계들이기 때문이다.

인류 역사에 걸친 리더십 발전 양상

우리가 어떻게 여기까지 오게 되었는지 잠시 되짚어 보자. 리더십은 어떻게 시작되었을까? 시간이 지나면서 개인들은 어떻게 권한을 축적했을까? 군중이나 국가의 권력이 한 사람에게 위임된다면 어떨까? 다음의 내용은 수세기에 걸쳐 리더십이 발전해 온 여정을 간략히 보여 준다.

역사에서 리더들이 권한을 얻은 경로
- 신에게서 부여받은 권한(고대시대 공통): 신으로부터 나오는 권한이므로 리더의 결정이나 능력에 관해 논쟁할 수 있는 사람

은 아무도 없었다.

- 혈연으로 부여받은 권한(중세시대 공통): 태어날 때부터 지니는 생득권이며, 이는 군주제의 냉혹하고 군림하려 드는 태도를 형성했다.
- 선거로 부여받은 권한(계몽시대 공통): 사람들이 투표를 통해 자신들을 대표할 지도자를 정하는 사회적 계약에서 발생하는 권한이다.
- 능력으로 부여받은 권한(근현대시대 공통): 특정한 누군가가 어떤 목표를 성취하고 사람들을 이끄는 데 가장 뛰어난 능력을 지녔음을 인식하는 데서 나오는 권한이다.
- 관계로 부여받은 권한(오늘날 보편화): 현명하고 포용할 줄 아는 리더가 집단 내 신뢰 관계를 형성하는 데서 생기는 권한이다.

리더십 진화를 명확히 설명하기 위해 우화 하나를 들려주겠다.

도로시의 방법

어렸을 적 나는 매년 방영되던 「오즈의 마법사(The Wizard of OZ)」를 즐겨 봤었는데 몇 년 전 아이들과 함께 「오즈의 마법사」를 보다 도로시에게서 새로운 리더십 기술을 배웠다(정신 나간 사람처럼 보일 수 있겠지만 「덤 앤 더머(Dumb and Dumber)」, 「앵커맨(Anchorman)」 등 거의 모든 영화에서 리더십 원칙을 발견한다). 이번에 발견한 리더십은 스스로를 리더라고 전혀 말할 것 같지 않은 캔자스 출신의 평범하기 짝이 없는 소녀에게서 나온 것이었다.

문화 트렌드를 관찰하다 보면 도로시 같은 새로운 유형의 리더를 원하는 외침이 들리는 듯하다. 지난 50년 동안 우리는 다양한 리더십 스타일을 거쳐 왔는데, 그중 다수는 고전 영화에서 찾아볼 수 있다. 「오즈의 마법사」에 나오는 등장인물을 돌이켜보고 리더십 스타일에 주목해 보자.

- 사악한 서쪽 마녀: 그녀에게는 추종자들이 있지만 이들은 그녀의 강압 때문에 어쩔 수 없이 그녀를 따른다. 그녀는 조종을 통해 사람들을 이끌고 추종자들에게 복종을 강요한다. 사람들은 그녀를 몹시 싫어했다. 마침내 그녀가 녹아내리자 추종자들조차 환호했다.
- 오즈의 마법사: 겁을 주어 리더십을 발휘하는 전능한 리더이다. 그는 사람들에게 우월한 인상을 전하고 사람들은 그를 두려워한다. 그는 모르는 것이 없으며 통제권을 꽉 쥐고 있다. 우리는 보통 일할 때 이런 스타일의 인물이 리더로 가장 적합하다고 생각한다.
- 도로시: 리더일 것 같지 않은 의외의 리더이다. 모든 답을 알고 있지 않지만, 남들 앞에 나서기보다 친구들을 여정에 초대하고 그들의 재능을 발견해 주며 그들과 나란히 걸어가며 목표를 추구해 간다.

언뜻 보기에 도로시는 리더십의 전형에서 완전히 동떨어진 것처럼 보인다. 분명 스스로를 리더라고 생각해 본 적이 없을 것이다. 그녀의 성별(여성)과 연령(젊음)은 그 시대 사람들이 생각하는 리더상과는 달랐다. 그녀는 모든 해결책을 보유하고 있으며 다음번에 무엇을 해야 할지 정확히 아는 사람이기보다는, 자아를 찾아 떠나며 그 과정에서 종종 어리둥절하고 상처도 받는 소녀이다. 하지만 자신의 일행인 허수아비, 양철 나무꾼, 겁쟁이 사자를 마법사에게 데려가 그들이 각자 원하는 것을 찾아 주기로 결심한다. 이런 각오로 무장한 채 새로 사귄 친구들과 함께 노란 벽돌 길을 따라 발견의 여행을 떠난다. 도로시가 모든 답을 알고 있다고 기대하는 친구들은 아무도 없다. 친구들이 원하는 그녀의 모습은 "강단 위에서 학생을 가르치는 선생"이 아니라 목표를 달성할 수 있도록 도와주는 "학생 주도의 수업을 진행하는 교사"였다.

지금부터는 도로시와 위대한 마법사를 비교해 보자. 흔히 사람들은 리더의 이미지로 오즈의 마법사와 매우 흡사한 인물상을 떠올리는 탓에 리더가 되기를 기피한다. 그가 자신을 어떻게 소개했는지 기억하는가? "나는 위대하고 강력한 오즈다!"라고 말했다. 다른 말로 바꾸면 "해결책이 필요하다면 나를 찾아라. 그건 나의 일이다."와 같다. 본인이 이 정도로 훌륭하다고 생각하는 사람은 거의 없기 때문에 대부분은 자신에게 리더의 자질이 없다고 단정 짓는다. 하지만 마지막에 무슨 일이 일어나는지 기억하는가? 도로시의 강아지 토토가 커튼을 걷어 내자, 위대한 마법사는 위풍당당한 이미지 뒤에 숨어 있는 그저 평범한 사람이었다. 어떤 의미에서 이 전능한 리더는 사기꾼이었다. 그는 답을 갖고 있지 않았다. 전부 허세일 뿐이었다.

도로시를 생각할 때 떠오르는 이미지는 마법사와 사뭇 다르다. 도로시는 마법사에게 자신을 "작고 얌전한 도로시"라 소개한다. 모든 걸 통제하는 부스 안에 자신만만하게 앉아 있는 대신 곤경에 직접 맞선다. 토네이도에 휩쓸려 집에서 먼 곳으로 날아온 탓에 조금은 기진맥진한 상태로 길을 찾아 헤맨다. 에메랄드 시티로 향하는 여정을 시작하면서 자신의 목표와 열정, 동정심을 나눌 다른 친구들을 찾는다. 그녀에게서 나오는 투지의 불꽃은 그들을 팀으로 똘똘 뭉치게 한다.

마침내 그녀는 친구들 각자가 찾고 있던 두뇌, 심장, 용기가 이미 친구들에게 있음을 깨닫는다. 도로시는 함정이나 위험을 모두 피하지 못한다. 온갖 위협으로부터 일행을 보호해 줄 수는 없지만 일행을 격려하며 절대 포기하지 않는다. 뜨거운 열정을 놓지 않으면서 일행에게 저마다 굳은 결의를 다지게 한다. 도로시가 사자, 허수아비, 양철인간을 위해 많은 노력을 쏟아부었기에 그들은 모두 도로시를 돕기 위해 마법사에게 가기로 결정한다. 자신들이 원하는 것을 얻지 못하더라도 말이다! 바로 이것이 충성심이다.

새로운 유형의 리더상이란 이런 것이다. 팀원 전체가 노력하는 것이지 어느 한 명만이 주인공이 아니다. 도로시가 자신의 임무를 주체적으로 수행하는 동안 각 일행은 적절한 타이밍에 리더십을 보였다. 마지막까지 서로를 조력했다. 각기 다른 재능과 능력이 있었다. 도로시는 선두에 있었을 뿐이다. 경영학의 권위자 피터 드러커^{Peter Drucker}는 리더가 모든 답을 알고 있지 않아도 상관없다고 강조했다. 리더는 다른 사람에게서 지혜를 구할 수 있을 만큼 겸손해야 하며 필요할 때는 나서서 행동할 수 있을 정도로 용감해야 한다. 피터 드러커는 이렇게 역설한다. "과거의 리더는 말하는 법을 아는 사람이었다. 미래의 리더는 묻는 법을 아는 사람일 것이다."

　나는 도로시 같은 유형의 리더를 점점 더 많은 곳에서 보게 되리라 믿는다. 도로시 일행은 예측 가능하고 단순한 세계인 캔자스에서 기발하고 다채로운 세계인 오즈로 이동했다. 오즈에서는 어떤 일이 생길지 가늠할 수 없고 때로는 비논리적이며 종종 혼란스럽다.

　프랭크 바움Frank Baum의 이야기『오즈의 마법사』는 우리의 모습을 비유적으로 보여 주려는 의도에서 만들어졌다. 작가는 20세기로 넘어올 무렵의 경제와 정치 상황에 대해 논평할 목적으로『오즈의 마법사』를 썼다. 허수아비는 교육을 받지 못한 농부들을 대표하며 뇌가 없는 캐릭터로 나왔다. 양철인간은 마음이 사라져 버린 사업가를 나타냈다. 겁쟁이 사자는, 프랭크 바움의 시선에서 미국 정부의 잘못된 판단에 용기 있게 맞서지 않는 것처럼 보였던 정치인 윌리엄 제닝스 브라이언William Jennings Bryan을 상징했다. 마법사는 모든 사람이 추구하는 해답을 도무지 알지 못하는 연방정부를 표현했다. 그리고 도로시는 평범한 시민의 모습을 표상했으며, 친구들이 저마다의 꿈을 실현하는 데 필요한 요소가 이미 그들에게 있음을 일깨워 주었다. 도로시의 친구들은 새로운 리더십 스타일 아래에서 팀으로서 힘을 합치기만 하면 됐다. 프랭크 바움은『오즈의 마법사』에서 새로운 유형의 리더를 선보였다.

당신은 어떤 유형의 리더인가?

그동안 딜레마에 갇힌 리더들을 위한 8가지 리더십 역설을 검토해 보았다. 리더십 접근법이 지난 70년에 걸쳐 계속 진화해 온 만큼 오늘날 그 역설들은 필수적이다. 시대가 그러한 변화를 요구하고 있고 사람들은 리더십에 대한 시각을 문화에 알맞게 재조정해 왔다. 새롭게 합류하는 팀원들은 현재의 시대에 적합한 리더를 추구한다. 오늘날 성공하는 리더는 책에서 논의한 역설을 수용할 것이다.

리더십을 발휘하는 것은 약간 사교댄스와 비슷하다. 리더가 팀원들과 협동하고 솔선수범하면 팀원들은 여기에 반응을 보여야 한다. 이 과정에서 리더는 자기인식을 해야 하고 팀원들 사이에서 일어나는 일들을 사회적 관점에서 의식해야 하기 때문에 리더십은 역동적일 수밖에 없다. 그리고 리더가 수행해야 하는 임무가 계속 동일할 수는 있겠지만 그 방법은 때에 맞게 달라져야 할 것이다. 적절한 리더십 스타일은 시대에 따라 변한다. 1950년대의 리더십형을 보면 오늘날과는 달라 보인다. 리더십 접근법의 진화 과정을 살펴보자.

- 군 지휘관형(1950년대): 권위와 복종을 원하는 리더로 충성도를 중요하게 여긴다.
- 최고경영자형(1960~70년대): 비전과 발전을 좇는 리더로 성과를 중시한다.
- 사업가형(1980년대): 최초와 최고를 지향하는 리더로 혁신을 높이 평가한다.

- 코치형(1990년대): 팀워크와 사기를 북돋는 리더로 협업을 중요하게 생각한다.
- 커넥터형(2000년대): 개인들의 결속을 강화하는 리더로 관계에 가치를 둔다.
- 시인형-정원사형(현재): 생각을 적확한 언어로 표현하며 팀원들의 발전을 이끄는 리더로 권한부여와 성장에 중점을 둔다.

나는 2020년대에 들어 새로운 유형의 리더가 떠오르는 것을 본다. 우리가 살고 있는 포스트모던 세계에 알맞은 자질을 갖춘 리더이다. 이들은 최고경영자형, 사업가형, 코치형, 커넥터형의 강점들을 조합하며, 팀원들과의 관계를 형성하고 원하는 결과를 얻기 위한 프로세스를 추진할 수 있을 만큼 안정적이다. 지금부터 이들을 시인형 리더와 정원사형 리더라고 부를 것이다.

차세대 리더는 자신이 모든 것을 꿰뚫고 있다고 생각하고 리더 자리에 오르지 않는다. 그들은 단순한 그룹이 아닌 팀원 모두가 리더라고 할 수 있는 리더십 그룹에 둘러싸여 있다. 이 그룹 멤버들의 장점과 시각은 이상적으로 다양하지만, 가치와 비전은 그렇지 않다. 멤버들이 모여 아이디어를 논의하는 자리에서 시인형-정원사형 리더는 다른 이들의 의견을 귀담아 듣고 자신의 견해를 밝힌 다음, 그룹 내에서 최종적으로 드러나는 아이디어를 언어화한다.

시인형 리더는 자신뿐만 아니라 타인에게서 나타나는 문화와 아이디어를 포착한다. 사람의 감정과 생각을 언어로 표현하는 시인이 있어 우리가 시를 즐길 수 있듯, 시인형 리더는 정곡을 찌르는 정확한 언어로 전체적인 생각을 정리해서 전달한다. 그들은 여러 가지 생각을 종합하고 접목시킨 다음 최고의 아이디어를 얻기 위해 노력한다. 그것이 자신의 아이디어가 아니더라도 말이다.

이 시점에서 그들은 팀 전체가 그 아이디어를 완벽히 소화할 때까지 언어로 표현하는 빼어난 문장가가 된다. 그들은 사람들의 생각과 감정에 언어를 부여한다. 훌륭한 아이디어를 많이 갖고 있지만, 모든 답을 생각해 내는 척하지 않고 그렇게 해야 한다는 압박을 받지도 않는다. 그들은 아이디어가 어디에서 나왔든 상관없이 최고의 아이디어만을 전달하는 사람이다. 또 사람들이 정보를 얻기 위해 더 이상 리더에게 의존하지 않는다는 사실도 잘 안다. 정보는 누구든 취할 수 있다. 말할 것도 없이 시인형 리더는 비전을 수립하고 방향성을 정하는 데 기여하기를 원하는 차세대 직원들의 마음을 잡아 끈다. 사람들은 스스로 결정한 것을 지지하는 법이다.

정원사형 리더는 사람들을 발전시킨다. 정원사의 주요 역할이 흙을 가꾸고 잡초를 뽑으며 식물이 잘 자랄 수 있는 환경을 조성하는 것이듯, 정원사형 리더의 주된 임무도 단순 사업 운영이 아닌 사람을 키우는 것이다. 정원사형 리더는 필요한 능력을 길러 주는 사람이며 스스로를 팀의 멘토라고 여긴다. 이러한 스타일의 리더십에는 감정적 유대가 내재되어 있다. 직원들은 팀에 오래 머물러도 좋겠다는 가치를 느끼므로 계속 팀에 남기를 원할 것이다. 게다가 조직의 목표 달성을 돕는 것은 물론이거니와 이를 통해 스스로 성장한다. 자신을 단지 일개 구성원이나 바퀴의 톱니라고 느끼지 않는다. 그들은 상사에 의해 "이용"되는 것이 아니라 "계발"되며 이 과정에서 쓸모 있는 사람이 된다.

시인형 리더와 정원사형 리더의 핵심 가치는 권한 부여와 성장이다. 그들은 팀원들과 친밀한 관계를 유지하면서 자신의 권한을 다른 이에게 빌려주고 이를 통해 권한을 부여하는 조직 문화를 형성해 간다. 인간에게는 행위주체성이 있기 때문이다. 또 그들은 조직만이 아니라 직원 개개인의 성장도 중요하게 생각한다. 그래서 전 직원에게 개인적, 직업적 성장을 위해 필요한 자원을 제공한다. 더불어 발전하자는 마인드로 직원들을 이끄는 것이다. 모든 직원은 비전을 깊이 새기고 비전을 향해 나아가며 번영한다.

이 시대의 매력적인 리더상이란 바로 이런 모습이다. 이렇지 않은 리더가 사라질 것이라는 말은 아니다. 개인의 기질과 세대에 따라서 이와 다른 스타일의 리더십도 존속할 것이고, 일부 리더십은 리더의 개성과 비전에서 보이는 강점 덕에 더 효과적일 수 있다. 그러나 요즘 차세대 직원들이 원하는 리더 스타일은 그때그때 달라지는 요구사항에 적응할 수 있는 시인형-정원사형이다.

시인형-정원사형 리더의 특징

우리가 생각하는 리더의 중요한 자질은 청렴, 결단력, 지혜 등으로 늘 비슷하지만 그 스타일이나 접근 방식은 다르다. 리더는 리더십이라는 춤의 스텝에 변화를 주고 책에 제시된 역설을 받아들여야 한다. 건강한 시인형 리더와 정원사형 리더는 다음의 특징을 지닌다.

• 관계를 대단히 중요하게 여긴다.

• 문화를 해석하는 데 능숙하다.

• 정서적으로 안정적이다.

• 리더의 권한을 자유롭게 공유한다.

• 다른 사람들에게 힘을 실어 준다.

• 불확실성을 편안하게 받아들인다.

• 타인의 말을 경청하고 자아발견을 촉진한다.

• 멘토의 역할을 수용한다.

• 덜 형식적인 체계를 추구한다.

• 자존심보다 봉사정신에 의해 움직인다.

근본적으로 시인형 리더와 정원사형 리더는 리더십을 발휘하기 전에 먼저 상황을 읽는다는 점에서 역설적 리더십을 규범 삼아 실천한다고 말할 수 있다. 자신감과 겸손을 모두 갖추고 있고 비전과 블라인드 스팟을 동시에 활용하며 보이는 리더십과 보이지 않는 리더십을 균형 있게 행사하는 것. 지금쯤이면 이 내용을 잘 숙지하고 있을 터이다.

리더는 경비견보다 안내견에 가깝다

가장 먼저 나서는 것, 이것이 우리 앞에 놓인 선택이다. 문제에 자신을 노출시키기 위해 그리고 팀원들이 먼저 변화하고 진솔해지기를 기대하지 않고 나부터 각오하고 맞서기 위해 앞장서야 한다.

초반에 언급했듯 우리가 살아가는 세상은 불안정하고 불확실하며 복잡하고 모호하므로 앞서 나간다는 것은 마냥 두려운 일이다. 그래서 우리는 누구나 볼 수 있는 탁 트인 곳으로 달려 나가는 대신 숨는다. 낯선 이를 의심하고 그를 향해 짖으며 주인을 보호하는 "경비견"이 되는 편이 더 편안하다고 느낀다. 경비견의 임무는 보호하는 것이다. 이에 반해 "안내견"은 먼저 가서 길을 안내하고 앞을 못 보는 사람들을 데리고 이동한다. 안내견의 임무는 앞장서서 이끄는 것이다.

자연스럽게 리더와 팀원들은 안내견처럼 앞장서서 이끌기보다는 경비견처럼 보호하려는 경향이 짙다. 사람들은 보호하기도 하고 앞장서서 안내하기도 하지만 대부분은 처음에 경비견처럼 행동하는 것에 익숙해져 있다. 우리는 상황의 주도권을 장악하고 주위를 경계한다. 안전하지 않을지도 모르는 환경에서 먼저 나서서 위험을 감수하지 않는다. 경비견과 마찬가지로 특정 상황에 어떻게 대응해야 하는지에 대한 사회적 단서를 얻기 위해 "주변의 낌새를 알아채려" 한다.

왜 우리는 너무나 당연하다는듯 이렇게 행동할까? 답은 간단하다. 뇌의 편도체는 원초적 경계 장치의 역할을 하며 끊임없이 모든 환경을 살핀다. 위협적이거나 불확실한 사회적 상황에 처해 있을 때면 편도체는 이를 알아차리고 "싸워!" 또는 "도망쳐!" 또는 "멈춰!"라고 신호를 보낸다. 생물학적으로 인간은 생존하기 위해 수세기 동안 편도체의 이 신호들을 필요로 해왔다. 편도체는 더 계획적이고 합리적인 판단이 가능하도록 돕는 전전두엽보다 더 먼저 발달한다. 편도체를 "최초대응자"라고 부를 수도 있겠다.

몇 년 전 협력에 난항을 겪는 기업을 상담했었다. 각 부서는 프로젝트 완수를 위해 서로 도움을 주고받으며 긴밀히 협력해야 했지만,

불행하게도 직원들은 절대 마음을 열지 않았고 서로를 불신했으며 최소한의 요구사항을 넘어서는 일은 하지 않았다. 팀원 개개인과의 미팅을 통해 불신의 근원이 18개월 전에 입사한 아멜리아라는 점이 분명히 밝혀졌다. 그녀는 신뢰에 관한 문제가 자신에게 있다는 사실과 다른 사람들에게 정보를 주지 않는 이유를 자각하고 있었다. 다른 부서에서 근무하는 한 남자 직원은 전 남편과 닮았고 그와 똑같이 행동하는 버릇이 있었다. 아멜리아는 그 직원이 자신에게 상처 준 장본인이 아니라는 사실을 알고 있으면서도 "싸워!" 또는 "도망쳐!" 또는 "멈춰!"라고 뇌에서 전하는 충동적인 반응을 극복하기 위해 끊임없는 노력을 기울여야 했다.

다행히 편도체는 본능을 막아 내도록 훈련이 가능하다. 상대를 신뢰하고 투명하게 행동하며 사람들과 협력할 수 있도록 하는 신경경로가 발달될 수 있다. 누군가의 관심에서 우러나온 이해와 공감의 안전신호가 전달될 때 편도체는 다르게 반응한다. 그러려면 의식적인 노력이 필요하다. 누군가가 먼저 나서서 행동해야 한다.

나는 뉴질랜드에서 끔찍한 비행기 사고를 겪었었다. 아마 그날을 평생 잊지 못할 것이다. 우리의 전용기는 한쪽에는 숲이 우거진 지역이 있고 다른 한쪽에는 주택들이 있는 들판에 착륙하려던 참이었다. 조종사는 계기비행증명°을 가지고 있지 않았는데, 착륙 시도가 제대

306

로 될 수 없으리라는 것을 깨닫고는 다시 들판 위를 한 바퀴 돌고 착륙을 재시도했다. 나무들을 피하려 공중으로 급상승하는 순간 엔진이 꺼져 그 순간 비행기는 육지를 향해 120피트 급강하했다. 비행기에 타고 있던 사람들은 여기저기 충돌해 피투성이가 되었지만 전원이 생존했다. 두말할 필요도 없이 그날의 끔찍한 기억은 이듬해 비행기를 타야 하는 순간마다 나를 고통스럽게 하고 아직도 육체적으로나 정신적으로 트라우마를 앓고 있다.

당시 나는 목숨을 건진 그 현장으로부터 벗어나야 한다고 생각했다. 하지만 뉴질랜드 사람들에게 사고에 대해 이야기해 주고 싶은 마음이 있었고 이런 연유에서 그 지역에 남아 있었다. 다른 말로 안전을 추구하는 본능과 맞서 싸워야 했다. 나는 다른 일행들보다 부상을 덜 입었으므로 그날 밤 일행들이 응급헬기를 타고 병원으로 이송되는 사이 잠시 다른 곳에 쉬면서 사고 상황을 어떻게 설명할지 준비했다. 사람들에게 영향을 줄 수 있는 기회였다.

근처 어느 집에서 휴식을 취하고 있을 때 뉴질랜드 국영방송사 두 곳의 기자들이 나타났다. 기자들은 비행기 사고 목격자와 인터뷰하려고 마을을 누비고 있었다. 집주인들은 마침 잘 찾아왔다는 듯 말했다. "비행기 사고요? 저 뒷방에 사고 현장에 있었던 사람이 있어요!" 그 순간 나는 절뚝거리며 뒷마당으로 나왔고 기자들은 똑바로 서 있을 수 없던 나를 나무에 기대게 해주었다. 그리고 기자들은 뉴질랜드 사람들에게 사고 현장을 설명해 달라고 부탁했다. 안내견이 되어 3백만 뉴질랜드인에게 영향을 미칠 수 있는 기회였다.

두려움을 느꼈을까? 물론 그랬다. 나 또한 사람이기 때문이다. 내

편도체가 도망치고 숨으라는 신호를 보내고 있었을까? 당연했다. 그 편이 더 안전했을 것이다. 통제할 수 없는 상황이었을까? 나의 대응을 제외하고는 그랬다. 도망치고 은신하는 리더는 리더로서의 권위를 얻지 못하는 법이다.

세상은 안내견 역할을 수행할 수 있는 듬직한 리더를 필요로 한다. 진정한 리더는 미션을 실현하기 위한 전략을 갖추고 있을 뿐 아니라 약한 모습도 숨김없이 드러내며 솔선수범한다. 사람들이 리더로부터 받기 원하는 신호는 사소하다. 리더도 사람이라는 것, 리더가 나의 심정을 이해하고 나의 역경을 알고 있다는 것, 리더는 늘 함께할 것이고 나를 위하고 지지한다는 느낌이다.

작가 대니얼 코일Daniel Coyle에 따르면 소속감은 인사이드아웃이 아닌 아웃사이드인 방식으로 작용한다고 한다. 다시 말해 사람들은 먼저 상황에 뛰어들어 안내견이 되기 전에 무의식적으로 타인이 보내는 신호를 찾는다는 뜻이다. 대개의 경우 타인으로부터 안전하다는 신호를 전달받아 살아남기 위한 방법에 대한 의문을 해소하고 싶어 한다. 리더가 먼저 앞서 사람들을 안내하는 환경에서 팀원들은 체면을 덜 신경 쓰고 아이디어의 공로를 누가 인정받을지 염려하지 않는다. 또 전체를 위해 더 노력하고 희생하려 한다.

뉴욕대학교 사회신경과학자 제이 반 바벨은 이렇게 말했다. "그룹의 일원일 때 뇌의 편도체는 그룹에 누가 있는지 의식하고 이들을 열심히 추적하기 시작한다. 전에는 낯선 사람이었지만 이제는 당신에게 중요한 사람이 되었다. 이때 강력한 전환이 일어난다. 즉 동기를 부여하는 의사결정 시스템이 총체적으로 재구성되며 전체 역학 구조가 바뀐다." 결국 핵심은 솔선수범과 진솔함을 보이는 것이다.

역설은 변화의 첫걸음이 된다

먼저 나서는 것이야말로 그 비결이라 할 수 있다. 리더는 "방금 내가 큰 실수를 저질렀군요." 혹은 "다음 단계에 필요한 아이디어를 가지고 있는 사람이 있습니까?" "죄송합니다. 너그럽게 봐주시겠습니까?" 같은 말을 할 줄 알아야 한다. 팀 구성원들, 이 중에서도 특히 리더는 무슨 일이든 먼저 앞장서야 한다는 마음, 부족한 점도 꾸밈없이 드러내겠다는 마음, 그리고 타인을 신뢰하는 마음을 가져야 한다.

어느 날 그로잉리더스의 리더십 팀 전체가 하루를 통으로 쉬고 동료의 이사를 도왔던 적이 있었다. 팀원들은 동료의 아파트에 있는 이삿짐을 함께 옮겨 줌으로써 동료가 건강하지 못한 인간관계에서 벗어나 안전해질 수 있도록 도왔다. 그날 우리는 수익으로 직결되는 어떤 업무도 하지 않았지만 동료를 위험에서 구하는 과정에서 서로 가까워질 수 있었다. 멋진 리더십이었다.

2020년 여름에 우리 리더십 팀은 코로나19에 타격을 받은 탓에 목표치를 달성하지 못했고 따라서 보너스도 당연히 받지 못하리라고 짐작했다. 하지만 리더들은 대안을 논의하기도 전에 팀원들에게 자신의 보너스를 나누어 줄 요량으로 망설임 없이 자신의 몫을 포기했다. 인상 깊은 리더십이었다.

내가 커리어를 시작한 것은 40년도 더 전의 일이다. 그간 비상한 리더들을 무수히 만나면서 새로운 방식의 리더십으로 팀원들과 탁월한 결과를 끌어내는 모습을 지켜보았다. 그들의 개인적인 "성적표"가 단지 돈에 관한 것만은 아니었기에 그들은 역설적 리더십의 균형을 이루어 낼 수 있었다.

넬슨 만델라Nelson Mandela가 그런 인물이었다. 남아프리카공화국 최초의 흑인 대통령으로서 "흑인 우월주의"를 그의 리더십 쟁점으로 만드는 대신, 남아프리카공화국의 인종차별 정책 아파르트헤이트를 타파하기 위해 인종을 가리지 않고 모두를 화합시켰다.

오프라 윈프리도 그랬다. 1990년대에 「제리 스프링어 쇼(Jerry Springer show)」와 같은 토크쇼가 저급한 주제로 시청률을 장악했을 무렵, 그녀는 존중을 표하고 관용과 신뢰를 보이는 쇼를 만들겠다고 약속했다.

나의 목표는 당신이 이 대열에 들어설 수 있도록 하는 것이다. 나는 우리가 살고 있는 세상이 변화해야 한다고 믿으며 이것이야말로 변화를 위한 제1의 방법이라고 생각한다. 이와 같은 비상한 리더십을 발휘한다면 모든 사람의 이목을 끌 수 있고 평범한 리더십으로는 달성할 수 없는 무언가를 성취할 수 있다. 역설을 하나씩 하나씩 수행해 가는 리더는 두드러진 변화를 만들어 낼 기회를 잡는다. 그러면 당신의 브랜드, 고객, 팀원들은 변화할 것이다.

1984년 록 밴드 U2는 「In the Name of Love」라는 곡을 발매했다. 마틴 루서 킹 주니어 박사에 관한 이 곡은 '사회의 정의를 위한 목소리가 되자.'라는 미션을 담고 있으며 그의 이름을 딴 공휴일을 지정하려는 운동의 일환으로 제작되었다. U2 뮤지션들은 평범한 밴드 그 이상이었다. 멤버들은 진정한 팀의 모습을 보여 주었다. 어떤 어려움에 직면해도 심지어 갈등에 처할 때도 함께 서 있었다.

그해 U2는 공연을 다니며 그 노래를 계속해서 불렀는데, 어느 날 리드보컬 보노Bono가 살해협박을 받았다. 백인 우월주의자가 보낸 익명의 편지에는, 자기가 사는 도시에서 그 노래를 부른다면 노래가 끝나기도 전에 보노의 머리에 총알이 박힐 것이라는 위협이 담겨 있었다. 그날 밤 멤버들은 플레이리스트에 그 노래를 포함시키는 것은 현명하지 않고 그럴 만한 가치가 없다고 입을 모아 말했다. 전부 이 의견에 동의했다. 단 한 사람, 보노만 빼놓고 말이다. 보노는 멤버들에게 그 곡의 미션을 잊지 말아 달라고 당부했다. 그는 무슨 일이 있더라도 그 노래를 부르겠다는 결의에 차 있었다. 그날 밤 이 리더는 목숨을 걸고서라도 위험을 감수하는 진솔한 모습을 보였다.

훗날 한 인터뷰에서 보노는 마지막 노래일지도 모른다는 생각에 노래를 부르기 시작하면서 눈을 지그시 감았다고 말했다. 하지만 예상과 달리 노래는 계속해서 이어졌고 왜 총알이 날아오지 않는지 알지 못했다. 마침내 눈을 떴을 때 눈앞에서 어떤 일이 일어나는지 보았다. 멤버들이 한 명씩 그의 앞으로 걸어오고 있었다…. 총알을 대신 맞아 주기 위해서.

이것이야말로 내가 함께하고 싶은 팀, 비상한 리더의 모습이다.

참고문헌

서장. 선택의 딜레마에 빠졌다는 리더들의 착각

1. "2019 September CEO Turnover Report," Challenger, Gray, and Christmas, Inc., http:www.challengergray.compresspress-releases2019 – september-ceo-turnover-report-highest-ytd-quarterly-totals-record.

2. Rebecca Aydin and Allana Akhtar, "The 37 most dramatic CEO exits in 2019," *Business Insider*, December 23, 2019, https:www.businessinsider.combiggest-ceo-departures-wework-juul-ebay-warner-bros-metlife-2019-10.

3. Polina Marinova, "The Great CEO Exodus of 2020," *Fortune*, February 26, 2020, https:fortune.com20200226the-great-ceo-exodus-of-2020.

4. Scott Gregory, March 30, 2018, "The Most Common Type of Incompetent Leader," *Harvard Business Review*, https:hbr.org201803the-most – common-type-of-incompetent-leader.

5. Czeisler et al., "Mental Health, Substance Use, and Suicidal Ideation During the COVID-19 Pandemic—United States, June 24 – 30, 2020," Morbidity and Mortality Weekly Report, Centers for Disease Control and Prevention, August 14, 2020, https:www.cdc.govmmwrvolumes69 wrmm6932a1.htm.

6. Rick Nason, *It's Not Complicated: The Art and Science of Complexity in Business* (Toronto, Canada: University of Toronto Press, 2017).

7. Adam Saenz, *The EQ Intervention* (Austin, TX: Greenleaf Book Group Press, 2020).

8. Kristen Bialik and Richard Fry, "Millennial Life: How Young Adulthood Compares Today with Prior Generations," Pew Research Center, February 14, 2019, https:www.pewsocialtrends.orgessaymillennial-life-how – young-adulthood-today-compares-with-prior-generations.

9. Greg Evans, "Psychologists Say More and More Young People Are Entitled," *Independent*, August 1, 2017, https:www.indy100.comarticleyoung – people-entitlement-disappointed-narcissism-psychology-research-7867961.

10. Mellissah Smith, "We Are Exposed to 10,000 Brand Messages a Day," *Marketing Eye*, September 24, 2018, https:www.marketingeye.com.au marketing-blogwe-are-exposed-to-10-000-brand-messages-per-day-here-s – how-to-make-yours-stick.html.

11. David Rock, *Quiet Leadership* (New York: HarperCollins, 2006).

12. Travis Bradberry and Jean Greaves, *Emotional Intelligence 2.0* (San Diego: TalentSmart, 2009), 7 – 8.

13. Bradberry and Greaves, *Emotional Intelligence*, 17.

14. Bradberry and Greaves, *Emotional Intelligence*, 21.

15. Jonathan Haidt, *The Righteous Mind* (New York: Knopf, 2012).

역설적 리더십 1. 자신감과 겸손

1. Robert Iger, *The Ride of a Lifetime* (New York: Random House Publishers, 2019), 36.

2. Iger, *Ride of a Lifetime*, 36.

3. Iger, *Ride of a Lifetime*, 36 – 37.

4. Iger, *Ride of a Lifetime*, 37.

5. Dacher Keltner, *The Power Paradox: How We Gain and Lose Influence* (New York: PenguinRandom House Books, 2016).

6. Dan Reiland, *Confident Leader! Become One, Stay One* (Nashville: Thomas Nelson Publishers, 2020).

7. Jim C. Collins, *Good to Great: Why Some Companies Make the Leap...and Others Don't* (New York: HarperCollins, 2001).

8. Daniel Coyle, *Culture Code* (New York: Bantam Books, 2018).

9. Coyle, *Culture Code*.

10. Tim Elmore, *Habitudes: The Art of Connecting with Others* (Atlanta: Poet Gardner Publishers, 2006).

11. Peter Skillman, peterskillmandesign.com.

12. Peter Skillman, peterskillmandesign.com.

13. Patrick Lencioni, The Table Group, Inc., 250 Lafayette Circle, Suite 300, Lafayette, CA 94549.

역설적 리더십 2. 비전과 블라인드 스팟

1. Triston V. Sanders, "Spanx Creator Sara Blakely Makes the World a Better Place, One Butt at a Time," *Tallahassee*, July 20, 2012, https:www.tallahasseemagazine.comspanx-creator-sara-blakely-makes-the-world-a – better-place-one-butt-at-a-time.

2. Melia Patria, "Spanx Founder Reveals How to Build a Billion-Dollar Business," ABC News, abcnews.go.com, November 29, 2012.

3. *Atlanta Business Chronicle*, "Sara Blakely No. 91 on Forbes' 'The World's 100

Most Powerful Women' List," May 26, 2015, https:www.bizjournals.comatlanta
news20150526sara-blakely-no-91-on-forbes-the-world-s-100-most.html.

4. Liane Hansen, "The Race for Flight," October 19, 2003, NPR, npr.org, https:www.npr.
orgtemplatesstorystory.php?storyId=1469463.

5. "Victim of Wikipedia: Microsoft to Shut Down Encarta," *Forbes*, March 30, 2009, www.
forbes.com › 20090330 › microsoft-encarta-wiki.

6. Dan Schwabel, "Why 'Gen Z' May Be More Entrepreneurial Than 'Gen Y,'" *Entrepreneur*,
February 3, 2014, https:www.entrepreneur.comarticle231048.

7. Burt Helm, "Meet the Best-Connected 21-Year-Old in the World, Inc., July/August,
2011, https:www.inc.commagazine201107ankur-jain-the-best-connected-21-year-
old-in-the-world.html.

8. Marisa Meltzer, "How Emily Weiss Grew Glossier from Millennial Catnip to
Billion-Dollar Juggernaut," *Vanity Fair*, October, 2010, https:www.vanityfair.
comstyle201910how-emily-weiss-grew-glossier-from-millennial-catnip-to-billion-
dollar-juggernaut.

9. Aditya Shukla "The Einstellung Effect: Why Experts Lack Creativity and Problem-
Solving Skills," *Cognition Today*, July 12, 2019, https:cognitiontoday.com201907the-
einstellung-effect-why-experts-lack-creativity-and-problem-solving-skills.

역설적 리더십 3. 보이는 리더십과 보이지 않는 리더십

1. Martin Luther King Jr., "An Autobiography of Religious Development," The Martin
Luther King Jr. Research and Education Institute. Stanford University. Archived
from the original on December 18, 2014, https: kinginstitute.stanford.eduking-
papersdocumentsautobiography -religious-development.

2. Marshall Frady, *Martin Luther King Jr.*: A Life (New York: Penguin, 2002).

3. Manning Marable, Immanuel Ness, and Joseph Wilson, eds., Race and Labor Matters in
the New U.S. Economy (Lanham, MD: Rowman & Littlefield, 2006), 47.

4. Gary Wills, *Certain Trumpets* (New York: Simon and Schuster, 1994), 218.

5. Martin Luther King Jr., *The Papers of Martin Luther King, Jr., Volume One*, eds., Carson,
Luker, and Russell (Oakland: University of California Press, 1992), 47.

6. Thomas F. Jackson, *From Civil Rights to Human Rights: Martin Luther King Jr. and the
Struggle for Economic Justice* (Philadelphia: University of Pennsylvania Press, 2006).

7. Coretta Scott King, "The Meaning of The King Holiday," The King Center. Archived from the original on May 14, 2013. Retrieved August 22, 2012.

8. Bill Hudson, https:en.wikipedia.orgwikiBill_Hudson _(photographer).

9. David Garrow, *Bearing the Cross: Martin Luther King, Jr., and the Southern Christian Leadership Conference* (New York: Morrow, 1986), 246.

10. *Unto a Good Land: A History of the American People, Volume 2*, Harrell et al., eds. (Grand Rapids, MI: William B. Eerdmans Publishing, 2005), 1055.

11. Mind Tools, https:www.mindtools.commnemlsty.html.

12. Lou Solomon, "The Top Complaints from Employees About Their Leaders," *Harvard Business Review*, June 24, 2015, https:hbr.org201506the-top-complaints-from-employees-about-their-leaders.

13. Skogstad, et al., "The Relative Effects of Constructive, Laissez-Faire, and Tyrannical Leadership on Subordinate Job Satisfaction," *Zeitschrift für Psychologie 222* (2014) 221 – 232, https:econtent.hogrefe.comdoi abs10.10272151-2604a000189.

역설적 리더십 4. 뚝심과 수용

1. Matthew McCreary, "Chick-fil-A Makes More Per Restaurant Than McDonald's, Starbucks, and Subway Combined ⋯ and It's Closed on Sundays," *Entrepreneur*, https:www.entrepreneur.comarticle320615.

2. Bryan Cronan, "How Chick-Fil-A's S. Truett Cathy Pioneered the Charitable Business," *Christian Science Monitor*, September 8, 2014, https: www.csmonitor.comBusiness20140908How-Chick-Fil-A-s-S.-Truett – Cathy-pioneered-the-charitable-business.

3. Coleman Wood, "The Original Chicken Sandwich," chick-fil-a.com (blog), May 5, 2017, https:thechickenwire.chick-fil-a.cominside-chick-fil-a whats-so-original-about-the-original-chick-fil-a-chicken-sandwich.

4. Matt Forck, "How Navy Captain D. Michael Abrashoff Turned His Ship Around," *Industrial Safety and Hygiene News*, October 31, 2016, https:www.ishn.comarticles105127-how-navy-captain-d-michael-abrashoff-turned-his – ship-around.

역설적 리더십 5. 전체와 개인

1. Eric Metaxas, *Seven Women* (Nashville: Thomas Nelson Publishers, 2015), 184.

2. Kathryn Spink, *Mother Teresa: A Complete Authorized Biography* (New York: HarperOne, 2011), 8.

3. Malcolm Muggeridge, *Something Beautiful for God: Mother Teresa of Calcutta* (New York: Harper and Row, 1971), 28.

4. Metaxas, *Seven Women*, 179.

5. https:www.aljazeera.comnews2020413who-is-dr-anthony-fauci-the - uss-trusted-voice-on-coronavirus.

6. Tricia McDermott, "A Calm Colonel's Strategic Victory," CBS, cbsnews.com, March 15, 2016, https:www.cbsnews.comnewsa-calm-colonels - strategic-victory.

7. Daniela Wawra, "Social Intelligence: The Key to Intercultural Communication," *European Journal of English Studies* 13, no. 2 (2009) Eight 163 - 177, https:www.tandfonline.comdo iabs10.108013825570902907193?journalCode=neje20.

8. Jonas Sachs, *Winning the Story Wars* (Boston: Harvard Business Review Press, 2012).

역설적 리더십 6. 지도자와 학습자

1. Bain and Company, "How Burberry Won Over Millennials," bain.com (blog), December 7, 2015, https:www.bain.cominsightshow-burberry - won-over-millennials.

2. Bain and Company, "How Burberry Won Over Millennials."

3. Integreat Leadership, " Chick-fil-A Leadercast 2012," integreatleadership.com (blog), https:integreatleadership.comdevelopmentchick-fil-a - leadercast-2012.

4. Lisa Eadicicco, "Apple's Vision for the Future of TV is Starting to Take Shape — Here's Everything That's New in its Revamped TV App Launching Today," *Business Insider*, May 12, 2019.

5. Bob Thomas, *Walt Disney: An American Original* (Glendale, CA: Disney Editions, 1976), 232.

6. Bradberry and Greaves, *Emotional Intelligence*, 21.

7. Stuart G. Walesh, "Using the Power of Habits to Work Smarter," Helping you Engineer Your Future.com (blog), http:www .helpingyouengineeryourfuture.comhabits-work-smarter.htm.

8. Ichak Adizes, *Managing Corporate Life Cycles* (Carpinteria, CA: The Adizes Institute Publishing, 2004).

9. Gene Hammett, "Jack Welch Always Wanted His Team Members to Take Ownership of

Their Work. Here's Why," *Inc.*, August 10, 2018, https: www.inc.comgene-hammett3-lessons-from-jack-welch-on-leadership-that – you-dont-learn-in-business-school.html.

10. Andy Crouch, et al, "Leading Beyond the Blizzard: Why Every Organization Is Now a Startup," *Praxis Journal*, March 20, 2020, journal.praxislabs.orgleading-beyond-the-blizzard-why-every-organization-is-now-a-startup – b7f32fb278ff.

역설적 리더십 7. 엄격함과 너그러움

1. Wills, *Certain Trumpets*, 39.

2. Henry David Thoreau, "Civil Disobedience," in *Walden and Civil Disobedience*, ed. Owen Thomas (New York: W. W. Norton, 1966), 228.

3. Walter Isaacson, *Steve Jobs* (New York: Simon and Schuster, 2011).

4. Amy X. Wang, "No Wonder Young Americans Feel So Important, When Half of Them Finish High School as A Students," *Quartz*, July 19, 2017, https:qz.com1032183no-wonder-young-americans-feel-so-important – when-half-of-them-finish-high-school-as-a-students.

5. Edgar Schein, *Organizational Culture and Leadership* (San Francisco: Wiley and Sons, 2019).

6. Frédérique Autin, Jean-Claude Croizet, "Improving Working Memory Efficiency by Reframing Metacognitive Interpretation of Task Difficulty," *Journal of Experimental Psychology (General)* 141, no. 4 (2012): 610 – 18, https:pubmed.ncbi.nlm.nih.gov22390266.

7. Junchol Park and Bita Moghaddam, "Impact of Anxiety on Prefrontal Cortex Encoding of Cognitive Flexibility," *Neuroscience* 345 (March 2017): 193 – 202, https:www.ncbi.nlm.nih.govpmcarticlesPMC5159328.

8. https:secure.edweek.orgmediafo-motivation-resources.pdf.

역설적 리더십 8. 시대를 초월하는 원칙과 시의적절한 발전

1. Neal Gabler, *Walt Disney: The Triumph of the American Imagination* (New York: Vintage Books, 2006), 151 – 52.

2. Wikipedia contributors, "Epcot," Wikipedia, The Free Encyclopedia, https:en.wikipedia.orgwindex.php?title =Epcot&oldid=1001309734 (accessed January 25, 2021).

3. Gabler, *Walt Disney*, 498.

4. Gabler, *Walt Disney*, 571.

5. Gabler, *Walt Disney*, 566 – 67.

6. Kevin Kelly, *The Inevitable: Understanding the 12 Technological Forces That Will Shape Our Future* (New York: Penguin Books, 2016).

결론. 평범한 리더를 넘어 위대한 리더로

1. Wikipedia contributors, "Milton Friedman," Wikipedia, The Free Encyclopedia, https:en.wikipedia.orgwindex.php?title=Milton _Friedman&oldid=1000905858 (accessed January 25, 2021).

2. James P. Carse, *Finite and Infinite Games* (New York: Ballantine Books, 1987).

3. Pat Lencioni, "Where CEO's Go Astray," *Journal of Employee Communication*, Table Group, 2001.

착각에 빠진 리더들

초판 1쇄 인쇄 2023년 8월 30일
초판 1쇄 발행 2023년 9월 6일

지은이 팀 엘모어
옮긴이 한다해
펴낸이 유정연

이사 김귀분
책임편집 서옥수 **기획편집** 신성식 조현주 유리슬아 황서연 디자인 안수진 기경란
마케팅 반지영 박중혁 하유정 **제작** 임정호 **경영지원** 박소영

펴낸곳 흐름출판(주) **출판등록** 제313-2003-199호(2003년 5월 28일)
주소 서울시 마포구 월드컵북로5길 48-9(서교동)
전화 (02)325-4944 **팩스** (02)325-4945 **이메일** book@hbooks.co.kr
홈페이지 http://www.hbooks.co.kr **블로그** blog.naver.com/nextwave7
출력·인쇄·제본 삼광프린팅(주) **용지** 월드페이퍼(주) **후가공** (주)이지앤비(특허 제10-1081185호)

ISBN 978-89-6596-593-0 03320